U0926118

本书的出版得到

浙江海洋学院“研究生教学项目”基金的鼎力支持

XIWANG ZAI HAIYANG

希望在海洋

ZHOUSHAN QUNDAO XINQU JINGJI SHEHUI FAZHAN BAOGAO

——舟山群岛新区经济社会发展报告

主　编　马丽卿

副主编　刘笑天　郭　旭

图书在版编目(CIP)数据

希望在海洋：舟山群岛新区经济社会发展报告 / 马丽卿主编. —杭州：浙江工商大学出版社，2014.2

ISBN 978-7-5178-0208-2

Ⅰ. ①希… Ⅱ. ①马… Ⅲ. ①区域经济发展－研究报告－舟山市②社会发展－研究报告－舟山市 Ⅳ. ①F127.553

中国版本图书馆 CIP 数据核字(2014)第 000488 号

希望在海洋——舟山群岛新区经济社会发展报告

主　编 马丽卿

副主编 刘笑天　郭　旭

责任编辑　孙一凡　祝希茜

责任校对　周敏燕

封面设计　王妤驰

责任印制　汪　俊

出版发行　浙江工商大学出版社

(杭州市教工路 198 号　邮政编码 310012)

(E-mail:zjgsupress@163.com)

(网址:http://www.zjgsupress.com)

电话:0571-88904980,88831806(传真)

排　　版　杭州朝曦图文设计有限公司

印　　刷　杭州恒力通印务有限公司

开　　本　710mm×1000mm　1/16

印　　张　18.75

字　　数　317 千

版 印 次　2014 年 2 第 1 版　2014 年 2 第 1 次印刷

书　　号　ISBN 978-7-5178-0208-2

定　　价　49.00 元

浙江工商大学出版社营销部邮购电话　0571-88804228

编 委 会

序言

21 世纪是人类挑战海洋的新世纪。2001 年，联合国在正式文件中首次提出“21 世纪是海洋世纪”，并预言，在今后 10 年甚至 50 年内，国际海洋形势将发生较大的变化：人口趋海移动趋势将加速、发达国家的目光将从外太空转向海洋、高新技术引导下的海洋经济竞争将成为国际竞争的主要领域、海洋经济正在并将继续成为全球经济新的增长点。

海洋经济是指开发、利用和保护海洋的各类产业活动，以及与之相关联活动的总和。它主要包括为开发海洋资源和依赖海洋空间而进行的生产活动，以及直接或间接开发海洋资源及空间的相关服务性产业活动。目前，世界范围内的海洋经济已经形成了四大支柱产业——海洋石油工业、滨海旅游业、现代海洋渔业和海洋交通运输业，海洋经济正在并继续成为全球经济新的增长点。20 世纪 90 年代以来，我国的海洋经济呈现出迅速发展态势，海洋产业不断向多领域拓展，发展速度也快于其他产业；海洋经济总量逐年增加，其增长速度远远快于国民经济的增长速度。步入 21 世纪以来，海洋产业更是成为我国沿海地区经济新的增长点，从 2001—2010 年，我国海洋生产总值年均增长率为 16.4%，远远高出同期国民生产总值的平均增长率。

2011 年 6 月 30 日，国务院正式批复成立浙江舟山群岛新区，使舟山成为继上海浦东新区、天津滨海新区和重庆两江新区之后的又一个国家级新区，这是我国首个以海洋经济为主题的国家级新区。新区的设立，既为所在区域经济社会的发展带来诸多新机遇，同时作为探索海洋开发和管理的先行者，也将成为带动整个长江三角洲地区经济发展的新的增长极。

浙江海洋学院研究生“三农”协会积极响应海洋经济发展这一时代主题，2012 级的同学们沿袭学院良好的学习风尚，结合学业，围绕舟山群岛新区建设和海洋经济发展广泛收集资料，深入实地调查，又形成了一批研究成果，并汇编成《希望在海洋——舟山群岛新区经济社会发展报告》。本报告内容涵盖全面，从新区的海洋经济、政治社会、文化产业等角度探讨了浙江舟山群岛新区获批后的发展状况，提出的观点和思路贴近实际，不乏新意。

诚然，由于课题本身的复杂性和同学们视野、学识上的局限性，难免观点有所偏颇，表述略显稚嫩，但同学们的钻研精神和投身于现实问题研究的热忱仍值得充分肯定。教育工作者的最大愿望莫过于“青出于蓝而胜于蓝”，从这些研究成果中，我们看到了奋发向上的莘莘学子的风采，看到了新时期研究生的志向和才华，为之欣慰不已！同学们能站在“新区”战略的高度，担当起时代的使命，这样的精神便是成就伟大事业的首要保障。期望他们在今后学习中“博学之，审问之，慎思之，明辨之，笃行之”，待到乘风破浪时，直挂云帆济沧海！

中共浙江海洋学院党委书记

2013 年 12 月于舟山长峙岛校区

目　录

海洋经济篇

海洋政治社会篇

海洋文化篇

海洋经济篇

论如何提升海洋经济竞争力

裴金浩

［摘　要］ 随着社会经济高速增长，人口不断膨胀，陆域资源、空间以及生态环境所承受的压力与日俱增，人类社会经济活动逐渐向资源丰富、地域广袤的海洋世界延伸。开发海洋，发展海洋经济，成为沿海国家（地区）社会经济发展战略的重点。自20世纪50年代以来，世界海洋经济得到了快速增长，各海洋产业发展迅速，并成长为沿海各国（地区）国民经济重要组成部分和新的经济增长点。与此同时，我国海洋经济也获得了快速发展，近10年来，我国海洋经济一直保持持续高速增长的态势，其增长速度高于同期国民经济增长速度。随着全球化和区域经济一体化进程的不断加速，区域或城市群已经取代单一地区，成为国家参与全球竞争与合作的空间单元，沿海国家之间海洋经济的竞争，也就相应地演变为区域之间海洋经济综合实力的较量。以提升区域海洋经济综合竞争力和构建和谐海洋为宗旨的区域海洋经济整合，也因此成为各领域研究的热点。

［关键词］ 海洋经济；海洋产业；区域海洋经济；重要性

一、海洋经济的界定

海洋经济是指开发利用海洋资源形成的各类海洋产业及相关经济活动的总称。作为已广为接受的概念，海洋经济是相对于陆域经济而言的。这里所定义的“陆域经济”不是传统意义上的“大经济”，而是特指以陆域为主要发展载体的经济系统。与海洋相关联的本质属性是海洋经济区别于陆域经济的分界点，也是界定海洋经济内容的依据。按照经济活动与海洋的关联程度，海洋经济可以分为三类：第一类，狭义海洋经济，指以开发利用海洋资源、海洋水体和海洋空间而形成的经济；第二类，广义海洋经济，指为海洋开发利用提供条件的经济活动,包括与狭义海洋经济产生上下接口的产业等;第三类,广义海洋经济,指与海洋经济难以分割的海岛上的陆域产业、海岸带的陆域产业及河海体系中的内河经济等,包括海岛经济和沿海经济。海洋经济系统作为一个复杂的区域经济发展系统,既受陆地经济作用的影响,又有海洋本身的特殊性。从研究角度考虑,由于海洋经济是以陆域经济为依托,在某种程度上是陆域经济向海洋的延伸,因此发生的范围应是以陆域为依托的近岸海域部分。近岸海域范围是指由海岸线向海的海域,陆域部分主要是含有海岸线的地区。

二、开发海洋经济的重要性

海洋的开发与利用对经济全球化的发展起到了重要的促进作用,经济全球化是市场经济发展的必然要求,这种要求必然会打破地区和国别的封锁,使生产要素和资源的流动性配置变得更加合理和现实,而海洋经济的开发和利用正是实现这一目标的纽带,是对外开放的主要渠道。

1. 开发海洋是推动我国经济社会发展的一项战略任务

第一,我国是一个人口大国,现有资源相对短缺,开发和利用海洋资源对我国的经济发展具有重大的现实和深远意义。我国经济发展速度较快,与资源不足形成了较为明显的矛盾,资源的短缺会使我国的经济发展裹足不前。所以我们一方面要节能减少资源的消耗,另一方面要寻找新的能源。我国所管辖的海域具有较为丰富的油气资源和矿产资源,加大海洋的开发力度,能极大缓解我国资源能源短缺的情况。在缓解资源短缺的同时,还可以极大地解放和发展海洋领域的生产力,促进国家经济的发展。

第二,开发海洋经济,也是改善和提高人民生活质量的途径。发展海洋经济,有利于加快沿海地区的发展和实现全面建设小康社会的步伐,率先实现现代化。我国现有 5 亿多人口居住在沿海地区,并且呈现逐步增长的趋势。实现海洋经济的开发战略,有助于改善沿海地区居民的生存环境,提供更多的就业机会,使人们从海洋中受益。

第三,我国海洋产业产值在国民生产总值中所占比重呈逐年提高的趋势。1980 年我国海洋产业产值为 80 亿元;1990 年我国海洋产业产值为 483 亿元;1995 年我国海洋产业产值为 2460 亿元;1997 年我国海洋产业产值为 3104 亿元;2002 年我国海洋产业产值为 4300 亿元;2006 年我国海洋产业产值为 20950 亿元,占国民生产总值的 10%。这说明我国海洋产业产值呈不断上涨趋势，在国民生产总值中所占比重在不断提升。

2.实施海洋开发有助于维护国家海洋权益

第一，海洋开发，不仅仅只是一种开发能力，它也是提升、保护国家海洋权益的海上综合能力的体现。我国是一个陆海兼备的国家，没有强大的海洋力量，就无法保证安全的出海通道和海洋国土安全。实施海洋开发，建设海洋强国，是维护国家安全、实现祖国统一的重要基础和保证条件。

第二，开发海洋已是推动我国经济社会发展的一项战略任务。在国务院批准实施的《全国海洋经济发展规划纲要》中，明确提出要进一步调整海洋经济结构，尽快提高海洋经济总体发展水平，坚持发展海洋经济与国防建设统筹兼顾原则。因此在发展海洋经济的同时，必须高度重视海洋安全与权益的斗争，把保护我国领海安全、维护我国海洋权益放到重要位置上。

3.海洋安全是国家安全的关键

一个国家的经济越庞大，其对全球的贸易、市场和资源的依赖性也越大。对一个农业大国来说，只要有陆军就足够了，而对于一个经济大国来说，即便放弃发展陆军，也要维持强大的海军，只有这样，本国的经济与外界的联系才不会被切断，才能维持本国经济的持续增长。

海权对于一个大国的重要性，不仅仅是一种保护措施，更重要的意义是，它保证了对于资源的可获得性。资源、海权、大国政治，这三项是大国崛起不能逾越的“三段式”环节。资源是起点，海权是大国政治得到资源的中介手段，大国政治是通过海上博弈获得世界资源的结果。而没有海权，其他两项则不能成立。这种逻辑在今天别具意义。传统非安全因素已成为影响国家的主要威胁，其中资源问题成为困扰所有国家的难题。为了应对这种挑战，各发达国家都围绕海洋战略，制定了相应的全球策略。目前，越来越多的国家更加关注海洋安全，把海洋安全看作国家安全的关键。首先，与中世纪不同，全球化时代国家财富的增长与国家海权的扩张是同步上升的。这是因为，海洋是地球的“血脉”，是将国家力量投送到世界各地并将世界财富送返资本母国的最快捷的载体。于是，控制大海就成了控制世界财富的关键。其次，进入全球化进程中的国家安全是“边界安全”与“安全边界”的统一。前者是主权安全或领土安全，后者是利益安全；前者是有限的，后者是无限的，也就是说，安全边界越远大，边界安全就越有保障。安全边界是利益边界，利益边界的载体是海洋。所以在全球化过程中的海洋国家特别注重海洋权益的安全，只有获得制海权才能保障利益边界即海洋权益的安全，国家安全才有保障。

三、提升海洋经济综合竞争力

按照“发挥优势、重点突破”的要求，积极培植壮大海洋渔业、船舶工业、海洋高新技术产业、海洋化工、滨海旅游、海洋运输六大产业，形成规模优势和核心竞争优势。

1.现代渔业体系

优化产业布局，调整产业结构，充分发挥渔业在海洋经济中的优势作用，大力发展生态渔业、高效渔业和品牌渔业，在全国率先建成渔业经济发达、渔区社会繁荣、渔民富裕文明、环境健康优美的现代渔业经济区。现代渔业经济区分为近海生态渔业、优势水产品养殖业、水产精品加工业、渔港经济四大渔业功能区。通过实施渔业资源修复和保护、渔业产业升级、渔业竞争力提升、渔业科技创新、现代渔区示范工程、平安渔业建设等工程，建成现代蓝色健康养殖区。

2.现代船舶工业体系

依托全国沿海城市建造修船中心，着力发展现代化总装造船，提高产业集中度，延长产品链，扩大规模效益。重点建设大型造船项目，着力开发大型集装箱、散货船、石油天然气船三大主力产品和海洋工程船、远洋渔业船舶、豪华游艇、高速电动船等优势产品。引导中小企业积极参与大船厂的分段制造生产体系，搞好配套服务，大力研发船用钢板、系列柴油机、锅炉、锚链、五金、仪表、化工、建材、计算机、应用软件等配套产业，形成以造船工业为核心的产业集群和新材料生产供应基地。

3.海洋高新技术产业体系

充分发挥丰富的海洋资源和海洋科技优势，以骨干企业为主体，以人才为根本，以重点项目为依托，加强海洋生物医药、海洋功能食品、海洋工程材料、海水环保技术及设备、海水利用等领域深度开发和成果转化，开发一批具有自主知识产权的核心产品。

4.海洋石油及化工产业体系

加强对海洋油气资源和海洋盐卤资源的勘探、开发与利用，大力发展产品深加工，实行规模化、集约化生产，提高产品的市场竞争力。

四、构建和谐海洋

1.有序开发渔业资源

面对渔业资源逐年衰退的现状，在保护仅有的海洋资源、快速恢复和改善海洋环境的总纲下，以市场为导向，以资源为基础，以效益为中心，进一步深化渔业改革，加快渔业结构调整步伐，积极实施科技兴渔战略，努力使渔业发展走上捕养加工并举、渔工贸一体、内外贸结合的产业化路子，逐步将直接从事一线捕捞生产的劳动力转向从事养殖、加工及后勤服务业，确保渔业的可持续发展。海洋捕捞业除了遵循经济发展的普遍规律外，还应建立在对渔业资源的合理开发、利用及提高水域生产力的基础上，才能实现渔业的可持续发展。

2.修复海洋生态系统

通过重点港湾、滨海湿地生态系统及重要渔场海域生态修复，海洋生态保护区和渔业种质资源保护区的建设，并辅以增殖放流、人工鱼礁、禁捕限捞、生物资源恢复和封岛栽培保护，对保护区海岛及周边海域实行封闭式管理等措施，改善海洋生态环境，促进海域生产力增长与海洋渔业资源的有效恢复。

3.健全海洋生态赔偿补偿机制

通过海洋生态与渔业资源调查研究，拟定海洋生态资源损害范围、赔偿补偿对象与标准，着重于对围填海、水下爆炸与倾废区等造成的损害进行赔偿，明确海洋生态损害赔偿补偿体系、程序、赔偿补偿主体和资金使用管理，探索建立海洋生态与渔业资源损害赔偿补偿机制。加大因工程建设、排放污染物、倾倒废弃物，以及污染事故造成渔业资源、海洋生态严重损害的赔偿力度，增强海洋生态环境建设的资金基础和经费保障。

4.注重岛礁保护和开发

政府应出台优惠政策支持无居民海岛开发，积极鼓励投资者开发无居民海岛这一独特的海洋资源。按照岛礁招标承包制，“谁承包谁管理”的要求，禁止无度无序地采集礁石生物，采集应与放苗育苗相结合，使礁石生物有序自然地生长。建立人工鱼礁，扩大礁类生物的栖息地，实行岛礁生物放养，让它们繁衍生长，涵养恢复岛礁生态，提高岛礁生态的自动调节能力。开发海岛特色旅游，在无居民海岛上建设度假村，投放野兔、野鸭、野猪等人工繁殖的野生动物，开设海岛狩猎旅游等项目。

5. 加强海洋生态保护，提高海洋防灾减灾能力

加强海洋环境监测预报能力和减灾防灾基础设施建设。做好赤潮、风暴潮和重大海洋污损事故的预警预报、应急处理和防灾减灾工作，进一步加强海洋环境监测站点布设和预报能力建设，加大监视监测力度，建议对重点海域环境实行定期监测和定期公开通报制度，有效监控海洋环境污染状况。

6. 大力推进碧海生态建设行动计划

加大海洋生态修复工程建设和海洋生物资源增殖放流力度，积极推进海洋自然保护区和特别保护区建设，落实海洋工程环境影响评价制度，减小工程建设项目对海洋生态的损害。加强陆海联动治理海洋污染，全面推进入海水系流域污染整治，进一步加大沿海重点行业、企业的污染整治力度。

7. 深化海洋体制改革，创新海洋经济发展机制

随着海洋经济的大力快速发展，现存的海洋经济发展管理部门已不能完全适应当前海洋经济的发展和需求，因此应当着手研究海洋经济管理部门的机构设置问题。制度的改革与创新为海洋经济的高速发展打下坚实基础，为海洋经济的快速发展保驾护航。海洋经济高速发展的同时，不可忽视渔区居民的民生诉求，才能促进经济社会的和谐发展。海洋公共资源的配置要更多地考虑到多数群体的利益诉求，促进和谐海洋渔区的建设。要认真解决涉及渔民切身利益的问题，扎实推进征用海洋用地、海域或滩涂以及困难渔民的社会保障；加快建立养殖污染损失补偿机制，明确事故认定、损失核定等责任及相关补偿标准与方法，使渔民的损失得到合理的补偿；参照被征地农民的有关安置政策，将被征用、被占用水域的渔民纳入失地农民安置保障体系。

[1] 马志荣，徐以国. 我国海洋经济可持续发展的影响因素及路径选择[J]. 生产力研究，2008(6).

[2] 张可云. 区域经济政策[M]. 北京：商务印书馆，2005.

[3] 狄乾斌，韩增林，孙迎. 海洋经济可持续发展能力评价及其在辽宁省

的应用[J].资源科学,2009(2).

[4] 武鹏,王镇,周云波. 中国区域海洋经济发展水平综合评价[J].经济问题探索,2010(2).

[5] 狄乾斌,韩增林. 海洋经济可持续发展评价指标体系探讨[J].地域研究与开发,2009(3).

浙江省海洋科技成果转化绩效评估指标体系研究

毛志雄

[摘　要]　随着国际竞争的日益加剧，世界各国已普遍认识到海洋将是人类生存和发展的最后空间，都特别注重开发利用海洋。而海洋资源的开发高度依赖海洋科学技术，因此，海洋科技正日益成为海洋事业发展的重要内容。但由于种种原因，我国沿海省市科技成果转化效果存在很大的差异性，文章借鉴科技成果转化相关理论，尝试对海洋科技成果转化绩效测评指标体系进行构建，希望在此基础上丰富海洋科技成果转化绩效评估的相关理论。

[关键词]　海洋科技；科技成果转化；绩效评估；指标体系

海洋是人类生存和发展的重要空间，是全世界交通运输的要道，海洋产业已经成为新的世界经济增长点。强于世界者必先盛于海洋，衰于世界者必先败于海洋，发展海洋已成为世界各国发展过程中的一致战略选择和发展道路，绝大多数世界强国的发展都与海洋息息相关。世界各国政府普遍认识到海洋将是人类生存和发展的最后空间，所以都特别重视开发利用海洋资源。海洋是水资源基地、原材料资源基地、深海资源基地、食品资源基地、重要的能源基地，还是可再生能源基地。而海洋资源的开发利用高度依赖于海洋科学技术的发展，因此，海洋科技正日益成为一国海洋事业发展的重要内容和可持续发展的重要保障，也是衡量一国海洋综合国力的重要指标。海洋科技已进入到全球科技竞争前沿，抢占海洋科技“制高点”已经成为现代海洋权益争夺的主流趋势所在。

一、海洋科技发展需要建立评估体系

近年来，我国越来越重视海洋科技的发展。国家加大海洋科技投入力度，加大海洋科技人才培养力度，加大海洋科技成果转化力度。同时，国家制定海洋科技发展规划，将海洋科技研究成果纷纷纳入国家“907”“863”项目。至此，我国海洋科技成果转化和海洋科技综合实力得到不断提高。然而，目前为止，我国海洋科技及海洋科技成果转化仍落后于发达海洋国家，海洋科技发展与海洋科技成果转化的滞后限制了我国海洋经济的发展。国内海洋科技研究经费投入、海洋科技人力资本投入、海洋科技成果转化以及海洋科技产出水平与发达海洋国家相比仍存在较大的差距。国内外学者虽对科技成果转化进行了大量定性、定量研究，研究成果丰富，但对海洋科技成果转化定性、定量研究较少，研究涉及的领域也较窄，还未能对海洋科技成果转化绩效测评加以系统研究，对海洋科技成果转化绩效的定量分析相对较少。

众所周知，资源的开发依赖于科学技术的发展，海洋资源的开发离不开海洋科技的发展。绝大多数海洋开发所需要的技术都是资金、知识密集的高新技术。

美、日、英、法等一些世界海洋强国十分重视海洋高科技的发展，相继投入大量人力和财力，进行海洋生物、海洋勘探、海洋监测、海洋深潜和海洋预警等方面的技术和装备的研究，这些国家海洋科技进步对海洋经济发展的贡献率已超过50%。与此同时，我们应该认识到，尽管我国海洋科技成果转化取得了较大的进步，海洋经济、生态、社会效益明显，但海洋科技成果转化的绩效水平还较低，从海洋科技的市场化、产业化程度方面讲，我国与世界海洋强国相比还存在很大差距。

我国海洋经济的快速发展更多归因于我国的海洋资源，而海洋科技成果的贡献较少。因此，对海洋科技成果转化的绩效进行研究是符合国家现阶段海洋强国战略要求的，这一研究对于提高海洋科技成果转化率、发展海洋经济、建设海洋强国具有明显的实际指导意义。此外，目前在海洋科技领域，仅有极少数的学者进行了海洋科技成果转化绩效测评的研究，对于海洋科技成果转化绩效测评的研究方法等还没有形成统一的结论，本研究尝试在这一点上取得进展，以期能丰富海洋科技成果转化的研究。

科技成果转化绩效评价研究渐趋成熟，也取得了骄人的研究成果，国内外对于区域科技成果转化尤其是高校科技成果转化的研究较多，但专门针对海洋科技成果转化绩效进行的相关研究几乎为空白。鉴于我国现阶段提倡的建设海洋强国的国家战略要求，提升海洋科技成果转化绩效水平，发展海洋经济势在必行。因此，对我国海洋科技成果转化绩效测评研究极为迫切。

二、我国科技评估体系的现状

我国当前的科技评估体系并不适合当前科学技术发展趋势的要求，也无法很好地为国家重大科技决策提供应有的支持。从宏观决策的角度来看，我国的科技评价体系和评价方法尚存在结构性的缺陷。

1.多准则、多层次的面向公共决策技术评价活动的滞后

中国的评审是由科技管理部门来组织运行的，尽管具体评审的执行邀请了外部专家，但是在特定利益的驱使下，行政干预的情况难免会发生，兼之缺乏有效的监督机制，评审的独立性难以保证。前科技部部长徐冠华指出："对科学技术活动开展评价是社会民主化的要求，是政府实现预算和管理透明的必然趋势，客观上促进了对科学技术在社会和经济发展中重要作用的认同。由于评价强调对研究开发活动的长期效益，因此也有助于将具体的科学技术活动与国家目标相结合，并有效地服务于国家利益。"然而，由于我国科技评估体系起步的时间比较晚，国家在科研经费的拨付和科技成果的鉴定等方面都采用大包大揽的做法，科技评估缺乏相对的独立性。现阶段，我国科技评价管理系统是由国家和各省市自治区科技行政管理部门组成，以国家为主，实行统一领导、分级管理的原则。国家科学技术部是我国科技评价活动的行业主管部门，负责对全国的科技评价活动进行总的组织、管理、指导、协调和监督。评估机构主要是在科技管理部门所属的有关单位，如软科学研究机构、科技咨询机构、科技情报机构等部门的基础上产生的，因为这些机构对国家和地方科技政策、产业政策、科技战略、科技发展水平比较了解。然而，这些与独立科研机构的要求相差甚远，再加上我国科技成果评审的公示制度尚未完全建立起来，利用社会公众的监督力量避免腐败、增加当事人职责的有效途径尚未形成，使具体评估过程中难免会出现以政府行政命令确定评审结果的现象。

2.面向公共决策技术评价形式的缺失

与发达国家相比，我国尚缺乏从公共决策的角度评价技术成果的体制建设。当前的科技评价体系并不能完全适应科学技术发展趋势的要求，也无法很好地为国家重大科技决策提供应有的支持。这种“科技评价”无法真正介入面向公共决策的评价活动中。因为这种评估更多的是按照可行性研究的角度和思路开展工作，很容易忽视有关技术的社会和伦理影响，无法在更高的层次上关心技术的善用，关心技术和社会的融合，关心技术的人文关怀。政府的相关部门在做出有关科技决策时，并不是立场中立的，在这样的部门内开展评价活动，难以坚持客观、独立的立场。公众的参与将促使政府决策更加科学化、民主化。因为技术被社会选择如果是发生在决策层，就还存在如何使技术融入公众社会的问题。真正与社会相融的技术必须是得到社会广泛认同的技术，公众的参与既是最好的科学普及方法，又是促使科技高质量进步的保证。

3. 科技成果评估的不规则

1987 年，国家科学技术委员会总结了新中国成立以来技术成果鉴定、评估的经验，发布了新的成果鉴定办法。该办法的出台，虽然使技术成果的鉴定、评估工作有所改观。然而，迄今为止，并没有从根本上解决鉴定、评估中的主要问题。如科技成果的概念不清，致使一些非科技成果混入，增加了成果鉴定的数量和难度；评估办法相互制约，成果难以实现，但国家科委的《办法》规定：已经生产实践证明技术上成熟、取得效益，并由实施单位出具证明的可视同鉴定。但不经鉴定的成果难以取得用户的承认，因而难以进入市场被生产实践所检验，同时，还有习惯势力难以改变的问题。虽然《办法》取消了鉴定级别，这应当说是一个很大的进步，但“视同”不如“专家评议”，“函鉴”不如“会议鉴定”，形成了千军万马挤“会议鉴定”和等上级部门安排的局面。

4. 科技成果评估的单一性突出

科技成果评估的单一性是指评估内容多集中在科研的直接产出和对不同科研活动采取同一种评价尺度上。我国的许多评估系统对科研产出和成果赋予了过多的权重，致使科研人员倾向于研究风险小、时间短、见效快、容易出成果的“短平快”项目，而这不一定对企业的长远发展有益。这对于从事基础研究及对组织长远发展有益但风险大、研究周期长、见效慢的项目的研究人员会产生负面的影响。对不同科研活动类型和层次采用同一种评价尺度，也是阻碍科技评估活动健康发展的突出障碍。由于基础、应用和试验发展的方向、目标、手段、成果等不同，评价时应分别采用不同的评价标准。

三、海洋科技成果转化指标体系

1.指标体系构建原则

对海洋科技成果转化的绩效进行比较合理的评价,设计评价指标体系是一个关键性步骤,只有科学地构建评价指标体系,才能使其评价结果合理。本文根据海洋科技成果的特性,力求完善地设计了海洋科技成果转化评价指标体系。

(1)目的性与有效性原则。目的性原则是建立、分析指标体系的重要原则。建立海洋科技成果转化绩效评价指标体系主要是为了分析海洋科技成果转化的有效性,我们选择的指标必须具有一定的目标性。有效性原则是指所构建的评价指标体系必须与所评估对象的内涵与结构相符合,能够真正反映海洋科技成果转化的实质。它不是海洋科技创新力的评价,不是海洋科技综合实力的评价,也不是海洋科技贡献率的评价,而是专门对海洋科技成果转化进行的评价。

(2)科学性与整体性原则。海洋科技成果转化绩效评价这一指标体系的建立过程中的各个步骤都必须遵循科学的方法,增强评估结果的客观性、可信度。同时,在指标体系遵循科学性的前提下,整体性原则要求指标体系要整体性、系统性地把握。

(3)全面性与可操作性原则。选取的评价指标不仅全面而且应具有代表性,同时指标数据应获取容易,并且获取的信息可靠、全面,能真实地反映技术转化的情况。当然,挑选的是对评价结果影响权重较大的关键性指标。可操作性是指基于前一准则下,选择在数据收集、处理方法等方面困难小的指标,增加指标体系的可操作性。

(4)规范性与可度量原则。为保证评价工作的连贯性,评价指标的统计口径、数据来源等应保持稳定并加以规范。某些在国际上通行,且有重要价值的指标,尽管国内一时还无相应统计数据,亦可列入评价体系,作为备用指标。同时建议尽快建立相应统计数据。可度量原则是指在进行定量分析时要求定量指标直接量化,定性指标可以间接量化,以便进行定量评价。

2.海洋科技成果转化绩效评价的因素分析

本文将海洋科技成果转化绩效测评的因素分为:海洋科技发展基础水

平、海洋科技投入水平、海洋科技产出水平、海洋科技成果效益。海洋科技发展基础水平是海洋科技成果转化的基础和前提；海洋科技投入水平是海洋科技成果转化的重要支撑和保障；海洋科学技术产出水平是科技活动的结果，也是海洋科技成果转化的重要外部表现，是科技现实转化能力的衡量；海洋科学技术成果效益是海洋科技成果对经济、生态、社会渗透作用的综合表现，是一个系统性的有机整体。

(1)海洋科技发展基础水平要素。这一因素指海洋活动人员从事海洋活动的物质基础，它能很好地反映一个国家或是地区海洋科技研究水平与基本状况，主要包括硬件条件、软件条件、海洋科技意识和政府扶持四个方面。其中，硬件主要包含一些基础设施，如学校、研究机构等；软件有人力、资金规模等；国民海洋科技意识是指国民对海洋科学技术的认知和支持程度；而政府扶持是政府对海洋科学技术的宏观调控和政策导向能力等。

(2)海洋科学技术投入水平要素。此要素主要是指海洋科技活动中的人力和财力投入。只有将充足的海洋科研经费和充足的海洋科研人力投入到海洋探索研究、技术创新、开发利用等活动中，才能使海洋科技资源变成现实海洋科技生产力。因此，海洋科技投入水平要素是海洋科技有效转化的前提条件和根本保证。

(3)海洋科学技术产出水平要素。海洋科技产出分为海洋科技活动的直接成果和海洋科技成果再产出两方面。直接成果是海洋科技活动的直接成果，例如年度海洋专利授予量等；海洋科技成果再产出实质上是海洋科技的间接产出，是海洋科技的产业化的结果，是海洋科技成果应用到现实生产的能力，如海洋科技新产品率等。

(4)海洋科技成果效益。海洋科技成果效益是指海洋科技活动对海洋经济、生态和社会发展的主要贡献或者是重大的影响。此要素大体可分为：经济效益、生态效益和社会效益。

3. 海洋科技成果转化指标体系与主要指标释义

根据上节分析，我们建立了海洋科技成果转化绩效测评指标体系(见表1)。

表 1 海洋科技成果转化绩效测评指标体系

一级指标	二级指标	三级指标
转化效力	科技创新系统	科研机构数量
		高校数量
		科研人员数量
		在校相关专业在校学生数量
		完成国家涉海项目
		涉海专利申请
		涉海类论文发表数量
		科技成果获国家奖项数量
	中介支持系统	涉海科技园数量
		涉海孵化器数量
		科技管理和服务人员
		科技推广人员
		学术会议交流次数
		R&D 经费投入
	环境支撑系统	地方海洋经济发展总量
		地方海洋经济增长速度
		地方海洋科技进步贡献率
		地方注册涉海企业数量
		地方科技成果合同成交数量
		地方海洋科技成果年立法数量
转化效益	社会效益	技术进步贡献率
		年就业增长率
	经济效益	新技术销售收入
		海洋科技成果实现
		海洋产业总产值增长率
		海洋科技投入产出比
		海洋开发万元综合能耗

四、不足与展望

目前，科技成果转化是全社会普遍关心的问题。“强于世界者必先盛于海洋，衰于世界者必先败于海洋”，海洋是世界所有大国发展过程中共同的战略选择和发展道路，绝大多数世界强国的发展都与海洋有密切联系。基于以上两个大背景，海洋科技成果转化将成为世界强国所关心问题的重中之重。对我国这样一个发展中国家，我们必须实现海洋科技对国家的海洋经济建设更好的服务。通过研究，对海洋科技成果的转化能有更深的认识和体会，在建立海洋科技成果转化绩效测评指标体系的基础上，本文最终的成果是提出较为完善的海洋科技成果转化评价体系。

[1] 章琰.大学技术转移的界面移动及模式选择研究[D].北京：清华大学，2005.

[2] 马扬，陈茁.科技成果转化的系统动力学分析[J].科技进步与对策，1998(04).

[3] 石善冲.科技成果转化评价指标体系研究[J].科学学与科学技术管理，2003(06).

[4] 项保华.科技成果商品化的运行机制试探[J].科学管理研究，1992(05).

[5] 章熙春，马卫华.高校科技创新能力评价体系构建及其分析[J].科技管理研究，2010(13).

舟山群岛区域经济发展与资源开发

杨珊珊

［摘　要］　舟山群岛位于长江水道和我国南北洋通道交汇的前沿，拥有独特的深水岸线资源以及丰富的海洋渔业资源和海洋旅游资源。长江三角洲地区是我国最大的经济核心区，对我国经济具有强有力的拉动作用，但因受到河口拦门沙的影响，缺乏深水岸线资源。文章基于对舟山群岛的实地调查研究，指出舟山群岛海洋环境资源在长江三角洲中的独特性，并提出舟山群岛海岛资源利用与经济发展的主要方向。(1)发展国际性深水中转港，建设国际物流枢纽，迅速提高舟山群岛新区的国际合作能力和辐射带动能力；(2)着重发展深水养殖业及远洋渔业等新型渔业；(3)开辟海岛休闲度假和佛教文化旅游，填补长江三角洲海岛旅游缺陷；(4)重视海洋生态环境保护和海洋生态文明建设，促进人海和谐、永续发展。

［关键词］　舟山群岛；资源开发；环境保护

一、舟山群岛海域渔业资源丰富

从舟山群岛渔业资源发展的自然条件来看，舟山群岛富饶，得天独厚，素以“渔盐之利，舟楫之便”而闻名遐迩。拥有我国著名的渔场（舟山渔场是我国最大的渔场，亦是全国最大的河口性产卵场）和海洋渔业的重要基地（舟山渔场是我国海洋渔业资源蕴藏量最为丰富的渔场），故有“东海鱼仓”和“中国渔都”之美称。群岛附近海域的自然环境优越，饵料丰富，给不同习性鱼虾的洄游、栖息、繁殖和生长创造了良好条件；舟山海域微生物的丰度较大，海洋生物丰富多样，浮游植物的总量明显高于浙江其他地区，且秋季明显大于春季，浮游植物的组成以硅藻为主；浮游动物春季分布呈北低南高的趋势，且明显大于秋季，浮游动物的组成以桡足类为主；舟山海域底栖生物种类明显多于浙中、南部海域，共有 206 种，以多毛类为主；潮间带生物丰富，共有 325 种，以藻类、软体动物、甲壳动物为主；舟山海域游泳生物丰富，种类繁多，水深 40 米以内区域共有 328 种，以鱼类和甲壳类为主，春季出现的种类数多于夏秋季，冬季最少。据《舟山海域海洋生物志》记载有鱼类 317 种，虾类 33 种，蟹类 55 种，藻类 131 种。海水养殖主要以海带、紫菜、蛏子、对虾、淡菜、扇贝和鲍鱼等海珍品为主。在海洋渔业的传统产业中，现今从事渔业生产的有 8 万多劳动力，实践积累了丰富的捕捞和养殖经验。在渔业资源的带动发展下，舟山后方基地建有渔港、码头、冷库、水产品加工、机修、油库等生产、生活设施。在发展过程中针对近海渔业资源衰退，当地有关部门调整优化作业结构，开拓外海远洋捕捞，大力开发海水养殖，使渔业稳中有增。近年又通过采取围塘、滩涂、浅海养殖等措施，鱼、虾、贝、藻产量全面提高。

二、舟山群岛发展港口物流业的重要性及面临的机遇

从自然禀赋看，舟山拥有丰富的海洋资源，“港、景、渔”资源优势特色鲜明。特别是深水港口条件得天独厚，位处江海联运枢纽，综合建港条件世界少有。舟山本岛中部南有岙山港，北有开发区公有码头，本岛周边东有正在或将要建设的六横港口集群、朱家尖西岙客运码头，西有金塘集装箱码头，完全有条件实现港城互动。

港口是连接海陆运输的枢纽，是海运、内陆运输、通信、商务贸易和沿海工业的汇集点，也是沿海城区经济发展的主要增长点。当需要对货物进行运输、仓储、加工、分拨、包装、信息处理等一系列物流增值服务时，选择在港口这一货物集散点进行，最能取得规模经济效益。港口经济的发展与现代物流的发展是相辅相成、互相促进的。现代物流业是国民经济的战略性产业，对于促进资源优化配置，转变经济增长方式，降低社会成本，增强国民经济竞争力具有重要作用。据测算，物流总费用占 GDP 比重每降低 0.1 个百分点，仅浙江省就可以减少物流总费用 21 亿元。当前浙江省委、省政府正在全力争取将海洋经济发展带建设上升为国家战略，其龙头就是发展港口物流业。而根据交通运输部的统计，宁波—舟山港 2009 年货物吞吐量达到 5.7 亿吨，跃居全世界各个海港之首。在当前的形势下，依托水运这一良好的运输方式，按照浙江省的规划，以宁波—舟山港为龙头，以浙北和“温台”地区为两翼，大力发展港口物流业，通过港口这一水上门户，全力打造船舶工业、海水产品精深加工业、临港重化工业、机械工业、大宗货物加工业，一方面可以带动临港工业和城市发展，促进陆海协调发展，另一方面可以充分

发挥舟山市港口的水—水中转优势。2011 年 6 月 30 日，国务院正式批准设立浙江舟山群岛新区，这是国务院批准的我国首个以海洋经济为主题的国家战略层面新区。《十二五规划纲要》明确了“十二五”期间重点发展海洋经济，并指出“浙江舟山群岛新区作为东部地区率先发展的重要区，重点发展港口物流业、航运业”。现阶段舟山港口的发展在战略层面上得到国家重点支持，成为国家重点开发区域，享受海关最优惠的特殊监管区域政策。近年来，浙江省也连续提出“海洋经济强省”“港航强省”“海上浙江”等总战略指导方针，积极推动海洋经济的发展和港口物流的建设。这些良好的外围环境，必将促成舟山港口物流业迎来新一轮大提升、大发展。国家政策赋予舟山港口物流发展先行先试的使命和权力，这对舟山港发展来说是千载难逢的机遇。

三、舟山附近海岛旅游资源得天独厚

舟山特殊的地理位置、气候条件以及悠久的历史文化造就了一批高品位的旅游资源，对舟山旅游打造精品和形成竞争优势起着重要作用。以海洋文化为载体，旅游节庆活动得到进一步拓展和创新；以旅游项目开发为重点，海洋旅游精品工程建设进一步推进，“海天佛国，渔都港城——中国舟山群岛”旅游品牌进一步打响。全市有旅行社 84 家，旅游星级饭店 61 家。这些行业的良性发展与舟山的渔业发展有着密切的联系。在《舟山市渔业资源带动经济效益及影响》中提到，由于舟山渔业资源的开发利用在市场上创造了良好的信誉和投资空间，在市场经济激烈的竞争环境中，舟山市经济的对外形象是通过这一古老的行业对外展示其独特魅力的。渔业的发展是舟山市其他经济的发展基础，它的发展影响到了舟山市其他的行业的发展状况，它的发展同时也决定了舟山社会的繁荣及稳定。舟山 1000 多个岛屿中，许多都为基岩石，地势崎岖，是长江三角洲经济发达区域中极具海洋旅游特色的地区。舟山群岛有海景、沙滩、礁景、港景、山景、林景、洞景等自然景观，也有名刹古寺、渔港、渔村等人文景观，旅游资源丰富，特色明显，吸引力强。区内有普陀山国家级风景名胜及岱山和桃花岛两个省级风景名胜区，其中嵊泗是我国唯一的国家级海洋风景名胜区。海岛旅游发展成熟，知名度高。同时，因舟山处于经济发达的长江三角洲地区，海洋旅游资源特色明显，尚具有很大的开发潜力。而杭州湾大桥工程以及舟山连陆通工程的实施，也将大大改善舟山的区位交通形势，为进一步发展舟山旅游产业提供机遇。舟山本岛是火山岩地貌，山地占总面积的 60%，多陡坡、窄谷，地势崎屾，且有众多的人工水库和湖泊点缀其中，气候宜人，雨量充沛，山地植被良好，景观优美，发展海岛度假休闲旅游的资源非常丰富，潜力极大。例如可以选择一些临近湖泊的山坡地，修筑度假山庄，度假村与山间小道生态公路相连。内陆居民可到此享受海岛清新的空气、绿色的山坡，也可采用山间步行、骑车、驾车、下海游泳等多种方式到定海市区享受繁华的城市生活和沈家门的海鲜美餐。有条件的地方，可把一些小岛建成为野营基地，并完善其服务设施，形成海岛风光、宗教艺术、渔港渔村风貌、海洋生物及海上体育活动等相结合的复合旅游产品体系，促进舟山旅游产业的发展。

近年来，舟山市各级政府对发展旅游产业给予了相当的重视，提出了把舟山建设成为海洋旅游强市的目标，为旅游业发展提供了可靠的政策保障。此外，舟山市各县都已将产业发展政策向旅游倾斜，为旅游产业发展创造了良好的条件，旅游产业进入了前所未有的大发展阶段。

四、坚持可持续发展，合理利用海岛资源

浙江舟山群岛新区是国务院批准的我国首个以海洋经济为主题的国家战略层面新区。浙江舟山群岛新区的建设，有利于探索海洋生态文明建设和开创我国海岛综合保护开发方式，促进陆海统筹发展。舟山群岛新区临港工业、港口物流、海洋旅游、海洋渔业等产业发展，是浙江保持海洋经济良好发展态势的关键。但是，在开发的同时还要对海岛进行保护。目前，舟山群岛新区范围为舟山市现有行政范围，包括 1390 个岛屿，陆域面积 1440 平方公里，内海海域面积 2.08 万平方公里，人口 100 万。海岛地理和气候条件的特殊性，都对海岛的开发和保护提出了更多的要求。开发舟山群岛新区，应在统筹布局、协调发展的前提下，在一个相对独立且完备的海洋环境里探索可持续的发展模式，自始至终坚持科学发展观中可持续发展的理念。政府应做到以下几个方面：

(1)研究创新海岛保护开发模式，制定实施海洋功能区划、生态环境总体规划及风景名胜区总体规划，实行岸线、海岛分类指导与管理。(2)科学确定海岛主体功能，对具备开发基础条件的重要海岛，强化开发建设过程中的保护，实现环境保护、水土保持设施与推进主体功能建设同步。(3)对暂不开发的岛屿，科学规划生态保育模式，预留发展空间。(4)合理规划开发海岛岸线资源，实现港口差异化发展，提升规模集聚效益。(5)切实加强自然岸线、岛礁海湾、海岛植被和海洋生态保护，创建生态和谐、人海亲近的群岛型花园城市。(6)推进海洋生态保护与修复，推进受损海岛及周边海域生

态系统修复，实施渔业资源养护、湿地保护与修复和海域生态保护计划。(7)加强滨海湿地及附近海域的生物多样性保护，加强风景名胜区保护，严格控制建设项目，对部分景区实行"轮休"或"限流"措施，确保海洋旅游业可持续发展。(8)大力发展循环经济，构建海洋产业循环链，提高资源产出率，从源头控制污染物的产生和排放。(9)在水产加工、船舶修造、海洋工程装备等行业推进产业循环式组合。

五、结语

长江三角洲地区是我国最大的经济核心区，经济总量居我国各大经济区之首。但一方面受河口拦门沙的影响，缺乏深水岸线资源；另一方面海岛旅游资源匮乏。舟山则位于我国南北海运大通道和长江黄金水道交汇地带，是江海联运的重要枢纽，是我国深入环太平洋经济圈的前沿地区，也是我国扩大开放、连通世界的战略门户。舟山群岛新区深水岸线资源丰富、建港条件十分优越，适宜开发建港的深水岸线总长280公里，船舶避风和锚地条件良好，多条国际航道穿境而过。群岛新区岛屿众多，面积超过500平方米的海岛数量占全国的20%；海洋生物资源丰富，是我国最大的近海渔场和重要的海洋生物基因库；佛教文化、海洋文化底蕴深厚，拥有独特、丰富的旅游资源，是我国海洋旅游重点区域和国家旅游综合改革试点城市；油气及近海风能、潮流能等资源富集；自然风光秀丽，气候宜人，环境优美，是全国环境空气质量最好的城市之一，舟山市区空气质量好于和等于国家二级标准天数的比重年均达到99.4%以上，绿化覆盖率达到40.7%，人均公共绿地面积15.8平方米，城市生活垃圾无害化处理率达到99%以上。结合舟山海岸海洋环境特点，应充分利用其优越的地理区位和港航条件，加快建设国际物流枢纽，迅速提高舟山群岛新区的国际合作能力和辐射带动能力，积极拓展我国对外开放的广度和深度。应完善海洋产业体系，积极发展深水养殖业及远洋渔业，海洋科技及海产品加工业。要积极发展海洋新能源，大力推进海水综合利用，切实提高海洋资源综合开发利用效益。可以打造精品旅游项目。舟山群岛为火山岩山地，气候温和，山体优美，适宜开辟海岛休闲度假旅游；舟山同时为佛教文化圣地之一，应着力发展观音文化、渔村风情、滨海度假等特色旅游，形成以海岛休闲度假和佛教文化旅游为核心的产品体系。在推进海洋资源开发、海洋产业发展的过程中，还应高度重视海洋生态环境保护和海洋生态文明建设，保护和利用好珍贵的自然与文化遗产，促进人海和谐、永续发展。

参考文献

[1] 邬振元.舟山渔业产业化的实践与探索[J].中国渔业经济研究,2008(9).

[2] 陈定明,邬振元.舟山渔业可持续发展战略构想[J].浙江学刊,2008(3).

[3] 张丽君.现代港口物流[M].北京：中国经济出版社,2005.

[4] 汪长江.世界典型港口发展模式分析与启示[J].经济社会体制比较,2012(1).

[5] 赵晓光.我国港口物流的系统分析与评价研究[D].天津：天津大学,2004.

[6] 孙万通,孙万玲.舟山群岛新区港航物流发展新思路[J].中国港口,2012(4).

[7] 胡卫伟.浙江舟山群岛海洋旅游发展与产品结构优化[J].经济理论研究,2008(17).

[8] 江海旭,李悦铮.舟山群岛旅游发展现状及对策研究[J].国土与自然资源研究,2009(4).

[9] 陈国生,叶向东.海洋资源可持续发展与对策[J].海洋开发与管理,2009(26).

[10] 李书桓,郭伟,施晓冬,朱大奎.舟山群岛海洋环境资源及其开发利用[J].长江流域资源与环境,2007(16).

论舟山群岛新区海洋特色资源与生态保护关系

刘玉欣

[摘　要]　舟山群岛新区是首个以海洋经济为主题的国家级新区，源于全国政协原副主席钱正英率领的中国工程院浙江沿海项目调研组的一个建议，是浙江海洋经济发展的先导区、海洋综合开发试验区、长江三角洲地区经济发展的重要增长极，承载着中国大宗商品储运中转加工交易中心、东部地区重要的海上开放门户、中国海洋海岛科学保护开发示范区、中国重要的现代海洋产业基地、中国陆海统筹发展先行区的重要使命。然而，要构建舟山群岛新区的优势在哪？得天独厚的自然资源及长期积累的人文理念和物质基础——"海洋特色资源"是舟山群岛新区这一概念坚实后盾的最好回答。然而，在审视舟山群岛新区建设面临如何和谐发展的难题时，生态保护成了不可避免的问题。文章立足舟山群岛新区建设的现实探索，理性审视舟山群岛新区建设面临的难题，探讨促进舟山群岛新区海洋特色资源与生态保护并重发展的设想，旨在为推进舟山群岛新区建设提供理论及实践思考。

[关键词]　舟山群岛新区；海洋特色资源；生态保护

一、简述舟山群岛新区概念

1.舟山群岛的发展脉络

2010年，钱正英曾经两次率领中国工程院浙江沿海项目调研组来舟山考察。在了解舟山得天独厚的资源条件之后，钱正英郑重地提出：舟山能否在建设海洋综合开发试验区的基础上，对国家的海洋经济发展有更大的战略贡献。为此，浙江省在此后的编制计划过程中，经过逐步地完善规划，最终产生了"舟山群岛新区"这一概念。2011年3月，十一届全国人大四次会议审议通过的《国民经济和社会发展第十二个五年规划纲要》中，明确提出了重点推进浙江舟山群岛新区的发展。“舟山群岛新区”这个崭新的名词，写进了“十二五规划”，舟山的建设与发展，从此成为国家战略。

2.构建舟山群岛的理念及意义

“发展海洋经济，坚持陆海统筹，制定和实施海洋发展战略，提高海洋开发、控制、综合管理能力；科学规划海洋经济发展，发展海洋油气、运输、渔业等产业，合理开发利用海洋资源，加强渔港建设，保护海岛、海岸带和海洋生态环境；保障海上通道安全，维护我国海洋权益。”这是《中共中央关于制定国民经济和社会发展第十二个五年规划的建议》中提出的中国海洋经济理念。舟山群岛和本岛的空间布局的重点是“一个主体，突出中心，拓展两翼”。为了能科学合理地利用舟山群岛独特的战略价值，进一步加大群岛的综合开发力度，政府将建设一批综合开发、港口物流、临港工业、海洋旅游、现代渔业、新能源、海洋科研、生态保护等功能岛。在功能上，舟山群岛新区全新的被定位为浙江海洋经济发展的先导区、海洋综合开发试验区、长江三角洲地区经济发展的重要增长极。怀着对未来的无限憧憬，舟山群岛新区将建成中国大宗商品储运中转加工交易中心、东部地区重要的海上开放门户、中国海洋海岛科学保护开发示范区、中国重要的现代海洋产业基地、中国陆海统筹发展先行区。总而言之，积极构建舟山群岛新区不仅有利于保障我国经济战略安全，有利于拓展我国发展空间和维护海洋权益，更有利于探索群岛开发开放的新模式，共建上海国际航运中心，培育我国东部经济新的增长点。

二、舟山群岛新区的海洋特色资源

国家发改委地区经济司司长范恒山在新闻发布会上强调：“设立浙江舟山群岛新区，是新时期我国推进实施国家区域发展总体战略、海洋发展战略和国民经济和社会发展‘十二五’规划纲要的一个重大举措，关乎全局和长远，具有特殊重要的战略意义。”那么，国家海洋经济战略为什么选中舟山？浙江的舟山群岛又有哪些优势？对此，中国工程院院士沈国舫认为，浙江的区位搞海洋经济优势独特，而舟山则是中国最大的群岛，是我国大陆唯一直接深入太平洋的战略要冲。舟山群岛的独一无二不仅在于区位优势明显，还在于舟山群岛新区处在我国东部海岸线和长江出海口的组合部，为我国南北海运和长江水运的“T”形交汇要冲，是江海联运和长江流域走向世界的主要海上门户。现已形成海、陆、空三位一体的集疏运网络，其中普陀山机场开通了至北京、上海、厦门、晋江等多条航线；海上客运通达沿海各大港口城市，远洋运输直达韩国、日本、新加坡、中国香港和中国澳门等国家和地区的港口；总长近50公里的舟山跨海大桥于2009年12月25日全线通车，使舟山本岛及附近小岛成为与大陆连接的半岛。此外，还有多条高速客轮航线、汽车轮渡航线与上海、宁波连接，水、电、通信实现了与大陆联网，全市口岸开放面积1165平方公里。现今，舟山群岛新区建设已确定三大战略定位、五大发展目标、七大重点产业，并将形成陆海统筹、重点突出、功能明确、协调发展的“一体一圈五岛群”的空间结构。不仅产业特色鲜明，舟山一直围绕“海”字做文章，不断调整和优化产业结构，全市初步形成了以临港工业、港口物流、海洋旅游、海洋医药、海洋渔业等为支柱的开放型经济体系。2008年全市海洋经济总产出1048亿元，海洋经济增加值占GDP比重达66.4%，是全国海洋经济比重最高的城市，三次产业比例为10.0∶46.2∶43.8，经济结构实现了由单一的传统渔业经济向综合的现代海洋经济转变。更重要的是，舟山拥有以“港、景、渔”三位一体的海洋特色资源。

舟山群岛新区深水区海岸线众多，港口资源十分丰富。全区水深15米以上的岸线200公里，港域面积1000平方公里，主航道可通行20万吨以上船舶，境内的虾峙门国际航线可全天候通行30万吨以上巨轮。全市港口物流步伐加快，由地方小港口发展为区域性水—水中转大港，港口货物吞吐量达到1.59亿吨，海运业运力达到293万吨，跻身全国沿海十大港口之列。

舟山是中国优秀旅游城市，在境内就有两个国家级风景名胜区——中国佛教名山“海天佛国”普陀山和“南方北戴河”嵊泗列岛，其中普陀山为全国首批AAAAA级景区，有两个省级风景名胜区——岱山和桃花岛。

舟山素有“东海鱼仓”和“中国渔都”之美称。近些年来也先后荣获“中国渔都”“中国海鲜之都”等荣誉称号。海域内主要盛产鱼、虾、贝、藻类等海水产品，种类高达500多种，全市渔业年产量基本在120万吨左右，舟山渔场也是我国渔业资源基础最好的渔场。舟山海洋渔业加快了转型，以舟山震洋发展有限公司为代表的集水产捕捞、加工、进出口贸易于一体的现代型综合性企业也颇具规模。舟山的水产加工业年产值在150亿元左右，已成为我国最大的海水产品生产、加工、销售基地。

三、舟山群岛新区海洋特色资源与生态保护应并重发展

由于工业和生活污染、船舶油污染、海水养殖自身带来的污染、海上石油开采以及其他污染等总量不断增大，舟山海洋渔业资源环境污染加重，近

岸海域赤潮频发，海洋生态环境明显退化，一些经济鱼、虾、蟹、贝类生息繁衍场所锐减，海洋生物质量不断下降。污染问题已成为舟山海洋经济可持续发展所面临的主要问题，而当前海洋环境保护意识还比较薄弱，环保设施的建设又相对滞后。此外，过度捕捞等因素也直接造成舟山近海渔业资源的衰退，近海鱼类已几乎完全衰竭了。再加上舟山群岛新区设立后，用地急增，这势必对附近海域的生态环境造成无法复原的破坏。

1."生态保护"的概念及方式

所谓"海洋生态文明"就是以人与海洋以和谐的方式相生相息，坚持可持续发展观为主题，以海洋资源综合开发和海洋经济科学发展为核心，以强化海洋国土意识和建设海洋生态文化为先导，以保护海洋生态环境为基础，以海洋生态科技和海洋综合管理制度创新为动力，整体推进海岛和海洋生产与生活方式转变的一种生态文明形态。海洋生态保护是指采取有效措施，保护红树林、珊瑚礁、滨海湿地、海岛、海湾、入海河口、重要渔业水域等具有典型性、代表性的海洋生态系统，保护珍稀、濒危海洋生物的天然集中分布区，保护具有重要经济价值的海洋生物生存区域及有重大科学文化价值的海洋自然历史遗迹和自然景观。同时，对具有重要经济、社会价值的已遭到破坏的海洋生态，进行整治和恢复。其实，在建设海洋生态保护的同时，不能单纯地理解为积极改善海洋生态环境而已，真正要做的是以开发海洋特色资源和海洋经济的繁荣发展来维持保护海洋自然环境的生态来达到一种平衡，以海洋生态环境的良性循环促进海洋资源的综合利用和海洋经济的科学发展，两者相互独立又相互支撑，最终形成一个和谐共荣的海洋生态文明系统。要依据海洋生态环境容量和资源环境承载能力，确定不同岛屿的主体功能，统筹谋划人口分布、产业布局、国土利用和城镇化格局，坚持资源开发、产业发展、区域打造、生态保护互为一体，形成海洋生态文明建设的良好规划格局和主体功能定位。

2."平衡并进"的发展理念

"全面规划，合理布局"，是保护环境、防患于未然的极其重要的措施，也是贯彻预防为主、防治结合方针的体现。在安排国民经济计划和发展工农业生产时，必须统筹兼顾，全面规划。应该大力发展循环经济，在有限的环境容量内，更加主动、科学地协调海洋环境与发展的关系，调整结构，优化布局，以最小的资源与环境成本，取得最大的经济社会效益。坚持"平衡并进"的发展理念，是舟山群岛新区欣欣向荣的最主要核心。时任浙江省副省长陈敏尔说:“浙江的发展靠的是不断突破体制机制障碍。推进舟山群岛新区建设和保护,需要凝聚改革共识,汇聚改革力量。”浙江省委正加大对新区改革政策和关键问题的研究,初步设想在创新海岛开发保护体制上先行先试。

针对舟山群岛新区海岸线众多且港口丰富这一特点,如何实现经济合理化布局是极为重要的。根据目前《中华人民共和国港口法》中提及的港口岸线发展要求,开展港口腹地范围划分、港口吞吐量的研究,对生态保护工作有着重大影响。近几年,随着海洋开发活动的不断加重,不合理的围海造地、拦河筑坝、采挖沙石和珊瑚礁、砍伐红树林等围海活动,导致海岸线侵蚀不断加重,严重影响了海岸线的稳定,甚至导致了很多生态灾难。从整个浙江省来说,虽然海洋管理体系初步建立,综合管理与行业管理相结合的管理机制已基本形成,但其能力还远不能适应形势发展。“深水浅用,优线劣用”的现象屡见不鲜。部分港口规模过度超前,承载负荷过重工业仓储岸线过多,缺少一定的战略储备岸线。

舟山群岛新区在渔业方面产量高,规模集中化,但渔业资源持续衰退,传统作业渔场日益缩小,强大的捕捞能力与脆弱的渔业资源矛盾日益尖锐。渔业资源的过度开发导致了渔业社会发展居于社会进步的后端,渔区现代化受阻,社会矛盾也日益突出。如何在海洋渔业资源合理开发的同时保护好海洋生态环境,已成为海洋经济发展过程中所要解决的迫切问题。在此我们提出以下方案。方案一:积极鼓励开发与渔业增长相适应的第三产业,拓展渔业空间,延伸产业链条,推进渔业产业化,不失为一个解决生态问题的方法。方案二:采取多种措施促进渔业资源的增殖,在环境承载力许可的范围内确定养殖规模,改善养殖环境。以养殖业为例,坚持从生态学角度出发,根据养殖容量控制养殖面积和养殖密度,合理配置养殖生物,改变传统的养殖方式,开发健康养殖技术和生态养殖方式,积极开展生态养殖和工程化养殖,提高集约化和现代化水平。在提高经济效益的同时,减轻养殖对海区资源和环境的影响,保护和修复沿岸海区的脆弱生态系统。

经济发展与生态保护的关系,归根到底是人与自然的关系。解决生态问题,其本质就是如何处理好人与自然、人与人、经济发展与生态保护关系的问题。人与自然的关系,是新世纪经济研究的主题,经济发展和资源环境自始至终就有着非常密切的关系。实践证明,我们是能够正确处理好环境与发展的关系的,二者是可以相互促进,达到经济和环境的协调发展的。

参考文献

[1] 黄建钢. 在学术视野中的舟山群岛新区愿景[J]. 太平洋学报, 2011(10).

[2] 于晓. 坚持科学发展观切实加强海洋生态环境保护[N]. 中国海洋报, 2006-05-16.

[3] 刘亭. 浙江海洋经济发展的方向和重点[J]. 浙江经济, 2010(16).

[4] 俞树彪, 阳立军. 海洋产业转型研究[J]. 海洋开发与管理, 2009(2).

关于舟山群岛新区产业结构调整的思考

叶丽莎

[摘　要]　文章在分析比较西方产业组织理论不同学派不断演化发展的基础上,提出了借鉴西方产业组织理论,促进舟山群岛新区产业结构调整的若干选择。

[关键词]　产业组织理论演进;结构优化;集中整合

产业组织(Industrial Organization)是指同一产业内企业的组织或者市场关系。这种企业间的市场关系主要包括:交易关系、行为关系、资源占用关系和利益关系。产业组织通常是以具体的特定产业为研究对象,主要研究特定产业的竞争和垄断问题,探讨各产业内厂商之间的关系。产业组织理论(Theory of Industrial Organization)是在西方发达国家产生和发展起来的,以特定产业内部企业之间竞争和垄断及规模经济的关系和矛盾为主要研究对象,以揭示产业组织活动的内在规律,为产业组织政策的决策者提供理论依据和政策建议的微观应用经济理论。

一、产业组织理论的主要流派和观点

产业组织理论在发展过程中出现过三个主要的学派,即哈佛学派、芝加哥学派和20世纪80年代以来在交易费用理论影响下发展起来的新产业组织理论。自20世纪90年代以来,新产业组织理论在研究领域、理论深度以及与其他学科的交融等方面又有了新的发展。

1.哈佛学派

哈佛学派的产业组织理论,以新古典学派的价格理论为基础,以实证研究为主要手段,构造了一个既有系统逻辑体系又能深入具体环节的"市场结构—市场行为—市场绩效"分析框架,并对市场关系各方进行实际测量,从而规范了产业组织的理论体系，为产业的具体分析和经验研究提供了理论基础和研究路径。在哈佛学派的SCP分析框架中，产业组织理论由市场结构、市场行为、市场绩效三个基本部分和政府的产业组织政策组成。其基本的分析思路是：结构、行为和绩效之间存在着因果关系，即市场结构决定企业行为，企业行为决定市场运行的经济绩效。贝恩根据对美国制造业产业集中度和利润率之间关系的调查研究，认为如果存在着集中的市场结构，厂商就有可能成功地限制产出，把价格提高到正常收益以上的水平。在哈佛学派看来，在具有寡占或垄断市场结构的产业中，由于存在少数企业间的共谋、协调行为，削弱了市场的竞争性，其结果往往是生产者剥夺消费者的剩余，破坏了资源的配置效率。这就是"集中度—利润率"假说。哈佛学派强调垄断的市场结构会产生垄断的市场行为，进而导致不良的市场绩效，特别是资源配置的非效率。为了获得理想的市场绩效，哈佛学派认为最重要的是通过公共政策来调整和改善不合理的市场结构，有效的产业组织政策首先应着眼于形成和维护竞争的市场结构，并对经济生活中的垄断和寡占市场结构采取强制性分割管制政策。因此，哈佛学派也被称为"结构主义学派"。

2.芝加哥学派

芝加哥学派建立在新古典价格理论长期均衡分析的基础上，理论体系庞大而繁杂，其观点和政策主张可以归纳为以下几点。

首先是经济自由主义的观点。芝加哥学派在理论上继承了芝加哥传统的经济自由主义，信奉自由市场经济中竞争机制的作用，相信市场力量的自我调节能力，认为市场竞争过程是市场力量自由发挥作用的过程，是一个适者生存，劣者淘汰，即所谓"生存检验"的过程。因此，政府应尽量减少对竞争过程的干预，政府干预应仅仅限制在为市场竞争过程确立制度框架上。

第二是绩效主义观点。芝加哥学派认为：垄断市场结构中产生的高额利润来自大企业的高效率。在高集中度的市场中，如果大企业之间采取秘密卡特尔等合谋或协调行为，企业可以获得高利润率。但是，这只是短期的现象或一时的不均衡，只要没有政府进入管制，高集中度产生的高利润率会因为新企业的大量进入和卡特尔协定"囚徒困境"式的破裂而难以为继。按布罗曾(Bruzel)的话说，在高集中度的市场上企业获得高利润是市场处于非均衡状态下的暂时现象，它会随市场趋向稳定而消失。如果一个产业或企业持续出现高利润的话，这完全可能是该产业中企业高效率和低成本作用的结果，而不是哈佛学派所指出的垄断势力毁坏了市场绩效。芝加哥学派特别注重判断市场效率是否提高，而不是像哈佛学派那样只看结构是否损害了竞争。因此，芝加哥学派也被人们称为“绩效主义学派”。

第三是政府管制俘虏理论。在传统的西方经济学中，政府追求的目标被假设为追求全社会利润最大化，而在政治科学中，政治家被假定追求自身的权力和地位，不是利他的目标。芝加哥学派吸收了这种观念，认为，政府管制者有各种各样利己的动机，如追求短期非货币性利益和长期货币性收入的最大化，而企业作为一种利益集团对政府的产业组织政策或管制有特殊的影响力，这两者结合便为政府管制俘虏理论提供了现实基础。政府管制是为了满足产业对管制需要而产生的，而管制机构最终会被产业所控制和俘虏。施蒂格勒通过实证研究得出结论：受管制的产业并不比无管制的产业具有更高的效率和较低的价格。

第四是可竞争市场理论。该理论以完全可竞争市场和沉没成本等概念的分析为基础，来推导可持续有效产业组织的基本态势及其内生的形成过程。在鲍莫尔设计的完全可竞争市场模型中，沉没成本被假设为零，也就是市场中不存在进入壁垒，潜在进入者为了追求利润会迅速地进入任何一个具有高额利润的产业，并能够在现存企业对进入做出反应前快速撤出。这种进入形式通常被称为“打了就跑”策略。按照可竞争市场理论，在近似完全可竞争市场中，自由放任政策比政府管制政策更为有效，少数几家大企业纵向兼并或横向兼并，传统的观点认为这会带来垄断弊端，而在可竞争市场条件下，它们都变成无害的甚至可能是更有效率的。在鲍莫尔等人看来，政府的竞争政策与其说重视市场结构，倒不如说重视是否存在充分潜在的竞争压力，而确保竞争压力存在的关键是要尽可能降低沉没成本。为此，他们主张，一方面要积极研究能够减少沉没成本的新技术、新工艺，另一方面要排除一切人为的进入和退出壁垒。

3. 新产业组织理论

新产业组织理论认为，市场结构不是外生的，企业不是被动地对给定的外部条件做出反应，而是通过策略性行为改变市场环境，从而影响竞争对手的预期，改变竞争对手对未来事件的信念，迫使竞争对手做出对主导厂商有利的决策行为，达到排挤竞争对手或阻止新对手进入市场的目的。在新产业组织理论学派的学者看来，市场结构和市场绩效都是企业博弈的结果，这种结果取决于企业之间博弈的类型，这样，哈佛学派 SCP 分析范式静态的单向关系便会被复杂动态不均衡的双向关系或者多向关系所取代。新产业组织理论对芝加哥学派静态价格与产出框架也提出了质疑。芝加哥学派研究的主要对象是企业的水平价格行为，对企业的策略性行为，他们认为，由于信息是完全的，企业不可能单独实施阻碍竞争对手的策略性行为，如捆绑销售、排他性经营行为、规定产品的转售价格等等。新产业组织理论批评了芝加哥学派这种狭隘的观点。威廉姆森(Williamson)指出，需要某种新的效率推理形式以及更为严谨的关于策略性行为的经济学，为诸如掠夺性定价的评价提供一个更为可靠的经济学基础。新产业组织理论运用非合作博弈模型实现了对阻止性定价、合谋与默契、产品差别化、广告行为与技术创新、设置进入壁垒等策略性行为的动态分析，使人们对各种复杂动机和效果的理解达到了新的高度。一些在芝加哥学派看来非理性的或有利于提高效率的价格和非价格行为，在引入博弈论和不完全信息以后得出了不同的结论。如厂商的掠夺性定价行为，芝加哥学派认为掠夺性定价是非理性的，不符合厂商长期利润最大化目标，新产业组织理论通过引入信息不对称则得出掠夺性定价行为是厂商理性行为的结论。因此，新产业组织理论反对芝加哥学派将反托拉斯政策仅仅局限于禁止水平价格的协调，提倡加强对大企业策略性行为的反托拉斯管制。此外，新产业组织理论基于政府和企业之间的信息不对称，进一步强调建立激励性管制机制，以激励企业通过技术创新提高效率，降低成本。新产业组织理论致力于采用激励性管制方式在哈佛学派严格管制和芝加哥学派过分放松管制之间寻求一个最佳平衡点。

二、归纳比较评述

上述分析表明，各个时期的产业组织理论依据不同的理论基础和研究方法，选择不同的研究重点，提出了不同的政策主张。哈佛学派以垄断竞争理论为基础，采用静态的实证研究方法，以市场结构为研究重点，提出了反垄断反集中的“结构主义”政策主张。芝加哥学派以“可竞争市场”理论为依据，重点分析企业的市场绩效问题，提出了“绩效主义”的政策主张。新产业组织理论以交易费用理论为基础，采用演绎推理为主的研究方法，提出了以“反不正当行为”为指向的“行为主义”政策主张。在理论的演进发展过程中，新产业组织理论与传统产业组织理论相比有了以下特点。

在分析框架上，改变了单向和静态的研究模式。

在理论基础上，广泛吸取了现代微观经济学新进展，修正了正统产业组织理论基于古典主义的理论假设。

在研究方法上，推理演绎研究与实证归纳研究逐步走向融合。

在研究重心上，从产业组织分析的结构主义转向厂商主义，即从最重视市场结构转向最重视企业行为的分析；在政策主张上，从强调政府规制转向放松政府规制和规制的细化。

三、舟山群岛新区产业组织现状

1.企业规模较小，规模经济偏低

舟山市海洋企业的组织结构不合理，工业组织结构落后，在国内外市场上具备竞争力的现代化大型企业偏少，中、小型企业数量偏多，比重大，龙头带动作用不突出，核心竞争力差，极难建立和完善大中小企业的协作分工体系。

形成舟山市以中小企业为主的产业组织结构的原因有：企业间缺乏有机的分工协作和联合，"大而全""小而全"现象严重，生产的专业化程度低；多数企业处于自成体系的封闭式生产状态，海洋产业发展的产品生产分散，产业集中度低，特别是那些规模经济效益显著的产业中，涌入了大量不经济的中小企业，家庭式、作坊式企业占据重要地位，缺乏科工贸一体化、供产销一条龙的大型海洋科技产业集团。综合分析显示，长期以来，舟山群岛海洋经济增长主要是建立在海洋资源存量减少和过度消耗基础之上，属于粗放型经济增长模式。产业技术水平比较低的海洋渔业、旅游业等传统海洋产业产值长期比重过高。同时，由于长期受交通限制，造成产业基础薄弱，发展落后。按2010年统计资料显示，舟山水产品总产量131.12万吨，其中远洋渔业12.18万吨，地方渔业127.67万吨，而作为新兴海洋产业的海水养殖产业产量仅为13.42万吨，代表高新技术的未来新兴海洋产业如海洋药物、海洋能源、海洋工程、海水综合利用等尚未形成产业规模，更谈不上对舟山市国民经济有所贡献。

2.产业集聚度低，产业组织分散

随着工业化向纵深推进，市场对产业要素的集聚要求越来越高。然而舟山岛屿众多，深水岸线资源分布零散。同时，由于舟山经济技术水平不高，海洋产业布局受自然资源和自然环境的制约明显，加之产品不能满足市场需求，海洋产业布局长期处于以区域自然资源和环境为导向的自由发展状态，总体上呈零散分布特征，舟山市产业要素的集聚机制还很不健全。例如，与国外典型船舶产业集群相比，舟山的港口条件虽然较好，企业数量和从业人员数也较多，但是完工量占本国和世界的份额低于其他集群，尤其是与韩、日相比存在明显差距。由于企业规模普遍偏小，工艺技术相对落后，生产成本高,竞争能力弱,产业链较短,区域特色产业的竞争优势难以确立。

3.创新能力不足,经济转型缓慢

发明专利数量的快速增加,标志着一个城市创新活力不断加强,标志着作为创新的主体企业越发认识到知识产权,特别是发明专利对加快企业经济发展方式转变的重要支撑作用。尽管一直以来,舟山市在建设创新型城市过程中,十分注重知识产权的重要作用。2010 年,全市申请发明专利 180 件,实用新型专利 279 件,外观设计专利 79 件。但舟山与浙江省其他地区相比,专利数量差距还很明显,更不用说与国内发明专利授权量排名前三甲的广东、北京、江苏相比。一直以来,舟山科技力量基础薄弱,综合性大学、科研机构数量少,高层次人才较为缺乏,企业实力不强,自主创新能力较弱等问题仍未从根本上解决,特别是缺乏自主核心技术,从而导致产品附加值不高,经济的竞争力不强。例如,舟山船舶产业依然存在“重生产,轻研发”的现象。据统计,2010 年舟山市交通运输设备制造业研发经费为 31988 万元,主营业务收入为 4562674 万元,研发投入仅占主营业务收入的 0.07%左右,远远低于日、韩等其他国家的平均水平。另外,发展科技的环境和条件亟待改善。舟山企业融资渠道仍然比较单一,从目前的情况看,绝大多数舟山企业在扩大生产规模或资产规模时,首先选择银行贷款,很少有企业通过资本市场直接融资。

4.政府引导不足,缺乏产业协调

众所周知,拉动经济的三驾马车分别是消费、投资、出口。一个地区经济发展是否有巨大的潜力看其是否有充足的资金投入,是否具有出口的潜力和能力,是否有旺盛的消费需求。海洋产业高投入的特征,更加造成舟山海洋产业的发展离不开资金的注入。2010 年舟山全社会固定资产投资额为 413.84 亿元,进出口总额 107.33 亿美元,与浙江其他沿海城市相比差距明显。

同时,在成熟的市场经济条件下,健全的产业进入与退出机制能够引导企业和生产要素根据市场的变化合理流动,以寻求更高的利润率。目前,舟山群岛新区产业进入与退出机制尚不健全,导致企业进入壁垒过低,退出壁垒过高的现象普遍存在。产业进入壁垒过低导致新企业过度进入,产业退出壁垒过高造成企业负亏经营,存量资产难以按照效益原则合理流动,既加重了国家财政负担,又制约了资源配置效率。

工业在初期阶段主要依靠大投入出现快速增长,进入中期之后开始面临产业的优化升级，一定离不开服务业的配套发展。通过舟山固定资产投资在三产中的比重分析，我们可以看出，2010 年舟山第三产业投资基数最大，随后是第二产业、第一产业，但是相比上一年，第三产业投资的增长率最低。借鉴发达地区对治理工业化早期带来弊端所花费的巨大成本的经验，舟山经济政策的核心是要通过放宽市场准入、加大财政支持、扩大税收优惠等措施，大力发展服务业并使其比重在经济结构中始终高于一、二产业。

四、产业组织优化的战略性选择

21 世纪是海洋的世纪，开发海洋资源、发展海洋经济是开拓人类发展空间的必然选择，是催生重大科技变革，培育新的经济增长极的迫切需求。在新时期，特别是面对国际金融危机带来的影响和经济转型升级带来的压力，以及肩负国家对浙江舟山群岛新区建设的重大期望，优化海洋产业结构，高水平推进海洋开发，已成为舟山发展的必然要求。

1.加速产业结构合理化

政府应通过制定有效的产业组织政策，鼓励专业化和规模经济的产业合理化，促进企业的集中与合并，同时优化资源配置，确保一些重点企业能在国际竞争中拥有一定的优势，能够形成具有国际竞争力的大企业或企业集团；对盈利不多或风险较大的重大技术开发项目提供资金援助；增加对教育、科研和技术推广的公共投资等。产业组织政策要根据不同情况，协调好竞争与规模经济之间的矛盾，防止过度竞争或过度集中，注重火候的把握，以维持正常的市场秩序，促进有效竞争态势的形成。

同时，要提升五大传统优势产业，培育七大战略新兴产业。优先提升现代港口物流业、船舶修造业、海洋旅游业、临港石化产业、海洋渔业和水产品加工业，并加快培育机械电子产业、海洋装备制造业、海洋生物医药业、海洋文化创意产业、海洋新能源产业、海水利用业、海洋新材料七大新兴产业。还要制定贸易、外交、金融、财政、税收等方面的相关配套政策与法规，大力支持这些产业的发展。

2.提高产业要素集聚度

要提高产业要素集聚度，实施产业重组，组建国际竞争力较强的大企业集团。首先要建立以大企业为中心的现代产业组织结构。企业集团通过规模扩大，可以形成整体优势，利用其他企业的优势弥补本企业的劣势，获得规模经济效益。把企业现有的资源进行集中与重组，组建成具有一定规模的大型企业或企业集团，对提高专业化协作水平、降低交易成本、扩大规模效益、加快技术创新和扩散及产出结构的优化、增强产业国际竞争能力等方面具有极其重要的作用。

要跟踪全球海洋经济发展前沿，以提高海洋产业核心竞争力为重点，充分发挥城市群、产业带、开发区等载体的作用，科学谋划空间布局和战略定位，推进产业结构调整和转型升级，培育大港口、大产业、大物流和新的战略增长点，实现海洋经济集聚化、基地化、集群化发展。

3. 实施"科技兴海"战略，大力发展高新产业

应当深入实施"科技兴海"战略，加大名校、科研机构、科研团队和专业人才的培养和引进力度，优化海洋科技、教育资源配置，着力自主创新，完善科技创新体系。海洋高新技术产业化是集高新技术研究、应用开发与商品化生产于一体的，它是从技术研究到成果产生再到成果大量应用的全过程，是科技、经济、社会三重价值的内在扩张，对经济增长和地区综合实力推动起乘数效应。舟山要加强海洋科技研发和成果转化应用，培养海洋高新技术产业和现代服务业，提升海洋产业科技含量和规模层次，促进海洋开发由粗放型向集约型转变，不断提高海洋开发和海洋经济发展水平。从舟山市实际情况看，港口物流、船舶修造、滨海旅游、海洋渔业和水产品加工业等传统优势产业的发展还有很大余地。传统主导产业是增强地区经济实力的关键因素，舟山在积极开发高新技术产业和其他新兴产业的同时，还应大力采取先进技术来提升传统产业，增强舟山的地区竞争力，为舟山海洋经济的高端发展提供资金支持和智力保障，从而促进海洋经济由劳动密集型向资金、技术密集型的快速转变。同时，要坚持海洋经济发展速度、规模与资源环境相适应，把海洋资源开发利用和海洋环境生态保护统一起来，为实现海洋经济可持续发展做好准备。

4. 创新政府管理模式，引导产业结构升级

浙江的发展靠的是不断突破制约发展的体制机制障碍，这与广大人民群众创新创业、敢为人先的浙江精神是分不开的，浙江舟山群岛新区的建设更应该充分发挥这种精神，凝聚改革共识，汇聚改革力量。舟山要进一步创新思路、创新体制、创新举措，理顺海洋综合管理和分工协作体系，加大政府引导和支持力度，公平市场准入，充分发挥市场在资源配置中的基础作用和民营经济参与海洋经济发展的积极性，形成多元化的投入机制和市场化的运作体制，形成促进海洋经济健康发展的有效体制。浙江舟山群岛新区建

设规划初步设想舟山在创新海洋开放体制、海岛开发保护体制、海洋开发投融资体制、用海用地管理体制、海洋综合管理体制等方面积极探索、先行先试。舟山市政府要集中所能掌握的资源，以市场为导向，选择重点产业和产品进行建设，通过政府引导和必要的行政干预来带动结构的优化。

参考文献

[1] 蒂罗尔. 产业组织理论[M]. 北京：中国人民大学出版社，1997.

[2] 卡布尔. 产业经济学前沿问题[M]. 北京：腾图电子出版社，2000.

[3] 泰勒尔. 产业组织理论[M]. 张维迎，译. 北京：中国人民大学出版社，1997.

[4] 江建国. 深刻领会浙江舟山群岛新区的性质[J]. 舟山宣传，2011(2).

[5] 史小珍. 舟山市海洋产业结构调整及发展战略研究[D]. 济南：山东师范大学，2003.

生态视角下的舟山群岛集群经济研究

——以渔业为例

沈建超

[摘　要]　产业集群是特定产业中互有联系的公司或机构聚集在特定地理位置的一种现象。影响产业集群布局的因素不仅包括自然因素、经济因素和社会因素,还包括知识经济、全球化等新时代背景。笔者在前人的基础上,运用生态学理论、产业布局和产业集群理论,通过分析四大产业集群模式,分析舟山区域渔业现状,指出舟山发展区域产业的布局模式。

[关键词]　产业集群;渔业产业;生态;舟山群岛

一、理论基础

生态学是研究自然结构及其功能的学科,是以生命物种为核心的对象,从个体、种群、群落、生态系统等不同角度去研究的学科,对解决日益严重的能源短缺、环境污染等问题有着重要帮助。

生态学理论主要包括关键种理论、食物链及食物网理论、生态位理论及生态系统多样性理论等,它在发展产业集群中有综合指导作用。

产业布局是指产业在一定区域空间上的分布与组合,是一种全面性、长远性和战略性的经济布局。产业布局是关系区域经济、社会与环境可持续发展的关键问题。长期以来,人们只注重从经济资源出发考虑产业布局,忽视从环境、经济、社会协调发展的角度合理地进行产业布局,结果必然造成三大系统的运行失调,这其中的原因是对产业布局优化内涵认识的片面性,认为参与布局优化的根本评价标准是经济效益,实现经济效益最大化便是产业布局的最优。但是,只有把资源配置真正理解为对经济、社会、环境总资源的配置,才能使产业布局的结果有利于在经济、社会、环境可持续发展基础上的经济效益、社会效益、环境效益的最大化。

产业集群是特定产业中互有联系的公司或机构聚集在特定的地理位置的一种现象。集群包括一系列上、中、下游产业及其他企业或机构，这些产业、企业或机构对竞争都非常重要。集群通常会向下延伸到下游的通路或顾客，也会延伸到互补性产品的制造商以及与本产业有关的技能、科技或是使用共同原材料等方面的公司。最后集群还包括了政府和提高专业的训练、教育、信息、研究以及技术支援的机构，如大学等。

产业集群的崛起是产业发展适应经济全球化和日益剧烈的新趋势，为创造竞争优势而形成的一种产业空间组织形式，它具有的群体竞争优势和规模效益是其他形式无法比拟的。在工业化后期的信息时代，世界各地的产业集群大量崛起，试图利用集群所特有的专业化分工与互相协作功能，加强自身的竞争力，参与全球经济的分工体系，在全球化的市场中占据一席之地。

经济的转型为中国经济的发展提供了无限空间，经济的发展打破了原来的计划和规划。同时，产业集群的发展不断凸显，产业集群的发展模式开始引起人们的极大关注和讨论。产业集群的发展和区域有一定的关联性，在社会基本制度相同的条件下，各个区域的经济体制改革方式不尽相同，再加上各个区域历史文化传统的不同与经济发展水平的差异，我国发展集群经济的模式不尽相同。

二、生态集群与产业集群对比

产业集群是一个类似生命有机整体，存在着从产生、发展、成熟到衰退等不同阶段的生命特征，受到环境的影响和制约，同时也对环境有一定的反馈作用。生态集群与产业集群的不同在于：产业集群中人为因素多，人在产业集群中是主角。政府可以在较短的时间内让一个产业快速发展，也可以让一个产业灭亡。

同时，产业集群有明显的生态特征：产业集群由一些互相依存的企业有机体构成，各企业具有生命体特征，并且有着各自独立的组织结构和生命周期。产业集群包括供应商、生产企业、支撑机构以及大量的利益相关者在内的网络组织。产业集群能自主地对环境做出反应，集群的活动会对环境变化也产生一定的影响。因此，由企业和相关组织组成的产业集群，在一定程度上具有了生态群落的生态特征，这使利用生态学相关理论进行产业集群研究成为可能。

三、舟山区域渔业产业集群经济发展现状

1.产业集群发展的国际经验

(1)英国的产业集群及其支撑因素。早在前工业化时期,英国就出现了大量的中小企业集聚现象,而在工业化时期,这种趋势就更加明显。英国早期的企业集群,也就是马歇尔所描述的制造业企业集群,如英国斯塔福德郡的陶器生产、贝德福德郡的草帽生产、白金汉郡的椅子生产和谢菲尔德的刀具生产等,主要分布在英格兰北部和苏格兰南部等地区,表现为大量的中小企业专业化分工和空间集聚。由于劳动力成本上升、企业研究开发力度不够、人才结构不合理、劳资纠纷严重、严格管制的产业政策等,食品加工和皮鞋制造业等产业集群走向衰退。但是,奢侈品、休闲、娱乐等相关领域的产业集群仍然保持着较强的生命力。20世纪末,英国产业集群呈现新的发展态势,金融、生物技术、IT企业及其蓬勃发展,形成了150多个产业集群。

产业集群的多样性以及它们之间的互相补充和依存,使得集群在区域经济发展中具有重要作用。伦敦附近的金融、高新技术等12个产业集群的就业人数占整个伦敦就业人数的43%。21世纪初,英国生物技术发展及其企业集群正在成为其经济发展的主要力量。英国生物技术企业大多以集群的形式分布,主要集中在东安格里尔地区的剑桥、英格兰东南部的牛津郡和萨里以及苏格兰中部地区。英国生物技术企业集群之所以能够迅速发展并取得骄人成绩,是因为在本地形成了一种比较好的集群支撑系统,包括发达的基础研究、良好的创新文化、合理的企业组织结构、完善的中介服务体系等。

(2)意大利的产业集群及其支撑因素。意大利是一个资源匮乏、企业规模小的国家,经济总量却排名世界第七,这主要归功于其特有的产业集群优势。意大利中小企业的特色是地域同业中小企业集群,被称为“第三意大利”现象。根据意大利统计局的评判标准,全意大利专业集群地有199个,分布在15个州,集群地的产品主要是日用品。其中,纺织集群地有69个,占34.7%;皮鞋和鞋27个,占13.6%;家具39个,占19.6%;机械32个,占16.1%;食品17个,占8.6%。此外,还有金属制品集群地1个,化学制品集群地4个,造纸与印刷集群地6个,首饰集群地4个。意大利的经济实力和国家竞争力均是由这些企业集群支撑的。例如,意大利的纺织出口主要来自产业集群地区;意大利瓷砖产品80%(占世界产量的18%)产于撒索洛和斐瑞拿两个地区,出口量占全球的60%。

(3)印度的产业集群及其支撑因素。中小企业产业集群在印度已经发展了几十年,大约有350个城市和2000个村落产业集群,生产领域涉及最终消费品、资本品和中间产品等8000余门类。目前比较典型的中小企业产业集群主要有汽车及配件集群、纺织产业集群、发动机和铸造业集群等。拉贾斯坦邦的手工印花纺织、印度南部泰米尔纳德邦的针织、朋扎的毛织业及食品加工等产业集群的成长主要得益于印度政府的大力支持。Dhawal、Mehta、V. P. Kharbanda 和 Dietrich Brandt 在对印度与德国、意大利等国家产业集群进行比较研究过程中,认为印度产业集群的发展与政府的支持是分不开的。政府对这些集群都经过了仔细的筛选,并针对不同的产业集群有具体远景规划要求。

2. 舟山区域渔业企业发展现状

"十二五"期间,舟山渔业发展面对诸多新形势新情况。有利的因素主要有:中央把发展海洋经济上升为"十二五"时期国家发展战略,明确提出把渔业和海洋油气、海洋运输等一起作为海洋经济发展产业;外海渔业和远洋渔业的维权作用日益显现,得到了中央的高度关注和重视;全球粮食危机使粮食安全上升到国家战略的高度,从而必将进一步提升满足水产品市场需求的渔业产业的地位与作用;舟山海洋开发综合试验区建设上升到国家层面战略;市委、市政府明确将现代渔业岛作为试验区建设的重要内容。

但不可否认的是,各种问题和矛盾也比较多,有的还很突出,如资源环境的刚性约束与渔民增收的渠道单一之间的矛盾日益尖锐,消费者对水产品质量安全的高要求与水产品质量安全保障水平低之间的矛盾日益显现,渔业政策法规建设与渔业发展实际不相适应问题十分突出,渔业发展方式转变与渔业科技发展水平不相适应的问题更趋明显等。与此同时,其他沿海地区渔业快速发展的形势以及舟山渔业内部调整的压力交织在一起。综合分析判断,"十二五"期间是舟山渔业可以大有作为的重要机遇期,既面临难得的历史性机遇,也面对严峻的现实性挑战。此外,还有一些产业发展中遇到的问题。

(1)缺乏关联性,产业链不健全。目前,舟山产业集群多数是私营企业零星布局,企业间缺乏管理和互补关系。企业往往处于一种"集而不群"的状态,仅仅是空间上的聚集,没有形成相互支持、相互依存的专业化分工协作网络。集群内企业关联性差、协作性差,缺乏专业分工,产业链不健全。

(2)恶性竞争现象严重。集群内企业经营内容、提供的产品和服务结构相同。这种生态位高度重合、缺乏层次的状况使得内部企业将竞争领域限定在它们所在的集群而不是整个产业，造成内部企业彼此相互压低价格，进行竞相降价的恶性竞争。集群内相关协调管理制度与集体行动规范的缺乏、组织制度的老化，都会使集群内部的竞争和结构性摩擦系数加大，加剧内部企业间的竞争。

(3)集群发展与资源、环境矛盾突出。产业集群只追求经济效益，资源利用率低，往往是为了获得经济增长而以高能耗和环境污染为代价，没有合理利用资源和保护环境的意识。

四、基于生态学理论的产业集群模式

基于生态学原理，李中斌产业集群模式有如下四种："食物链(网)"式产业集群、"丛林"式产业集群、"蚁窝"式产业集群、"窝群"式产业集群。

1."食物链(网)"式产业集群模式

食物链揭示生物系统中物质循环和能量流动的规律，产业内一个或多个"关键种"企业，居于产业链的顶端，它们带动和牵制着其他企业、产业的发展，企业间通过价值链相互联系。

产业内的企业是一种共生的关系而非竞争关系。一个企业的生死存亡关系到其他企业的生死存亡，甚至关系整个产业的生死存亡。产业集群内的下级企业产品是上级企业的原材料，犹如食物链。该模式常见于产业集群发展的初级阶段，是一种比较低级的产业集群。

2."丛林"式产业集群模式

"丛林"式产业集群是指大量小企业围绕一个或少数几个大中型"核心企业"的最终产品的生产、销售或原材料供应等所形成的各具特色合作模式的产业集群。"丛林"式产业集群的关键在于，通过大型企业将成千上万的中小企业集结起来，不仅动员了中小企业的资源和创造力，而且通过一系列的制度安排，也实现了技术、管理知识的迅速扩散及辐射，从而从根本上提升了中小企业的生产和技术能力。

3."蚁窝"式产业集群模式

"蚁窝"式产业集群内的单个企业就像蚁后、雄蚁、工蚁、兵蚁等。分工不同，任务不同，集群结构程度高，群内企业相互依赖性强，混合性低，各企业紧密联系、分工协作，共同促进集群的发展、壮大和升级。"蚁窝"式产业集群区域内只有一个产业群，实行区域专业化，数百家企业集中在一个乡、一个县、一个市，生产同一种产品；单个企业则集中精力做好该种产品的一个零部件，做专做精，实行批量生产，降低成本。

该类型产业集群内的企业大多为中小企业，中小企业竞争优势差，靠单打独斗根本无法和国内外的大中型企业抗衡。因此中小企业聚集在某一区域，由以前的竞争转化为战略联盟，各企业分工明确，配合紧密，发挥自己在产业链中的优势作用，共同维持产业的发展、壮大。

4.“窝群”式产业集群模式

研究显示，区域内分布若干窝蚂蚁，窝与窝间的联系或多或少。鉴于蚂蚁窝的分布状况，我们总结了不关联性和关联性的“窝群”式产业集模式。“窝群”式产业集群是市场创造模式，即区域经济范围内首先出现专业化的市场，为产业集群的形成创造了重要的市场交易条件和信息条件，最后使产业的生产过程也聚集在市场的附近。

五、舟山群岛渔业集群经济发展模式的选择

由于国家批复建立舟山群岛新区，在这个背景下，舟山区域（渔业）产业布局应走在时代的前列，所以舟山发展集群经济应以“窝群”式产业集群为主，具体地域具体分析的模式来规划产业布局。

舟山本岛（含朱家尖岛、长峙岛）为舟山渔业核心发展区域，定位为产业集群与综合服务中心，以远洋渔业基地、综合性渔港经济区、加工流通基地、休闲渔业基地、科研教育管理中心等为主要建设内容。

沈家门中心渔港、舟山中心渔港和西码头中心渔港为综合性渔港经济的核心区域。

沈家门海洋生物园区、浦西工业园区、干览水产品加工园区及钓梁海洋生物与海水产品精加工园区为水产品加工重点区域。

依托沈家门中心渔港和西码头中心渔港建立综合性水产品集散基地和远洋水产品集散基地。

以北部工业区和西码头中心渔港为依托建立远洋渔业综合基地。

本岛东北部沿海及朱家尖岛为渔业休闲旅游基地。

依托海洋科学城建设渔业科研教育管理中心。

六、结语

从生态学概念、原理在产业集群中的应用，以及对产业集群理论所关注的一些问题的解释，可以发现自然界与产业界的很多相通之处，对这些相通之处的对比，并非仅仅从一个新的视角来审视产业集群中一些约定俗成的

概念和见解，而是促使我们站在一个更高的角度来分析产业集群。总之，运用生态学理论对产业集群发展作重新思考，将会对理论研究和实际管理提供一定的借鉴。

[1] 李振基. 生态学[M]. 北京：科学出版社，2000.

[2] 江曼琪. 城市空间结构优化的经济分析[M]. 北京：人民出版社，2001.

[3] PORTER M E. Clusters and the New Economics of Competition [J]. Harvard Business Review，1998(6).

[4] 李健，金占明. 基于生态学理论的产业集群发展[J]. 科学学研究，2006(24).

[5] 尺仁勇，王会龙，葛传斌. 英国企业集群的演进及分布特征[J]. 外国经济与管理，2004(2).

[6] 李平. 意大利的产业集群状况及启示[J]. 中国社会科学院院报，2008(6).

[7] 佘明龙，任选锋. 中印中小企业产业集群发展的比较制度分析[J]. 南亚研究季刊，2004(3).

[8] 李中斌. 基于生态学理论的产业集群模式探析[J]. 宏观经济研究，2009(7).

关于促进舟山群岛民间资本流通的建议

李亚鹏

[摘　要]　随着舟山群岛新区建设步伐的加快和区域优势的不断增强，群岛新区经济必将迎来一个高速发展的崭新时代，如何加快舟山群岛新区资本流通市场，适应当今市场经济体制的快速发展要求，成为文章探讨的主要问题。

[关键词]　民间资本；资本流通；建议；舟山群岛

据统计数据显示，舟山目前的民间资本总量在500亿元以上，但是约400亿元酣然入睡。民间资本主要投向证券二级市场、购买保险、存储银行、购买国债、民间借贷、生产和流通领域等。就目前来看，舟山总人口数为114万余人，但股民数量仅占总人口的5.2%，此数据不仅在全省排名靠后，同时也低于全国10%的平均值。2012年舟山保险公司保费收入21.33亿元，其中，财产险保费收入9.73亿元，人身险保费收入11.60亿元。投入生产和流通领域资金相对也较少。由此可见，舟山民间资本大都用于存储银行，投向生产型项目较少。根据对舟山群岛新区资本流通市场的观察了解，作者发现，资本流通领域存在以下几个方面的问题。

一、大量民间资本闲置于银行之中

大量闲置资金存放在银行，造成了民间资本流通不畅。以嵊泗县为例，根据中国人民银行嵊泗县支行《嵊泗县金融机构人民币信贷收支情况公告》，如表1所示。

表 1　2012 年第三季度嵊泗县各项存贷款情况表

单位：万元

各项存款	余额	比年初增减	各项贷款	余额	比年初增减
一、存款总额	698856	15210	二、贷款总额	379753	－12356
1. 单位存款	370798	－41780	1. 短期贷款	225223	15863
2. 财政性存款	46642	30416	2. 中长期贷款	154213	－28537
3. 个人存款	280802	28209	3. 委托及信托贷款	—	—
4. 其他存款	614	－1635	4. 票据融资	317	317

截至 2012 年 9 月，人民币贷款较年初减少 12356 万元，贷款发放总额为 379753 万元，其中短期贷款较年初有所增加，但中长期贷款较年初减少 28537 万元。存款总额 698856 万元，较年初增加 15210 万元，其中财政性存款和个人存款增加幅度较大。从上表分析银行信贷的投向上看，中小企业贷款增速低于大型企业和各项贷款，而且中小企业贷款比重持续上升。从产业投向看，房地产业、地方融资平台的贷款受到严格控制，所以中长期贷款比年初有所下降，短期贷款有所增加。

截至 2012 年 9 月，新增信贷节奏基本符合监管目标：票据融资和中长期贷款此消彼长，表明信贷投放正在更多地转向实体；短期贷款增加，显示出中小企业贷款需求比较旺盛。一方面中小企业的发展急需大量的资金支持，另一方面嵊泗大量民间资金投资“吝啬”。截至 2013 年 2 月末，舟山居民储蓄存款余额首次突破 30 亿元，达到 31.3 亿元，比年初增长 7.45%，1—2 月全县新增居民储蓄存款 2.17 亿元，同比增加了 1.09 亿元。有大量的民间资本闲置于银行，形成了经济市场融资困难而巨额储蓄存款却沉淀于金融部门的怪圈。

二、舟山民间资金目前的流向

民间资本包括民营企业所掌握并用以投资的一部分资本，以及居民储蓄存款、市场游资、居民手持现金、退休资金、房屋保险基金、非国有经济的资产等范畴。由于居民储蓄存款是民间资本的主要组成部分，因此在实践中，常常用国内居民的本外币储蓄存款来近似地估计民间资本的存量。

虽然四大国有银行、区域商业银行、信用社吸收了舟山城乡居民大量的资金，却还是有不少民间资金进入房地产市场购买商品房、店面，以求达到保值升值的目的。继国家针对住宅的调控一波接一波猛烈出招之后，手头有余钱的人士逐步把投资方向转到商铺、写字楼等非住宅物业，而开发商也毫不客气地将商铺售价拔高，看似商铺升值明显，实际上临城新区、普陀东港，包括定海闹市的部分区域商铺租金回报率并不高，与其高额售价明显不成比例，折射出投资的风险。在新城怡岛路步行街，目前最多的店是房屋中介所。该路中段的一家房屋中介所，店面的面积约 40 平方米，年租金为 3.6 万元。据业主介绍，怡岛路面积为四五十平方米的商铺(楼上楼下可分为两层)，市场卖价可达 4 万元一平方米。但一间市值超过 150 万元的商铺，每年的回报是 3.6 万元，静态投资收益尚比不上银行定期存款利息。即便算上每年 10%的租金递增幅度，要达到 5%的年投资回报率，还需要 5 年以上。商铺、写字楼等非住宅物业，本身没有激发资金创造价值的价值功能，即钱没有起到生钱作用，这并没有对舟山经济的发展起到多大的推动作用。

三、存在经济发展对资金需求的瓶颈问题

1.政策因素

2008 年国家实施从紧的货币政策，而舟山港综合保税区、港口建设以及城市市政建设需要不断投资，中小企业的发展仍需要大量的资金，仅靠金融机构贷款解决舟山经济发展对资金的需求更趋于困难，资金短缺问题将在很大程度上困扰舟山经济全面高速的发展。舟山融资主要有国家预算内资金、商业银行贷款、招商引资资金、企业自筹资金等。随着中央预算内投资规模的不断减少、国债投资的规模逐年下降，包括舟山在内的沿海城市争取中央政策性项目资金的难度将不断增大。同时欧债危机、全球经济放缓等因素，造成了各地招商引资竞争加剧，一个新的项目往往有好几个城市在同时争取。未来随着舟山群岛新区的建设，舟山将会出现一个较大的资金缺口。

2.企业融资难

随着全球经济放缓以及欧债危机的出现，舟山中小企业还想保持高速增长，必须有相应的资金支持。目前舟山的中小企业自身在制度上存在一定的缺陷，特别是财务管理的不规范，导致其无法从商业银行进行流动性贷款。中小企业目前都在发展的初期阶段，无法按照商业银行的抵押担保类贷款进行申请贷款，这都造成了中小企业贷款难的问题。从当前直接融资渠道看，舟山的中小企业暂不具备上市的条件，无论是主板上市，还是创业板上市，所以舟山的中小企业暂不能发行股票。与股票市场类似，目前我国

的债券市场也没有向中小企业开放。从当前的间接融资看,中小企业在遇到资金困难时,一般都先会向银行申请贷款。但是,银行贷款对企业的要求条件高、贷款审批复杂,银行的贷款资金更愿意向国有大中型企业和省市政府重点支持的项目上倾斜,这在一定程度上阻碍了中小企业对银行资金的依赖。

3.适合民间资本进入的项目相对较少

相比之下,在舟山投资的外商企业可以享受在税收方面的优惠政策,但民间投资则不能享受该政策。社会信用制度不健全,导致民间投资缺乏安全保障。市场存在不确定性,也影响了民间投资的积极性。目前,在舟山招商引资的大环境中,招商引资项目没有对民间投资的产业发展进行正确的引导,从而也造成了民间投资领域较为局限,多集中在餐饮、娱乐、运输、商贸等服务性行业;一些比较受民间资金欢迎的项目,比如民办教育、内外向型海产品的加工等项目并不多。从而形成了大量闲置资金存放在银行等储蓄机构的现象。

四、促进舟山群岛新区经济发展的建议

舟山群岛新区的发展,在一定程度上要依靠舟山本土经济的带动,特别是民营中小企业的发展。浙江是一个民营经济大省,浙江经济的发展70%以上是由民营企业贡献出来的,民营中小企业的发展带动了地方经济的发展,民间资本对于舟山群岛新区的建设有着不可替代的作用。基于上述存在的问题,以下就如何搭建投融资平台,全面利用民间资金,促使民间资本流通,从而有效解决资金紧缺问题,促进舟山群岛新区经济发展提几点看法和建议。

1.鼓励民间资本投资创业

政府应鼓励民间资本参与到风力发电、交通基础设施兴建运营等投资回报较为稳定的项目,对于社会公益性服务事业,比如文化、体育、卫生、教育等项目,可以采用政府贴息、税收返还、税收补偿等形式予以返还,让民间资金投资有利可图。要鼓励民间资本参与到海产品的深加工上来,引导个体户积极通过合作、联营、参股等方式组建股份制企业。可以根据民间资本的特点,选择一些投资门槛低,项目风险小,具有较为稳定收益的项目进行鼓励,从而使民间资本由银行储蓄转为民间投资创业项目。推进小微企业集聚区布局规划,在舟山经济开发区单独划拨小微企业创业园区,以最优惠的政策条件,吸引民间资本进入小微企业创业园区。投资是拉动经济发展

的最好方式，只有营造优良投资环境，加大园区基础设施建设，完善服务企业各种功能，才能吸引更多的民间资本和外来投资，促进地方经济的发展。想要促进地方经济的发展，一是制定更加优惠的企业投资发展政策，吸引民间资金进入；二是推进资源向资本转化，并以此为融资平台，获得社会资金投入；三是充分发挥市场配置资源作用，为民间资本平等参与竞争开辟道路。比如在旅游景区改造、开发，工业园区开发建设中可以吸收民间资金参与投资，减轻政府投资压力，降低投资成本，缩短项目建设周期，提高资金使用效益。

2. 吸纳民间资本，组建地方性商业银行

早在 2003 年随着我国农村信用社的改革工作不断深入发展，在国务院统一要求和安排下，山东、江苏等八个省市作为首批试点开展了农村信用社改革。此次改革是在新时期、新形势的要求下，对我国农村信用社发展规划和发展战略的一次重要调整。根据国家统一的要求，农村信用社进一步梳理产权关系，加大内部控制和内部审计的力度。在国家的统一指导和要求下，由地方政府落实对农村信用社的管理工作。将原有的农民参股进一步调整为由农民、工商户以及经济组织参股，成为农村地区金融服务的主力军。与此同时，需要进一步明确企业的法人，通过调整产权结构完善法人治理的结构。地方政府要切实担负起所属地农村信用社的管理职责。同时在行业管理上，农村信用社直接向银监会负责。推进农村信用社增资扩股、转化经营管理机制工作，进一步扩张吸收民间资本入股，做大、做强信用合作联社。在此基础上，可以考虑把农村信用社改造成农村商业银行，吸引民间资本入股，利用资本市场逐渐活跃的有利环境支持地方性商业银行实现直接上市或借壳上市，做活、做大资本市场。

3. 引导民间资金投向生产和建设领域

引导民间资本利用新兴科技，改善原有的传统产业，特别是在海产品加工和船舶制造业上更要加强引导。政府要建立完善民间项目征集工作，选择和筛选一批符合舟山产业政策要求、市场潜力大、投资回报高的低污染、低耗能、高效益的项目，然后进行项目推进会，重点针对本地民间资金进行推荐，从而真正利用好舟山民间资金。吸收民间资金入股、成立中小企业投资公司、信托公司，为中小企业提供融资服务。设立政府性担保公司，对中小企业的贷款提供政府担保，大力发展商业担保和联合担保；在农村建立财政贴息的农村发展基金，引导民间资本对农村的投入；设立基础设施建设基金，吸引民间资本投向基础设施领域；设立产业投资基金，吸引民间资本支持相关产业的发展。政府还要充分利用市场化手段，积极吸纳民间资本参股舟山优势企业，引进战略投资者，利用当前资本市场逐渐活跃这一有利契机，大力扶持地方优质企业上市融资，带动县域经济的繁荣发展。

4.启动存量资本转让国有股份

要抓住当前流动性过剩这一问题，化流动性过剩劣势为优势，引导民间资金正确投资，变死钱为活资本。可以通过市场化运作，向民间资本转让电力公司、新华书店等单位股份，盘活存量资本，既能把国有资产配置到劳动效率更高的产业或企业，又能拓宽民间资本投资渠道，提高舟山民间资本投资收益。同时，政府可以利用减持国有股权筹得的资金加大城区改造、环保、教育、文化、卫生等领域的投入，改善舟山生产、生活、投资环境，进一步提高舟山经济发展所需的基础条件。

5.发展民间资本为主的多样化金融组织

按照国际资本运行惯例，舟山应在未来准备建设的一些项目中积极应用推广 BOT(建设—经营—移交)融资方式，吸引民间资本参与到 BOT 的任何一个环节中；同时在已经开工建设的项目中，选择一批投资价值高的，比如码头、船舶等项目的建设，使用 TOT(转让—经营—移交)这一融资方式，既便于政府、企业回笼资金，又可以给民间资本带来效益。融资机构的单一化导致竞争的缺失，无疑加大了用资单位的融资成本。进一步放活资本流通市场，鼓励支持民间资本创办融资担保机构如担保公司、典当行、小额贷款组织，加快发展村镇银行、社区银行、贷款互助机构等新型金融组织，为“三农”和农村经济组织以及各类中小企业提供融资服务。才能更有效缓解未来舟山经济发展对资金需求的压力。同时，舟山要加快社会诚信体系建设，为民间融资提供良好的信用环境，利用市场化手段完善中介服务体系，防范化解融资风险，推动舟山经济又快又好发展。

总之，通过搭建好投融资平台，充分调动民间资本的积极性，直接引入民间资本，全方位地参与到舟山经济建设的大潮中，这样舟山才能有效解决经济建设对资金需求的瓶颈问题，这将对舟山经济发展起到莫大的推动作用。

[1] 贺学春.我国货币流通速度研究[D].长沙：湖南大学，2006.

[2] 孟扬.上半年：银行利润稳步增长可期，下半年：经营管理难度有增无减[N].金融时报，2011-7-15.

[3] 郭文超，梁洪.推进民间资本进入金融服务领域的对策研究[J].农林经济，2011(7).

[4] 宋海林.对我国货币(M0)流通状况的实证分析与思考[J].金融研究，1999(4).

[5] 刘士宁，徐长生.我国货币流通速度变动因素的计量分析[J].华中科技大学学报：社会科学版，2004(1).

实现长江三角洲港口群一体化整合的对策

郭鹏飞

[摘　要]　随着全球经济一体化进程的加快，国际多式联运的发展和综合运输链复杂性的增加，国际物流业加速向全球化方向发展，港口已成为物流的重要环节和实现途径。应对国际物流业的挑战，必须利用资本和技术手段在国际范围内实现合作发展的战略，实行资源共享、优势互补，减少管理和技术开发成本，达到总成本最小、总效率最优，从而实现多方利益主体的共赢。

[关键词]　长三角；港口；物流

随着全球经济一体化进程的加快，国际多式联运的发展和综合运输链复杂性的增加，国际物流业加速向全球化方向发展，港口已成为物流的重要环节和实现途径。国际物流业迅猛发展，传统物流企业要融入世界一体化的经济体系，应对国际物流业的挑战，必须利用资本和技术手段在国际范围内实现合作发展的战略，实行资源共享、优势互补，减少管理和技术开发成本，实现物流企业的联合与并购。而处于同一经济腹地的港口之间更要通过横向一体化整合以加强相互之间的战略合作，充分利用各方资源，提高国际物流体系的运作效率，实现货物在供应链全程的合理、有序的流动，以达到总成本最小、总效率最优，从而实现多方利益主体的共赢。

一、长江三角洲港口群的基本情况

长三角区域内的江、浙、沪两省一市海岸线长达 3500 公里，占全国的 21%，长江三角洲地区拥有 8 个沿海主要港口、26 个内河规模以上港口，是我国港口密度最大的地区之一。

从港口的性质来分，又可以分为海港、长江港口和其他内河港口三部分。从目前的状况来看，海港主要有上海港、浙江五港（宁波、舟山、嘉兴、台州、温州）和江苏的连云港。其中嘉兴港包括沿海的乍浦和嘉兴内河港；宁波和舟山 2006 年合并为宁波—舟山港；长江港口包括南京、镇江、常州、无锡（江阴港）、苏州（张家港、常熟、太仓三港组合成的苏州港）、扬州、泰州、南通；非长江内河港有杭州、嘉兴、湖州、绍兴、苏州、无锡、常州等。另外，上海港主体是海港，但也包括长江口港区（外高桥）、吴淞口港区、黄浦江港区和内河港区，南通和盐城都有建设中的海港（如大丰、吕四、洋口等）。长江沿岸港口是我国港口密度最大的地区之一，南京以下长江河段 400 公里，两侧岸线计 800 公里，更有四通八达的内河航道网。目前，长三角港口群拥有近千个沿江沿海生产性大型泊位，其中万吨级以上泊位约 425 个，具有优越内河航运条件和通江达海基础，担负着区域乃至国家外贸进出口物资和能源、生产原材料的运输任务，同时还是长江中上游地区对外运输的主要门户。上海组合港管理委员会的《2010 年长三角地区港口经济运行情况及形势分析报告》表明，2010 年长三角地区港口共完成货物吞吐量 33.65 亿吨，增长 14%，占全国比重为 38.5%。在全国 22 个亿吨大港口中，长三角地区港口占 9 个，分别是上海港、宁波—舟山港、苏州港、南通港、南京港、连云港、湖州港、江阴港、镇江港。长三角地区港口吞吐量持续多年保持高增长态势，其服务长江流域，服务全国，促进区域经济发展的作用越来越强。

长三角港口的发展以长三角地区经济的强劲发展为基础。根据预测，2020 年前，长三角港口群的直接腹地，即江、浙、沪两省一市的 GDP 总值增幅将在 7%—10%之间，仅直接腹地带来的近中期港口需求量将在 20 亿吨以上，与港口现有的吞吐能力相比尚有很大的缺口。因此，随着经济全球化和信息技术的发展，企业的竞争压力越来越大，传统的你死我活的竞争观念已经不能适应企业发展的需要，企业必须走与同行业竞争企业之间的合作之路，即一体化道路，使长三角港口有一定核心竞争力的对手联合起来以求共同发展，这已成为时代的主流。

二、一体化是做强长江三角洲港口的必然选择

长三角地区经济崛起与发展历史悠久，六朝之后，逐渐发展成为全国的经济重地。在唐代，该地区作为全国丝绸、茶叶、纸张、瓷器等大宗商品的主要产区，发展海外贸易交通便利，具有良好的腹地产业支撑。隋唐之前扬州是长三角地区最大的港口，宋元以后，扬州因远离长江口和海岸线地位逐渐

下降，让位于长三角南沿的杭州特别是明州（今宁波），使现在的宁波则逐步成为这一区域最有影响的沿海港口。直到清康熙年间开放海禁后，上海港迅速发展，并随着北洋航线的兴盛逐渐发展成为长三角地区乃至中国最大的内贸港。不仅贸易量远超其他港口，且将区域内的其他港口都归于麾下，变成自己的支线港和喂给港。20 世纪 20 年代，上海港已经飞速发展到位居全球第六大港口。此时宁波港的对外贸易虽有发展，但增长幅度不大，港口地位相对下降，成为上海港的支线港，日趋边缘化。

新中国成立以后的计划经济年代里，长三角的港口建设虽然也在进行，但是，总的成效不是太大。以近代港口发展基础最好的上海港为例，1951—1978 年的 28 年间，码头长度仅增加了 31.5%；万吨泊位虽然由 26 个增加到 50 个，增长了 92.3%，但泊位总数仅从 91 个增加到 99 个，28 年间增长了不足 1%；与港口和码头相配套的仓库总面积，不仅没有增加，1978 年反而仅及 1951 年的 84.65%；同一时期的堆场面积也仅仅增加了 44.35%。

改革开放以后，长三角地区的经济发展和港口建设开始复苏。长三角地区港口加速发展，以连云港港、南京港、苏州港、上海港、宁波—舟山港等大港口为代表的港口群随着区域经济的发展而不断发展变化，从上海到南京的 392 公里长江沿线，大约每公里就有 1 个码头，平均 39 公里就有一个大型港口。这样的港口密度，不仅国内绝无仅有，世界上也罕见。港口与腹地相互促进，协力提高地方经济实力。同时港口群内部格局调整的深化也在不断提升自身竞争力，这一日益调整的格局有力地促进着长三角港口群实力的增长。

长三角地区的第一层次是上海港和宁波—舟山港。这两个港口都具备在国际上竞争的优势，应该积极拓展国际资源，注重创新，并且在港口硬件设施的配置上避免重复建设。因此，两港要实现协同发展，定位必须一体化，采取创新先行、硬件互补的策略。上海港在洋山港建成后，应继续积极拓展国际新干线，终极目标是成为国际航运的战略性枢纽港、国际航运中心；宁波—舟山港应积极应对来自欧美等远洋航运市场的竞争，作为上海国际航运中心的外港和洋山港的重要补充。第二层次的苏州港作为江海联运的重要港口，与第一层次的港口互为主支线，各得其所，联合经营，共同发展，形成区域性国际航运中心。在这种情况下，第三层次的其他港口也要积极参与其中，加强与兄弟港口的联合，构建战略伙伴，通过枢纽港与支线港的战略同盟，形成优势互补，避免同行恶性竞争，提高区域性枢纽港和全球性枢纽港的国际竞争力。

当然，港口的发展最终是以邻近的经济带为基础的，长三角经济圈已形成几个不同的经济带，不同经济带间的货物运输不可能仅仅靠某一个“航运中心”完成。相反，长三角经济圈港口群的各港口应进行一体化整合，在统一协调管理之下，协同治理，扬长避短，发挥优势，相互扶持，错位发展，基于各自不同的运输航线和品类优势相互补充，作为一个类似于东京湾港口群的“广域港湾”，去应对外界的激烈竞争，提高整体协作竞争力。

三、实现长三角港口群整合的对策建议

在当前形势下，实现长三角经济圈港口物流的协同发展，应是政府管理行为与港口市场行为的结合，既需要加强横向协作，又需要加强纵向协作，同时还需要结合各个港口的具体情况，弥补单一方面管理的不足。为此，要建立政府和港口双向互动的引导机制、政府和港口合理分工的动力机制和协调各方利益的统筹机制，还要通过电子政务和港口物流信息系统，将政府和港口行为联系起来，保证两者之间信息流的通畅，贯穿“以信息流为中心，以整体效益最优为驱动”的协同理念，促进物流和资金流的合理流动。为此，笔者提出如下几点建议。

1. 制定长三角经济圈港口群总体发展规划

政府可按照《全国沿海港口布局规划》及国家法律法规和相关政策，确定长期、中期和近期发展目标，编制区域内港口岸线资源配置、公路、水路、铁路和民航等集疏运体系，确立区域内共同市场机制、协作管理模式，制定统一的市场运行规则，推进区域港口一体化，提高区域港口综合通过能力，实现区域港口岸线资源的优化配置，明确各港的定位和基本服务功能，增强长三角经济圈港口群的协同效应，提高区域港口综合效益。制定规划时要突出港口之间的利益分配，维护各港口自身利益，对各种经济现象和利益分配的反映方式以及对不同成员利益行为之间互相制约方式，进行重点研究，以“多赢和利益共享”为核心，实现各港口间的优势互补，以提高整体竞争力。

2. 成立长三角经济圈港口群的专门管理机构

鉴于长三角港口无论从地理位置、腹地，还是功能上，都是不可分割的整体，因此政府要改变行政体制分割、多头管理的模式，加强港口管理机构和地方政府之间有效的联系和协调，统一规划，统一管理，解决由于自我规

划、相互排斥而引发的弊端，充分发挥长三角经济圈港口群的总体优势。由于各港口涉及很多大大小小的行政壁垒，需要靠更高一级的主管部门来协调，而这些港口又分属不同的省市管辖，为实现政令统一、令行禁止，建议中央政府成立专门的长三角经济圈港口群管理委员会，并派员负责群内各港口的规划、建设、管理等的统筹协调，打破行政壁垒对港口发展造成的障碍，从政策上给经济要素自由流动的空间，取消对资本、人才等短缺要素跨区流动的不合理限制。提高长三角港口群整体凝聚力，实现港口物流协同发展和深度合作，需要政府出台鼓励横向合作和协调管理的优惠政策，需要国家和地区层面给予法律法规支持。同时要以信任为基础，成立由各港口派员组成的长三角经济圈港口群协同委员会，专门负责长三角经济圈港口经济发展，共同研讨港口群货物运输发展规划，就共同关心的问题进行协商，发挥环渤海经济圈港口群的协同效应。

3. 建立和完善长三角港口发展综合协调机制

加强区域港口统筹规划，加强跨省市、跨部门的综合协调和资源的综合利用，协助有关部门做好具体工作的衔接和政策的落实，协调区域港口管理机构、相关机构之间的关系，协助和引导区域港口企业加强联合，通过具有较强宏观控制和协调职权的区域港口综合行政协调机构，有效推进区域港口密切合作、协调发展，必须发挥中央政府部门的相关职能。国家一些部委要推出有效政策，规范港口行业的发展，不断优化港口行业的相关制度，对各港口制定相同的服务标准和统一的资费标准，使各港口运营标准化。同时要借助于电子政务实行协同治理，在环渤海经济圈各港口城市之间建立政府层面的长效对话机制、信息共享机制、经常性联系机制，以消除画地为牢的封闭行为，实现港口群的统一有序管理。

4. 为港口物流匹配创造有利条件

现代港口是生产要素的最佳结合点，世界许多重要的港口都是“前港口、后工厂”的布局，因此政府要大力发展临港产业，应着力把土地资源和优惠政策向兴办物流园区的港口倾斜，支持港口物流发展，突出港口物流地位，促进临港产业发展，特别要以临港工业基地建设为重点，加快发展以工业园区为依托的临港产业群，为港口提供优势货种，从而有助于实现港城互动。另一方面要大力发展交通网。政府应出面在长三角经济圈建立一个大的铁路交通环线，将各大城市用铁路及高速公路串起来，形成一个长三角快速交通圈，实现大型港口铁路进港，缩短长三角地区的时空距离，这有助于多式联运，加强沿海城市与内陆城市的合作，利用沿海城市的港口优势为内陆城市提供物流服务，同时内陆城市也能为港口提供更多的货源。再一方面要强化航运巨头与长三角港口合作。政府应强化与港口物流相匹配的服务功能，通过提供金融与保险等一系列物流援助或服务、快捷高效的海关通关服务等，强化口岸管理职能。同时要提升职能部门服务意识，管理应该遵循“一个窗口”服务的原则，构筑开放型、互通型的物流服务平台，简化进出关手续，尽量使商检、卫检和动植检等相关功能在一个窗口内完成，缩短货物口岸滞港时间。出口退税、外汇核查、核销等方面，应减少关卡通行费，方便企业合法进出，保护企业进出口贸易的积极性，努力吸引更多的航运巨头与长三角港口合作。

5. 构筑长三角港口群的物流信息系统

信息共享是港口有效合作的基础，使港口运作实现透明化，能够提高联盟成员之间的依赖度与诚信度，有助于各成员企业更好地进行决策。港口要使内部运作标准化，同时实现与合作伙伴的港口物流信息的集成，确保信息的获得是有效的，并且与关键业务指标一致。目前很多港口已经具备了比较完善的港口物流信息系统，但各港口间信息系统条块分割，尚不能有效统一。笔者建议研发一种新的系统，新系统要与各港口现有物流信息系统以及各级政府的电子政务系统进行集成，使各港口和中央、地方政府都可以通过该系统了解港口物流信息。该系统应该面向货主，并与经贸、口岸、航运等联网，为港口物流提供强大支撑。

6. 构建长三角港口物流协同发展的企业文化

港口物流协同战略实施的失败往往并不在于技术问题，而在于企业内部。缺乏合作的文化已成为港口物流协同战略实施中一大主要障碍。缺乏合作文化的港口企业，任何策略或行为只会从自身利益考虑，对合作伙伴缺乏信任，将一些能为港口群带来整体利益的私有数据保密，忽略了港口群整体共同发展带来的价值。因此，要实现真正的协同，必须先改变港口企业文化，让“we-win”的意识取代“I-win”，成为整个港口企业的主导理念。构筑面向港口物流协同发展的企业文化需要制定相应的政策或策略来表现和证实。如果没有正确的规章制度和激励措施，一些为了协同发展所做的改变就不可能持久。要获得真正的协同，必须改变评价机制，不能只把单个港口的盈利作为其成功的衡量指标，还要看该港口对港口群的贡献以及能否合理利用港口资源等。

7. 构筑以股权为纽带、产业链延伸为基础、协同共赢的港口集疏运体系

与日本、韩国、中国香港、新加坡等相比，长三角港口服务质量较低，必须寻求与国内外强港合作以提高竞争力和服务质量，适应托运人越来越高的要求。一方面，各港口应严格遵循行业标准，加强客户关系管理系统建设，进行市场细分，针对不同客户提供不同服务。另一方面，各港口应以股权为纽带，不断拓展产业链，利用区位优势发展临港工业、现代物流、港口地产业和综合配套服务业，集物流服务中心、商务中心、信息与通信服务中心和人员服务中心为一体，主动寻求转型升级，除传统的港口装卸业外，还应根据货种特点提供包装加工、仓储配送、信息服务等高附加值综合物流功能，培育港口经济新的增长点，实现增量增收。各港口可以共同投资兴建码头，共同开发远程腹地，在港口群内开辟公共货物内支线，改善口岸服务；在港口的建设、融资、经营和发展方面寻求港、航、货之间的有效合作和联盟，推动和加强港口群内的多式联运，形成"快速、便捷、优质、准时、高效"的制度和服务体系。再一方面各港口应利用现代技术手段，优化陆水联运网络，修建有助于开拓港口腹地货物运输的铁路线，优化港口与港口之间的运输线路，发展海铁联运、江海联动，拓展长三角港口群的纵深腹地，充分发挥各种运输方式的特性和优势；在综合考虑港口群整体经济、功能、布局、岸线、航线、航道、市场等因素的基础上，建立各港口的集疏运体系，促进建立现代化的区域多式联运综合运输体系。

[1] 郭湖斌. 长三角区域物流与区域经济协同发展的经济计量研究[J]. 商业经济研究，2010(19).

[2] 殷文伟，牟敦果. 宁波—舟山港腹地分析及对发展港口经济的意义[J]. 经济地理，2011(3).

[3] 谢天保，巨莹. 供应链物流协同模型[J]. 物流工程与管理，2010(9).

[4] 封学军. 我国港口物流业发展的协同策略[J]. 中国港口，2002(11).

[5] 王列辉. 上海与宁波两港空间关系研究[J]. 地理研究，2007(6).

[6] 吴晶. 港航一体化理论与相关问题分析[J]. 中国水运，2007(6).

[7] 杨韵，陈矩桦，曹效阳. 电子商务环境下的协同化物流[J]. 商业研究，2005(15).

[8] 刘自金.青岛港“港航”一体化战略选择[J].中国物流与采购，2005(20).

[9] 储智鹏.长三角区港联动城市物流产业一体化研究[J].现代商业，2011(11).

[10] 王晓萍，应奇君.合作竞争，实现双赢——宁波—舟山港与上海港集装箱运输的竞合[J].经营与管理，2009(9).

六横岛发展临港产业的SWOT分析

朱燕琴

［摘　要］ 六横岛拥有得天独厚的发展海洋临港产业的环境，加上恰逢舟山群岛新区规划和建设宏观背景，使其发展临港产业更具有良好的前景。文章通过对六横岛发展临港产业的优势和劣势、机遇和挑战的综合分析，提出了六横岛发展临港产业的战略选择策略。

［关键词］ 临港产业；SWOT；战略选择；六横岛

21 世纪以来，随着陆域资源的紧张和能源的日益短缺，各国将经济发展的触角不断向海洋延伸，海洋已日益成为世界主要沿海国家拓展经济和社会发展空间的重要载体，而临港产业是海洋产业中的最重要的组成部分。舟山群岛新区作为国家以发展海洋经济为特色的第四个国家战略新区，国家将其发展定位为积极探索海洋经济科学发展新路径，着力打造海洋海岛综合保护开发新模式，不断创新陆海统筹协调新机制，以切实推进舟山群岛新区全面开发开放和又好又快发展。六横岛在舟山群岛新区中具有得天独厚的区位资源优势，是开发建设定位为“现代化、国际化、生态化”的临港产业岛和一个新兴的港口城市。六横岛紧邻宁波梅山保税港，六横岛至宁波疏港公路建成后，六横岛将与宁波梅山保税港连成一体，将与宁波市连接成半岛的环境优势，前景良好。本文在综合分析目前六横岛在发展临港产业中的优势和劣势，以及发展中碰到的机遇和挑战的基础上，提出有关发展战略，供决策者参考。

一、基础理论

临港产业是具有一定的港口资源和条件，在港口内以独立形式兴起的工业企业、商业企业以及金融、贸易、科技、交通、信息、旅游等产业的企业群落，是临港经济的重要支柱。临港产业主要包括：港口直接产业、港口共生产业、港口依存产业和港口关联产业。港口直接产业主要指以港口装卸运输功能为主的装卸业;港口共生产业,指与港口装卸主业有着紧密联系的海运业、集疏运业、仓储业等;港口依存产业,指凭借港口综合条件而形成的石化、钢铁、电力等大型工业以及船舶修造、粮油加工、木材加工、水产品加工等制造业和加工业;港口关联产业,指与港口直接产业、共生产业、依存产业相关的金融、保险、商贸、娱乐等服务业。

SWOT分析即分析六横岛发展临港产业优势(strengths)、劣势(weaknesses)、机遇(opportunities)和挑战(threats)。SWOT分析实际上是对六横岛发展临港产业内外部条件各方面内容进行综合和概括,进而分析它的优劣势、面临的机遇和挑战的一种方法。笔者在分析时,把所有的内部因素(即优劣势)集中在一起,然后用外部的力量来对这些因素进行评估,具体见图1。

OT分析:随着经济、社会、科技等诸多方面的迅速发展,特别是世界经济全球化、一体化过程的加快,全球信息网络的建立和消费需求的多样化,临港产业发展所处的环境更为开放和动荡。这种变化几乎对所有临港产业都产生了深刻的影响。

SW分析:识别经济发展环境中有利于产业发展的机遇是一回事,拥有在机遇中取得成功所必需的竞争能力是另一回事。临港产业发展过程中的任何时候以及产业内的每个企业都要定期检查自己的优势与劣势,这可通过定期检查和外部咨询机构来进行。

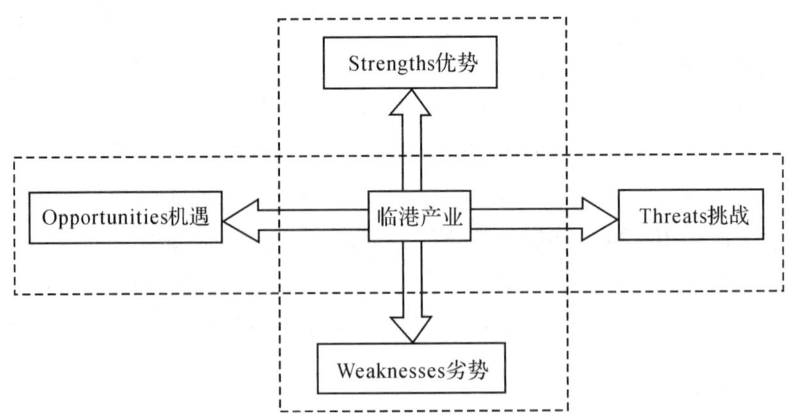

图1　发展临港产业SWOT分析模型图

当某两个产业处在同一市场或者说它们都有能力向同一顾客群体提供产品和服务时,如果其中一个产业有更高的赢利率或赢利潜力,那么,我们就认为这个产业比另外一个产业更具有竞争优势。换句话说，所谓竞争优势是指一个产业超越其他竞争对手的能力，这种能力有助于实现整个产业的主要目标——盈利。但值得注意的是，竞争优势并不一定完全体现在较高的赢利率上，因为有时一个产业希望增加市场份额，或者多奖励管理人员或雇员。竞争优势可以指消费者眼中一个产业或它的产品有别于其竞争对手的任何优越的东西，它可以是产业能够提供的产品的种类、大小、质量、可靠性、适用性、风格和形象以及服务的及时、态度的热情等。虽然竞争优势实际上指的是一个产业比其竞争对手有较强的综合优势，但是明确产业究竟在哪一个方面具有优势更有意义，因为只有这样，才可以扬长避短，或者以实击虚。产业在维持竞争优势过程中，必须深刻认识自身的资源和能力，采取适当的措施。因为一个产业一旦在某一方面具有了竞争优势，势必会吸引到竞争对手的注意。一般地说，产业经过一段时期的努力，建立起某种竞争优势，然后就处于维持这种竞争优势的态势，竞争对手开始逐渐做出反应，而后，如果竞争对手直接进攻产业的优势所在，或采取其他更为有力的策略，就会使这种优势受到削弱。

二、六横岛发展临港产业的优劣势分析

1. 六横岛发展临港产业的优势(Strengths)

(1)港口资源丰富。六横作为海岛城镇，港口资源丰富，全岛海岸线总长 85.05 公里，其中 10 米以上水深，且有一定腹地配套的岸线 36.3 公里，深水海域达 40 多平方公里。双屿港水深、港阔、潮缓，港岸线长 7.6 公里，水深 10—50 米，可建 30 万吨级深水港；台门港全长 10 公里，水深 5—20 米，可使用海域面积 20 平方公里，是国家一级渔港，也是渔船避风、锚泊、补给的良港，港畔陆域纵深辽阔具有多种开发优势。

(2)区位条件优越。六横岛位于浙江省舟山群岛新区的南部，地处我国东南沿海，长江口南侧，杭州湾外缘，宁波象山湾东海洋面上。岛屿背靠上海、杭州、宁波等大中城市群和长江三角洲等辽阔腹地，面向太平洋，具有较强的地缘优势，踞我国南北沿海航线与长江水道交汇枢纽，是长江流域和长江三角洲对外开放的海上门户和通道，与亚太新兴港口城市呈扇形辐射之势。根据六横岛得天独厚的区位资源优势，政府将六横岛的开发建设定位为“现代化、国际化、生态化”的临港产业岛和一个新兴的港口城市。

(3)产业结构进一步优化。岛上现有各类企业 552 家，主要从事船舶修造、机械五金、服装纺织、水产加工四大产业。六横岛的船舶工业突飞猛进，

现有中远、鑫亚、龙山、东鹏等大小船舶修造企业7家，坞容总量达100万吨，年修理世界各国船只近300艘，成为舟山市普陀区目前最大的船舶修造基地。临港工业潜力无限，岛东北部已建成总投资30亿元的浙能煤电一体化项目一期工程——舟山煤炭中转基地，一期为2×100万千瓦的火力发电项目已列入省“十一五”建设项目；投资28亿元的小凉潭铁矿砂中转项目已进入实质性启动阶段。金润石化、中奥能源、华立石油等项目也都在落实和实施过程中。

2.六横岛发展临港产业的劣势(Weaknesses)

(1)综合管理滞后，忽视生态保护。虽然六横岛依据区位及资源优势在发展临港产业经济方面取得了很大的成果，但是综合管理相对滞后，相关法律法规制度不够健全，港口开发的整体规划缺乏系统性和可持续性，同时海洋污染不容乐观。在快速发展临港经济的过程中，政府忽视了对海洋资源可循环利用和海洋环境特别是近海生态环境的破坏。

(2)发展速度缓慢，没有完整的产业链。目前，六横岛还没有形成完整的临港产业链体系，近海产业链系统基本构筑，但是精深产业链的开发和建设仍处于起始阶段，特别是缺乏高度发达的深水码头和远洋运输网络产业链体系。水产加工业技术装备和生产能力等虽在全国处于领先水平，但是食品加工深度只有70%左右，精深加工的产品种类不够丰富，精深加工技术还有待于进一步提高。船舶修造业虽然年营业额很高，但是造船以中小型船只居多，并且没有形成自己的品牌。机械五金和服装纺织没有形成规模化。因此，从总体上来说产业发展速度缓慢，发展水平不高。

(3)海岛文化没有得到很好的利用和宣传。六横岛有很深的海岛文化，如一代名相王安石任鄞县县令期间，曾亲赴六横岛抗旱救灾解民于危难，后又多次来访六横岛，留有《题回峰寺》，后人为铭记其功绩建有王安石庙(太平庙)保留至今；悬山岛为抗清名将张仓水避难地。岛上海滩众多，海岸曲折，怪礁林立，绝壁高耸，岩洞遍布，绿树成荫，因山体起伏曲折，行走百步，所见殊异，可谓“百步一景”，自然景点遍布全岛，风光优美独特。人文景点众多，如东总英烈纪念园等，可是这些深厚的文化背景没有得到很好的利用和宣传。

三、六横岛发展临港产业的机遇和挑战分析

1.六横岛发展临港产业的机遇分析(Opportunities)

关键是国家层面重视，发展海洋经济政策基础良好。多年来，浙江省

委、省政府高度重视海洋事业和海洋经济发展，自20世纪90年代初以来，就多次召开全省海洋经济工作会议，明确提出“开发蓝色国土”“建设海洋经济大省”“建设海洋经济强省”的发展主题，先后出台和印发《关于建设海洋经济强省的若干意见》《浙江海洋经济强省建设规划纲要》《浙江省海洋新兴产业发展规划》《浙江省海洋环境保护规划》等，特别是2013年国务院批复《浙江群岛新区发展规划》后，舟山群岛发展海洋经济进入了新的阶段。同时，《中华人民共和国国民经济和社会发展第十二个五年规划纲要》《长江三角洲地区区域规划》《浙江海洋经济发展示范区规划》等重要文件，更是为海洋经济提供了充分的政策指导和有力的制度保障。

2. 六横岛发展临港产业的挑战分析(Threats)

浙江发展海洋经济面临着海洋人才的竞争。海洋经济快速发展，人才是关键，政府必须把培养建设一支高素质的海洋人才队伍摆在重要的位置。现代海洋经济不仅需要科研、教育人才，更需要产业发展、经济管理与服务等综合性人才。截至2012年底，已有浙江大学、浙江工业大学、浙江海洋学院等19家涉海院校；国家海洋二所、杭州水处理技术中心等13家涉海科研院所；拥有浙江大学、杭州水处理技术中心、杭州电子科技大学、国家海洋二所等4家国家级海洋研发中心（重点实验室）以及15家海洋科技创新平台，但是目前专业性海洋人才仍十分匮乏。同时还存在浙江省的涉海专业分布较为狭窄，人才培养层次较低，契合海洋经济发展的新兴专业缺乏，涉海高等教育投入也相对偏少等问题，这些问题都将严重制约六横岛临港产业的发展。另外，因为六横地处岛屿，与舟山本岛及宁波等港区均悬水而隔，这种岛屿的离散性、港群的分散性，使建港必需的水、电、路、通信等基础设施条件缺乏共享性，各港区建设较难形成更大规模并发挥整体互动效应。六横岛与大陆的隔断，更使海港难以共享大陆发达的集疏网资源，从而难以实现海港的水陆转运功能，这极大地影响了六横港口经济的发展。目前虽然大陆连岛工程即将建成，但届时进出同一条路，会产生运输条件的局限性。正因如此，六横港口资源虽得天独厚，却至今未能获得与其资源存量相适应的大规模开发。

四、六横岛发展临港产业的战略选择

1. 要着力发展临港工业，构建产业基础

六横岛要紧紧抓住我国一些重大产业向沿海地区转移集聚的战略机

遇,加强规划布局、要素配置和基础配套,促进临港工业做大、做强,形成舟山群岛工业核心增长极和特色竞争力。

2.要加强港口物流体系建设,形成产业支撑

六横岛要大力发展港口物流业,将其作为发展临港工业的物流支撑,把港口物流业作为临港服务业发展的重中之重,依托深水港口优势,打造全国重要能源物资储运中转基地、长三角重要对外贸易物流基地、市域临港工业物流支撑基地。六横要规划、引进、建设一批港口物流项目,配套建设完善的港航基础设施,形成港口物流业的主体运作平台;加快推进以集疏运和信息网络为重点的支撑体系建设;加快连岛工程、环岛快速通道、疏港道路、水水及水陆交通节点规划建设,加大深水航道整治力度和锚地建设,进一步拓展海运和空运航线,构筑以港口为中心、海陆空管四位一体的综合交通运输网络,提高物流集疏运能力;加强物流信息网络建设,构筑开放式物流公共信息平台,促进物流业与国内外市场的同步运作与即时交流。

3.要加大区域合作力度,整合国内外资源

临港产业要实现跨越式发展,六横必须加大区域合作,实现“双赢”,充分发挥自身独特的区位和资源优势,重点加强和周边地区的经济互动合作,从而实现优势互补,错位发展。环杭州湾地区方面,要重点推进宁波—六横岛港口一体化,共同组建港口开发公司,推进六横大桥、引水工程的建设,从而实现基础设施互连,临港产业互动。

4.要发挥规模经济优势,完善服务设施

随着六横岛人流、物流、信息流的不断增加,发挥六横岛临港产业的规模经济优势,一是可实行规模化的治安、消防等综合管理,增强应急反应能力,完善应急处置机制,同时可建造更多的文化体育、教育、卫生等设施,提供更好的社会保障;二是发挥政府宏观调控作用,政府在六横岛临港产业发展过程中要扮演好掌舵人的角色,为六横临港产业的发展提供便利条件。

五、结语

通过以上对六横岛发展临港产业的SWOT分析,我们对六横岛的内外环境有了全面的了解。在优势方面,六横岛有港口资源丰富,区位条件优越、产业结构渐趋合理的优势。在劣势方面,则存在综合管理滞后、忽视生态保护、发展速度缓慢、没有完整的产业链、海岛文化没有得到很好的利用

和宣传等问题。同时也面临着机遇与挑战。所以六横岛应充分利用优势和机遇，努力克服劣势，成功完成挑战，从而实现六横岛临港产业的快速稳步发展。

[1] 严建培.加大枢纽港建步伐 掌控世界顶级物流——论舟山临港产业跨越式发展[J].浙江海洋学院学报:人文科学版,2008(1).

[2] 俞树彪.舟山港口资源深度开发利用研究[J].海洋开发与管理,2007,24(3).

[3] 王任祥.宁波—舟山港口一体化建设的投融资模式分析[J].水运工程,2007(12).

[4] 魏泓,刘伟.地主港模式在我国港口应用[J].水运管理,2006(1).

[5] 罗钰如,陈右铭,杨桓.关于推进我国海洋产业结构优化的建议[J].海洋技术,1996(2).

[6] 徐质斌,张莉.我国海洋产业结构的现状与调整[J].科技导报,2003(12).

舟山水产品出口现状研究

侯　军

[摘　要]　舟山水产品出口业发展较快，已经形成良好的产业基础，但从近几年水产品的出口现状来看，舟山水产品出口还是数量推动型，而非质量推动型，更不是品牌领袖型模式。文章重点分析了导致舟山水产品出口缓慢的原因，并结合舟山经济发展的地域特色，水产品出口的现状，提出适合舟山水产品出口企业发展壮大的路径。

[关键词]　水产品；出口贸易；舟山

水产品出口贸易在舟山市国民经济和社会发展中具有举足轻重的作用，近几年来，水产品出口业发展较快，已经形成良好的产业基础。就水产品出口现状看来，舟山水产品出口还是数量推动型，而不是质量推动型，更不是品牌领袖型的模式，水产品出口业发展速度极不稳定。本文经过分析研究后认为，舟山水产品出口加工企业应该完善质量监督和管理体系，大力发展精加工工业，提升产品档次和附加值，积极发挥行业协会作用，开展品牌战略，突破贸易壁垒，实施市场多元化战略。

一、舟山水产品出口现状

浙江省舟山市是中国的第一大群岛，1390个岛屿宛如一盘璀璨的明珠，撒落在碧波万顷的东海洋面上，组成了我国唯一的千岛新城。渔业经济是舟山经济的支柱产业，每年渔业产量在130万吨左右。近几年来，舟山市水产品出口发展较快，已经出口到世界五大洲37个国家和地区，2000年达到12.56万吨，创汇4.393亿美元，占到全国水产品出口总值的11.47%，占到地方外贸出口的85%，其中虾仁出口量占到全国出口总量的62%。目前舟山有14家水产加工企业和2条加工船获得欧盟注册资格，17家水产加工企业和2条加工船通过美国FDA评审，66家加工企业获得韩国注册资格。

追溯舟山水产品专业市场建设，源头当数普陀区民间建立的展茅鱿鱼加工市场。那是1979年，国家允许未列入国家二类农副产品管理的海水产品自由购销，并将部分列入二类农副产品的水产品改为三类农副产品；同时，对仍列入二类农副产品计划管理的，实行派(征)购一部分，议价一部分，其余允许自由购销。派购数以1979年前三年平均产量为基数，当年的派购量为产量(基数)的80%，次年70%，1981年60%，1982～1984年50%。特别是舟山农渔村实行了家庭联产承包责任制后，大量农贸水产品上市，使舟山农贸水产品市场得以迅速恢复和发展。

后来，政府成了水产品市场建设的主导者。1981年，普陀县在沈家门兴建了以水产品为主、占地8500平方米、固定摊位810个的东河大型农贸市场。1983年2月5日国务院发布《城乡集市贸易管理办法》，强调了城乡集市贸易是我国社会主义统一市场的组成部分，它有促进农副业生产发展，活跃城乡经济，便利群众生活，补充国营商业不足的积极作用。从那年起，舟山各级人民政府采取财政拨款、单位和民间集资等办法，发展城乡集贸市场、农副产品批发市场和日用小商品市场。1983年，嵊泗县菜园镇兴建占地863平方米的农贸市场，1994年扩建为3100平方米。到1987年底，定海县新建和扩建菜场、水果批发市场、禽蛋市场、蔬菜批发市场及农村集贸市场21个，总建筑面积2.81万平方米，年交易额5855万元。

渔业是舟山的基础产业，因此水产品产量近几年虽有下降，但也连续两年保持在124万吨上下。水产品加工业通过多年努力，不断提高产品质量，改善企业生产条件，引导企业对外注册，已有一批企业达到国际先进水平，水产品出口成为地方外贸出口的支柱产业。2003年全市水产品出口货值占到地方外贸出口总值的84.4%，水产品加工业占到全市工业总产值的38%，涉及水产捕捞、养殖、加工、运输、销售等产业链的从业人员为25万左右。

二、舟山发展水产品出口业优势

1.水产品加工量和出口量增长较快

1995年加工水产品7.06万吨，加工量占当时渔业总产量的8.5%；经检验检疫出口水产品仅为4.0万吨，货值1.53亿美元，水产品出口货值占到地方外贸出口货值的74.5%。到2003年，舟山现有水产加工企业500余家，加工水产品46.7万吨，占渔业总产量的37.5%，实现产值91.7亿元，占全市工业总产值的38%；经检验检疫出口水产品16.526万吨，货值5.234亿美元，出口数量和货值创历史新高，占全国水产品出口总值的9.5%，分别比1995年增加3.13倍和2.42倍。舟山已经成为全国水产品加工和出口的重要基地。

2.加工企业的硬件设施和管理水平有了质的提高

到2003年，舟山已经有90家水产加工企业通过卫生注册，其中22家企业通过美国注册，16家企业通过欧盟注册。自1999年以来，已连续2次通过欧盟、美国FDA和3次通过韩国官方考核，都得到较高的评价。目前已有兴业公司、舟渔公司、港明公司等一批超规模型的水产加工企业，其硬件设施和管理水平处于全国领先地位，达到国际先进水平。

3.产品档次有了质的飞跃

1995年舟山出口水产品多以原料出口为主。经过近10年努力，加工业为适应市场需要，相继安装了多条先进生产线，开发了以方便化、营养化、多样化、成品化、卫生化等各类小包装制品为主的名、特、优新产品，例如鱿鱼丝、香酥烤鱼、烤鳗、鱼糜、模拟蟹肉、蟹肉罐头等畅销国内外市场，基本实现了从粗放型向精深型、从单一型向系统型的发展，形成了门类齐全、品种繁多的水产加工品系列。2003年精加工产品出口39045吨，货值21370万美元，出口量和货值比重分别达到23.86%和41.18%。

4.拓展多元化的国际市场

2003年舟山水产品出口到49个国家和地区，形成了以日本、韩国、欧盟、美国和东南亚国家为主的市场，其中出口到韩国数量6.264万吨，货值1.244亿美元，数量占第一位，货值占第二位。其次是日本，出口数量4.878万吨，货值1.97亿美元，数量占第二位，货值占第一位。出口到欧盟数量和货值分别达到1.2925万吨和2717万美元，出口到美国的数量6914吨，货值2465万美元，菲律宾成为第五大市场，出口量达到6085吨，货值1824万美元。货值超过1000万美元的还有中国香港、印度尼西亚和俄罗斯。

5.水产品质量监管体系和检测体系基本形成

质量意识已经深入人心。市政府成立了药物残留监控领导小组，明确了农业部门管药，渔业部门管塘、船，检验检疫部门管厂的协调机制，对出口养殖产品的质量监管起到了明显效果。检测机构也比较齐全，现舟山有检验检疫局水产品实验室、技术监督部门的浙江省水产品检测中心、疾控中心的水产养殖防治院等，检测设施和技术都是一流的。其中检验检疫局水产品实验室仪器设备装备能检测目前要求的所有检测项目，被国家质检总局确定为区域性中心实验室。

三、舟山水产品加工出口企业面临的问题

一是投资规模的增长速度快于原料吸纳速度，造成许多企业找米下锅的状态。由于中韩、中日渔业协定实施后，减船减人，渔捞空间缩小，渔业产量下降，2000 年渔业产量在 130 万吨，到 2003 年下降为 124.5 万吨。一方面资源在减少，另一方面水产加工业投资规模在逐年扩大。如从单冻虾仁生产线看来，2000 年只有 54 条生产线，到目前为止超过 100 条，按每条生产线每小时 300 公斤计算，年生产力为 1200 吨计，这 100 条生产线可吸纳原料近 40 万吨，而近几年舟山虾产量只有 26 万吨。因此，好多企业的单冻线处于闲置状态。二是生产运输过程成本较高，发展来料加工有许多制约因素。因为舟山虽有集装箱内支线，但航次少，因此舟山的原料进来和产品出去都须经过宁波港，运输不便。同时舟山的水、电、劳动力成本相对较高。因此，对舟山来说，要发展来料加工有许多制约因素。三是不少企业市场单一、产品单一，企业抗风险能力较差。四是药物残留仍困扰着水产品的质量安全。五是水产加工品的掺杂使假及滥用添加剂。就舟山水产加工业总体来说，出口市场多元化已经形成，产品门类齐全，但就大部分企业来说，还存在市场单一、产品单一的情况。尤其是舟山有一部分欧美注册企业是以生产虾类产品为主，市场也是以欧美为主，而在欧盟虾产品还没开放，美国对我国虾产品进口裁定为倾销的情况下，舟山有一部分企业陷入了困境，生产基本处于停产和半停产的状况。

四、促进舟山水产加工出口业发展的研究策略

近些年，世界水产业迅速发展，水产品总产量已达 1.2 亿吨。我国水产品年产量已达 4500 万吨上下，连续多年居世界第一位。全球水产品总产量约有 30%进入国际贸易。随着近年来世界各地相继发生疯牛病、禽流感、口蹄疫等动物性疫情，作为安全、卫生的水产品消费量急剧上升。为了提高舟山水产品在国际、国内市场的竞争力，笔者建议政府着力做好以下几方面工作。

1. 大力发展来料加工

目前舟山水产品加工原料不足，要做大做强水产品出口加工业，应学习借鉴山东的经验，不断利用国内、国际市场上的原料为已所用。在发展来料加工中，要从舟山实际出发，扬长避短。一要走精深加工的路子，采用加藤

佳、兴业等公司模式，在深度开发上做文章，即要做能直接上国内外超市的产品，提高产品附加值。二要加快储藏冷库的建设，为企业中转原料、储藏提供良好的环境。三要尽快建立保税库，为进口原料海关监管、检验检疫部门检验提供良好的口岸环境。四要对来料加工企业在融资、用电、用水、原料运输等方面给予政策上支持。五要继续加强对外开放政策，采取积极措施吸引外资，继续坚定不移地发展引进来料加工渔业，继续大幅度提升来料加工在水产品出口贸易中的比重，特别鼓励与支持高资金、高投入、高档次的风味水产品、旅游产品、快餐产品、微波产品、即食水产品的来料加工业务，逐步在来料加工业务中实现产品与技术、设备和市场的升级换代，更快地远离与突破原有的低档次竞争范围。

2. 加大对适销对路产品的开发研究

首先，由于各地水产品销售市场的需求不同，像欧美市场上无骨、无刺的系列产品较受欢迎，因此我们要充分发挥市水产加工技术中心的作用，有针对性地研究开发适销对路的优质产品。其次，科研中应鼓励实用性、高端性研究项目，少做概念性、猎奇性的研究项目，加大对有用项目、有市场项目、有国际竞争力项目的投入。一段时间以来，我国的水产科学研究热衷于新产品、国外产品的引进与开发，而一些引进产品并不具备市场发展潜力，产品的生命周期很短，研发与前期市场培育经费巨大，给生产企业带来巨大的市场风险。当高档产品市场上消费者的猎奇消费心理迅速消退之后，它很难进入菜市、超市等市场。当出口市场采取非关税壁垒等措施之后，此类产品会立刻出现市场危机，这都是因为此类产品没有替代性市场。如当烤鳗的出口市场——日本采取《肯定列表制度》后，或者当烤鳗产品中被进口国检测到违禁药品残留后，该产品只能是滞留在仓库或者积压在鱼塘中。实践证明，南美白虾就是一个适应性很强的产品。2004 年美国对我国虾产品展开反倾销调查之后，我国虾类产品的出口大幅度下降，但是虾类产品的可替代市场非常之多，多到根本就不用顾虑销售渠道的程度。

3. 实施市场多元化战略

从整体来看，目前水产品销售仍以国内市场为主体。尤其是国际上一些水产企业纷纷看好中国市场，加大了在中国市场营销力度，这也增强了我们的竞争压力。因此，企业一定要树立竞争意识、品牌意识，最好能打舟山统一的牌子，以大企业为龙头或以行业中介组织出面，打响舟山水产品的品牌，扩大国内市场的份额。

4.实行厂户联姻的订单式养殖

为了促进舟山养殖业健康有序发展，确保渔民“双转”工作顺利进行，有关部门需要对大宗的养殖产品实行养殖户与加工厂协作，实施订单式养殖。一方面降低养殖户的风险，提高养殖户信心，扩大养殖规模，增加产量；另一方面可以为加工厂提供合格的原料，增加出口创汇，达到双赢的目的。

5.实施水产业名牌战略

随着水产业科技化进程的进一步加快，质量、品牌、市场之间的相互关系将更加紧密，因此需要开展品牌战略提升产品档次和附加值。靠质量创名牌，靠名牌拓市场，靠市场争效益的趋势将日益明显。

从上述论述中可以看出，目前舟山水产品出口仍处在增长期阶段，但深层次问题已经显露，加快渔业对外贸易增长方式转变，提高渔业贸易发展质量和效益已刻不容缓。政府要加快传统养殖方式革新，推广高效、生态、健康、安全的水产养殖模式，改造提升传统渔业产业，从根本上解决产品质量安全问题。同时要积极探索行业协会协调机制创新，加快有针对性的品种专业协会发展，为养殖者和企业及时提供国际市场行情，加大对外协调能力，协调出口秩序，避免贸易摩擦发生。

[1] 黄雁芳.水产品贸易自由化对中国渔业的影响[J].中国渔业经济，2002(3).

[2] 周佳章，施志成.舟山市水产品加工出口现状及发展趋势[J].渔业现代化，2005(4).

[3] 贺宇文.论技术性贸易壁垒对水产品国际贸易的影响及对策[J].内陆水产，2001(3).

循环经济视角下舟山旅游业的发展

张 斐

[摘 要] 旅游循环经济是一种追求人与自然和谐发展的经济增长模式,发展旅游循环经济可以提高旅游资源和能源的利用效率,最大程度减少环境污染,实现旅游经济和环境的共赢,促进旅游业的科学发展。在循环经济视角下研究舟山旅游业的发展,其本质也就是探究舟山应如何发展旅游循环经济,实现旅游的可持续发展。

[关键词] 旅游;循环经济;旅游循环经济

"循环经济"一词最早是在20世纪60年代由美国经济学家提出的,直到20世纪90年代,特别是可持续发展战略成为世界潮流以来,人们深刻地认识到了"高投入、高污染、低效益"的线性经济对人类社会发展造成的严重威胁,学术界从不同角度加紧了循环经济的研究。目前循环经济已在工业、农业等领域迅速发展,并取得了可喜的成绩,而在旅游业中的发展则刚刚启动。在旅游业中发展循环经济,由于旅游业的特点和本质要求,有着理念推广,促进旅游业健康有序发展,带动相关产业循环经济发展,推动资源节约型和环境友好型建设的重要价值和意义。

一、循环经济的内涵与特征

1.循环经济的定义与内涵

循环经济的思想萌芽于20世纪60年代的美国。"循环经济"这一术语在中国出现于20世纪90年代中期。当前,社会上普遍推行的是国家发改委对循环经济的定义:"循环经济是一种以资源的高效利用和循环利用为核心,以'减量化、再利用、资源化'为原则,以低消耗、低排放、高效率为基本特征,符合可持续发展理念的经济增长模式,是对'大量生产、大量消费、大量废弃'的传统增长模式的根本变革。"这一定义不仅指出了循环经济的核心、原则、特征，同时也指出了循环经济是符合可持续发展理念的经济增长模式，抓住了当前中国资源相对短缺而又大量消耗的症结，对解决资源约束经济发展的瓶颈具有迫切的现实意义。

循环经济就是在物质的循环、再生、利用的基础上发展经济，是一种建立在资源回收和循环再利用基础上的经济发展模式。循环经济，它按照自然生态系统物质循环和能量流动规律重构经济系统，使经济系统和谐地纳入自然生态系统的物质循环的过程中，建立起一种新形态的经济。

表1　循环经济的含义解释

角度	循环经济的特征	意义
生态视角	本质上属于生态经济	1. 实现经济生活生态化 2. 有利于可持续发展战略实施
物质视角	1. 资源—产品—再生资源 2. 减量化、再利用、资源再生化	提高物质资源的利用率
环保视角	1. 污染排放降低 2. 清洁生产、生态设计、绿色消费与资源综合利用融为一体	1. 保护稀缺的环境资源 2. 有利于人们健康生活
循环视角	1. 废弃物回收利用 2. 无害化处理	1. 实现资源的循环利用 2. 变废弃物为再生资源

2. 循环经济的特征

传统经济是"资源—产品—废弃物"的单向直线过程，创造的财富越多，消耗的资源和产生的废弃物就越多，对环境资源的负面影响也就越大。循环经济则以尽可能小的资源消耗和环境成本，获得尽可能大的经济和社会效益，从而使经济系统与自然生态系统的物质循环过程相互和谐，促进资源永续利用。因此，循环经济是对"大量生产、大量消费、大量废弃"的传统经济模式的根本变革。其基本特征是：(1)在资源开采环节，要大力提高资源综合开发和回收利用率；(2)在资源消耗环节，要大力提高资源利用效率；(3)在废弃物产生环节，要大力开展资源综合利用；(4)在再生资源产生环节，要大力回收和循环利用各种废旧资源；(5)在社会消费环节，要大力提倡绿色消费。

二、循环经济对旅游业的意义

当今世界各国把发展循环经济、建立循环型社会看作是实施可持续发展战略的重要途径和实现方式。而循环经济的理论思想非常切合旅游的实践属性和发展要求，因此，在旅游业内积极有效地发展循环经济意义重大。

1. 对实现以人为本的科学发展观有重要的推动作用

科学发展观是坚持以人为本，运用科学发展观思想促进我国现代旅游业的健康发展，是实现人与经济可持续发展的必然要求。

2. 加快第三产业的建设步伐，促进经济繁荣发展

一个国家和地区第三产业的发展水平，标志着这个国家和地区工业化、城市化和现代化进程。实践证明，在我国大力发展旅游循环经济，可以促进第三产业的蓬勃发展。

3. 发展循环经济是提高经济效益的重要措施

目前我国旅游资源利用效率与国际旅游发达城市水平相比仍然较低。实践证明，较低的旅游资源利用水平，已经成为旅游业快速发展的瓶颈。大力发展旅游循环经济，提高旅游资源的利用效率，增强旅游景点的质量，已经成为我们面临的一项重要而紧迫的任务。

4. 发展旅游循环经济是缓解资源约束矛盾的科学选择

我国总体上资源较为丰富，但人均拥有量相对不足，特别是代表性旅游资源非常短缺。发展旅游循环经济可以更好地缓解资源约束与旅游业健康发展的矛盾，以最小的资源代价，换取最大的经济产出。

三、舟山旅游业发展循环经济条件分析

1. 舟山旅游发展的优势

(1)渔业资源丰富。舟山群岛有岛屿1390个、礁3306座，是全国重要的海水鱼生产基地，渔场面积达10.6万平方公里，是我国最大和世界著名的渔场之一，素有“中国渔都”之称。

(2)港口资源丰富。舟山港口具有丰富的深水岸线资源和优越的建港自然条件，适宜开发建港的深水岸线总长246.7公里。全港有定海、马岙、金塘、沈家门、六横、洋山等共11个港区；共有生产性泊位355个，其中万吨级以上泊位41个，2010年全港完成货物吞吐量超过2.21亿吨。目前舟山群岛新区正在全力推进航运业发展，着力构建“三位一体”港航服务体系，建设中国大宗商品自由贸易园区。

(3)旅游资源丰富。舟山群岛风光秀丽，气候宜人，自然景色优美，人文

景观绚丽，素有“东海明珠”之称，旅游资源极其丰富。目前，主要旅游景区有“海天佛国”普陀山，“晴沙列岛”嵊泗两个国家级风景名胜区和“东海蓬莱”岱山岛、桃花岛两个省级风景名胜区以及全国唯一的海岛历史文化名城——定海。嵊泗列岛有“海上仙山”的美称，具有浓郁的海洋风光和海岛特色，为国内外游客所喜爱。

(4)交通便利。目前舟山共建成跨海大桥20余座，这些大桥横跨于各岛之间，成为海岛经济的生命线。舟山跨海大桥是世界上规模最大的桥群，也是中国最大的岛屿联络工程。舟山与宁波、杭州的车程距离大大缩短，再加上已经建成的杭州湾大桥，舟山驾车到上海、杭州、宁波的时间分别缩短到1小时、2小时、3小时，将使舟山更紧密地融入长三角经济圈。

(5)地理区位好。舟山市位于浙江省舟山群岛，地处我国东南沿海，长江口南侧，杭州湾外缘的东海洋面上，背靠上海、杭州、宁波大城市和长江三角洲辽阔腹地，面向太平洋，具有较强的地缘优势，踞我国南北沿海航线与长江水道交汇枢纽，是长江流域和长江三角洲对外开放的海上门户和通道，与亚太新兴港口城市呈扇形辐射之势。

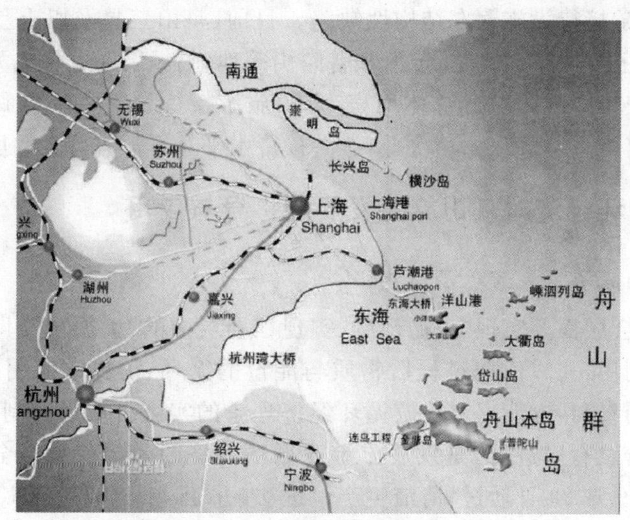

图1 舟山地理位置图

2.舟山旅游发展的劣势

(1)旅游季节性强。由于舟山市旅游以海岛观光游和佛教文化游为最大特点，而这两者均具有较强的时限性，导致舟山市旅游高峰相对集中。从历年统计数据看，接待旅游人次最高的三个月占到全年的50%左右，特别是黄金周与观音菩萨的三个节日期间。

(2)交通仍需改善。首先,舟山的外部交通与内部交通衔接不连贯,没有形成高效的网络结构,导致滞留时间过长。其次,交通工具的旅游功能缺失,旅游化程度差。最后,舟山市旅游交通缺少系统整合,综合的交通服务功能体系尚需完善。

(3)旅游产品单一,层次不高,旅游商品等后续消费品相对较少。舟山对旅游资源的文化价值、商业价值挖掘不够,旅游项目较为单一。而单一的旅游产品结构不适应旅游市场需求的多样化要求,缺少竞争力,导致旅游消费上不去,旅游的整体效益不高。

(4)旅游循环经济意识不强。在旅游发展中,对资源的利用常常是粗放的和一次性的。旅游开发、发展过程中由于其资源导向性比较强,人们只注重对现有资源的开发与利用,毁林建宾馆、旅店、寺庙和人文景观,缺乏生态意识,在破坏环境的同时,破坏了旅游环境的整体美和文物景观的原始文化内涵。如马岙古文化遗址、新石器时代遗址、定海老城等都没有很好地开发利用。

(5)旅游接待设施存在结构性缺陷。目前,舟山三星及以上星级酒店共有149家,主要分布在普陀、定海和普陀山等地,临城新区也将成为旅游酒店又一个比较集中的区域。总体而言,舟山旅游接待设施主要以私人经营的家庭型宾馆为主,规模小、档次低,旅游接待水平总体上有待大幅度提高。

四、循环经济对舟山旅游发展的指导与应用

1. 舟山旅游发展宏观层面建议

(1)社会层面要实现"大循环"。实现社会层面的"大循环",即通过废弃物的再生利用,完成消费过程后物质与能量的循环,需要政府引导,经营者和公众共同参与,方能促进旅游循环经济理念的实现。加强法制建设,促进旅游资源开发有序进行,是发展旅游业循环经济的重要前提。全国人大已于2002年6月29日通过《清洁生产促进法》并于2013年1月1日起实施。这是从法律上促进我国循环经济发展的良好开端,但仍需加快步伐,形成我国循环经济发展的法律框架体系,只有这样才能保证将循环经济落到实处,而不至于仅停留在概念之上。舟山想要发展自己的特色持续旅游业,需在国家法规的基础上,加快制订舟山市级的循环经济规范,通过法规以及发展规范对循环经济加以引导和规范,坚决杜绝短期行为和急功近利的现象出现。

(2)区域层面要实现“中循环”。区域层面“中循环”,即通过企业间的物质、能量和信息集成,形成企业间的代谢共生关系。区域层面发展循环型旅游业,是通过建立相对完整的生产和消费的循环体系,以3R原则为指导,在一定区域范围同相关产业的各个领域形成产业链,实现共享资源,以提高利用率。一个地方的旅游业是与其所处区域的旅游业紧紧联系在一起的,一荣俱荣,一损俱损。舟山旅游业要打破地域界线,淡化行政界限,加强县与县之间、市与市之间、省与省之间旅游线路的连接与贯通,加强区域合作,有计划、有步骤地进行客源互送。并且各市、县旅游局要从发展大旅游角度着想,防止近距离重复建设,确实做到资源共享和客源共享。同时,还要发挥各区域的资源优势,通过区域联合的方式把区域内的生产、消费、废弃物处理和区域管理统一组织为循环利用网络系统。应以预防污染和提高利用率为出发点,以物质循环流动为特征,以实现舟山旅游可持续发展为目标,最大限度地减少污染物排放。

(3)企业层面要实现“小循环”。企业层面“小循环”即通过推行清洁生产,减少生产和服务中物料和能源使用量,实现废弃物排放的最小化。要求酒店经营者、游客以循环经济的理论来规范自己。如在旅游企业推行保护性开发,提倡生态旅游、物质循环利用、清洁生产、绿色消费,减少对资源的破坏,减少产品和服务物质的能源消耗,将单位旅游产品和旅游服务的各项消耗和污染排放限定在标准许可的范围之内,使旅游企业内部的资源得到综合、循环利用。在企业的经营管理之中,旅游业内部以“食、住、行、游、购、娱”6个产业为核心,将彼此关联的生态产业链组合在一起,形成产业集群,通过对旅游产品提升、产业结构的调整、产业链延伸和耦合来体现循环经济的3R原则。

2.舟山旅游发展微观层面建议

(1)筹划增加一些适合全年旅行的景点设施,旅游淡季多举办一些节庆活动。例如朱家尖的国际沙雕节可以推迟季节,避开南沙游泳旺季,加强沙雕作品的维护,使其可保存六个月,满足旅客的需要。各景区都可以策划筹办一些游客喜爱参与的节庆活动,使淡季不淡。还可以在旅游淡季安排各种会议和商务活动,组织参观舟山博物馆、金维映故居、三毛祖居,游览鸦片战争遗址公园等,提高旅游景点和服务设施的利用。

(2)利用舟山海洋民俗,挖掘资源文化内涵。每个地区和民族都具有自己独特的生活方式、风尚习俗和风土人情,这些都是地区特质的重要表现形态,具有独特的审美价值。舟山位处东海一隅,在长期的生产和生活中,岛民们凭着自己的聪明才智创造了许多与大陆不同的文化形态，特别是民间民俗文化。因此，舟山旅游业的发展要突出海洋文化内涵，让海洋民俗文化渗透进游客的心灵，要多开发一些像“观音饼”这样独具舟山特色的旅游产品。

(3)充分利用群岛资源，对野岛进行合理开发。舟山群岛现总共1390个岛屿，而有人居住的不过200个，对于其他海岛的开发用政府形式显然很难做到一一为尽，所以对于野岛的开发可以采用两种方式：一是采用海岛租售体制，可将无人小岛的使用权在一定程度内转售个人，集合社会力量进行开发，这种方式同时也有可能带来相关的其他方面的追加投资和附属投资。二是采取野岛生态游的方式进行开发，利用舟山的水上交通工具连接各个海岛，满足都市人群猎奇需求。在这方面的开发，舟山可谓资源丰厚，这些无人小岛是舟山经济旅游发展所蕴含的无限契机。

(4)合理调整旅游产品价格，加强舟山特色美食宣传。舟山在海鲜美食方面存在着两大问题：第一，美食的服务环境不够，舟山现在的海鲜存在比较严重的宰客现象。这一弊病不除，即便其他方面的宣传做得再好也很难形成一种大气候。所以这方面工作绝不仅仅是旅游部门管理范围内的，同时也是整个舟山市政工作的一项重点。第二，不为人所识。这点是在环境整治之后所需要改善的。海鲜有着其鲜明的个性，首先是选料，舟山的海鲜在此应该突出的是品种优势和近海鲜货优势的无可比拟性。然后是制作工艺上的讲究，既有原味地道的舟山本地名菜又有高雅别致的海鲜全宴。再有就是追寻美食文化，在此可以对沈家门渔港的海鲜大排档一条街进行详细描写，突出其文化意义进行整合宣传。最后就是从品牌上树立舟山菜的地位，像上海的海菜、宁波的本帮菜，其实其海鲜做法都源自舟山菜系，但是它们却形成了自我的品牌，在中国美食文化的长卷上有着自己的天空，这是值得舟山餐饮业反省的。所以打造舟山自我的整体品牌是至关重要、不可或缺的。

3. 对各社会旅游参与主体的建议

(1)非政府组织方面。非政府组织要为循环型旅游业发展提供有力的支持，加强对舟山旅游环境进行评价研究，监督旅游业发展对环境的影响，加大保护力度，同时组织和参与各种公共教育活动，提高人们对实施旅游业发展循环经济的认识和支持。

(2)旅游企业。旅游企业是循环型旅游业的直接受益者，同时也是循环型旅游业的主要参与者和执行者。舟山拥有丰富的自然旅游资源和人文旅游资源，但必须维护好旅游业的可持续发展才有可能为企业提供获得长远利益的平台。在旅游开发和经营中，企业尽量保证对土地、森林、水资源的可持续利用，努力减少废气、废水、废物对环境的污染和破坏，确保环境价值在管理决策中得到体现。旅游企业还应当倡导与环境和谐的旅游活动，并开展绿色营销活动。总之，要通过发展旅游来促进旅游资源保护，更要通过保护资源环境来提高旅游经营者的效益。

(3)旅游者。实施循环型旅游业不仅需要政府的倡导和企业的自律，还需要提高社会公众的参与意识和参与能力。各级旅游组织和旅游企业要向进入舟山的旅游者进行广泛的宣传，使他们在舟山的旅游活动过程中积极支持当地的资源与环境保护活动，尽可能地了解和尊重当地的自然和人文遗产，并且有效防止和制止那些对旅游目的地造成不良影响、破坏生态环境的不正当行为，积极支持舟山旅游业的可持续发展。

[1] 邱素芬. 锂离子电池正极材料 LiFePO4 的应用与循环经济[J]. 辽宁工程技术大学学报：自然科学版，2009 (1).

[2] 马丽卿. 海洋旅游学[M]. 北京：海洋出版社，2013.

[3] 韩兰兰. 循环经济下的山西旅游业发展研究[J]. 科技情报开发与研究，2008(32).

[4] 朱燕. 对舟山旅游业发展的思考[J]. 漯河职业技术学院学报，2010(3).

白沙岛的海钓旅游发展之路

周　倩

[摘　要]　文章通过实地考察和访谈式方式收集了相关材料，在此基础上研究分析了白沙岛海钓旅游目前的基本发展现状，探索其海钓旅游发展之路。文章尝试阐释海钓旅游的概念，希望白沙岛以海钓平台为依托，大力发展海洋旅游业。

[关键词]　海钓旅游；发展路径；白沙岛

美丽的白沙岛位于普陀区东部海域，陆地面积2.88平方公里，辖三个自然村，总人口2694人，总户数747户，是以渔业为主的纯渔乡。白沙岛拥有丰富的旅游资源和岛礁资源，几乎包揽了真正意义上的阳光、海滩、岛礁。全岛属亚热带海洋季风气候，四季分明，冬暖夏凉。白沙岛没有工业，没有污染，没有汽车，没有噪音，没有灯红酒绿，只有被海风吹拂脸庞和垂钓的乐趣。

十几年前，美国人就已把海钓与高尔夫球、马术、网球列入四大贵族运动，现已有海钓爱好者8000万人，海钓游艇1500万艘。日本是亚洲地区最大的海钓消费国，爱好者占全国总人口的30%，仅渔具、渔饵的年零售额就达8亿美元以上。海钓旅游是以海钓行为过程及其相关因素作为旅游资源，满足旅游者亲身体验，使之获得乐趣愉悦心情的旅游需要的一种专项旅游产品。所以海钓旅游不同于单纯的海钓，是以海钓为基础开展的大众旅游活动，以海钓业带动目的地旅游产业的全面发展的产业。

一、白沙岛海钓旅游的基本发展概况

白沙岛海钓基地位于白沙区域内，主要范围包括白沙本岛及周边25个无名岛屿和它们周围的海域，其中以白沙本岛和以距白沙7千米及13千米的外洋鞍岛及周围的海域为主。周边岛礁海产品丰富，有海带、佛手等贝藻类资源30余种，有梭子蟹、对虾、竹节虾等虾蟹类20余种，还有石斑鱼、虎头鱼、黄鱼、鲈鱼、带鱼等经济鱼类100多种，为开发渔家菜系列和海钓旅游提供了得天独厚的资源条件。管辖地洋鞍则是东海四大渔场之一，由于白沙洋鞍岛海域位置处于长江、钱塘江和台湾暖流的汇合点，交汇处产生大量的浮游生物、贝藻类生物，是各种近海岸鱼类和岛礁性鱼类繁殖、生长、栖息的理想海域。而虎头鱼、石斑鱼等海钓鱼类品种，无论在数量上还是质量上在国内都相当少见。2004年4月，由亚钓联中国理事王者兴先生发起，在浙江舟山举行了海峡两岸四地海钓产业推进研讨会，针对我国海钓产业现行存在的体制与机制问题，掀起了全国性的企业与机构的不断磨合，它的直接成果是促成了2005年亚细亚国际友好海钓大会在舟山的举办，彰显出舟山在中国的海钓发展具有举足轻重的地位。近年来，海钓业在浙江已经起步，舟山、宁波、温州等地建设了一批垂钓设施和海钓基地，开展了一些海洋垂钓节庆活动，并成立了浙江"大洋海钓俱乐部"等专业海钓俱乐部。政府将海钓由单纯的钓鱼人个人行为提高到地方政府的产业行为高度，全力整合资源，打造城市品牌，延伸地方海洋经济产业链。舟山市提出的"舟山群岛——海钓天堂"，代表海钓业经营主体和服务对象发生了重大变化，由以前的钓具店自然人招徕组织和散客的自发行为转向由旅游中介、休闲船队、海钓俱乐部等法人主体为主，参与并共同招徕和接待的一体化综合服务；参与活动的对象由过去的特定爱好者逐步向亲近海洋的旅游体验者扩展；经营主体的利益倾向也由利益主体更多地向主体利益转变。

舟山休闲海钓旅游产业虽然刚起步，但已经取得了长足的进步，呈现出良好的发展态势。

海钓体验型"渔家乐"快速发展。到2007年11月，舟山市省级休闲渔业示范基地已达11个，海钓项目在休闲旅游中的比例逐年上升，与海上休闲相配套的渔乡采风、荒岛探险、渔村度假、滨海度假、海上运动等主题旅游有机结合，"渔家乐"大旅游服务网络正在逐步形成，休闲海钓旅游已成为"渔家乐"旅游的主要吸引物之一。

"钓岛"白沙海钓基地建设初见成效。此外，民间资本与外来资本成为大众海钓旅游项目开发的投资主体，结构呈投资多元化的态势。同时渔区产业结构的调整成为必然。每年缩减近海作业渔船，闲置的部分渔船和有证船员为游钓业的规范、规模发展提供必要条件。渔业产业结构调整，使原先以"渔家乐"为基础的海钓产业，逐步向综合性、休闲性产业拓展，对当地产业结构优化升级起到重要促进作用。

二、限制白沙岛发展的一些制约因素

通过对白沙岛的实地考察和对白沙主要海钓公司人员的访谈式调研，笔者总结了白沙岛目前的一些发展制约因素，归纳为以下几点。

1.基础设施建设滞后、安全隐患突出、市场竞争无序、服务品质达不到标准

白沙岛的海钓公司规模小、经营差、竞争弱、效益低，吃住行购娱等综合配套尚不完备，休闲海钓旅游还未形成一个完整的产业体系；对海钓业的研究起步晚、进展慢，自主成果少，渔具生产、渔饵开发、船艇制造、渔文化研究等才刚刚起步，跟不上港澳台地区的研发力度。

近几年一下涌现的以"渔家乐"为载体的游钓服务机构充斥白沙岛的旅游市场，由于经营者素质参差不齐，服务条件相对简陋，又缺乏相应的服务标准，由此引发的游客投诉和不满现象大大增加，严重地影响了海钓旅游的品质和对二次客人的吸引；并且由于近距离、低水平的产品类同，又引发了一系列的削价竞争，更加剧了这种恶性循环的程度。造成这种状况的根本原因，既有经营者投资的盲目与服务质量意识的淡薄，也有经营业主的产品设计粗糙、服务环节不够人性化，更与管理部门缺乏有效的产业引导与培训指导有关，若这种情况长期发展，必将严重影响海钓业经营信誉和游客的切身利益，必须尽快得到解决。

2.非法捕捞现象严重，法律意识淡薄

针对性海钓管理法规尚未出台，管理部门和管理职能不明确，造成管理盲区和管理缺位，严重制约了对钓场资源的保护和海钓业的持续发展。经营管理存在较大安全隐患，如游钓船规范改造、船员培训、限载控制、意外保险、应急预案、进出港报告制度等工作尚未到位。更有甚者，一些部门本着对利益的追逐，对超过当地资源容量的采捕、钓获行为不予控制和制止，甚至对于把电鱼、炸鱼等严重违法行为也当作一般的谋生手段的行为不置可否。对这些事件不当地处理、无原则地姑息导致了海钓资源的普遍性衰退，而且海岛乡镇宗族关系的制约导致的惩治失衡也是导致这一现象的重要原因。尽管近期国家有关游艇等方面法规相继出台，但对于船艇运行的争执，政府管理部门之间，以及与企业之间整整磨合了十年，严重拖了产业发展的后腿。当前，随着产业发展的深入，经营企业良莠不齐的问题被很严肃地提

了出来，而资质与门槛的设置又面临着国家行政许可的种种制约。还有诸如使用海钓资源的增殖养护补偿金的收取问题也同时被提了出来，但遇到了《渔业法》相关条款的不同解释。从管理部门到渔业者，要求修改和出台系统的相关产业法规的呼声日高，产业的进一步推进急切需要法规的支持。

3. 交通不便，淡旺季差异巨大

船钓、矶钓最佳活动区域主要集中在嵊泗马鞍列岛以及舟山东部地区，现有的交通班船不能满足游客快速、舒适的乘坐需要，也不能满足“游要慢，行要快”的海岛游览、欣赏、活动的特殊要求。自从朱家尖海峡大桥建立之后，到达白沙岛的码头也仅有朱家尖蜈蚣峙码头、乌石塘码头，由于客流量原因，朱家尖蜈蚣峙码头基本处于停运状态。另外海岛天气多变，大雾大风经常影响船只的运营，所以对于目的地的能否顺利到达增加了人们的心理负担，削弱了旅游的本质属性。另外白沙岛捕鱼在专业人士看来分为大潮汛和小潮汛，一般小潮汛在7—8月份，还是暑假的旅游高峰期，这时来白沙岛的人络绎不绝，海钓、渔家乐都要通过提前预订才能旅游，而淡季海钓旅游的人则寥寥无几。

三、白沙岛海钓旅游的发展之路探索

舟山发展休闲海钓旅游，符合“海上浙江”建设的战略要求，符合《舟山市海洋旅游产业发展总体规划》中提出的“利用海岛自然环境多样性，开发具有海洋特色的休闲运动”的要求，是满足人们的消费注意力从物质需求升级到文化需求和情感体验需求为特征的后三产时代(体验经济)的需要，并有利于丰富海洋旅游产品，延长游客逗留时间，提高旅游消费层次。

1. 准确的市场定位是白沙岛旅游推广的关键

目前白沙岛的海钓旅游以上海、宁波、杭州等长三角地区为一级客源市场。上海1400多万人口是国内旅游最大的客源输出地，外出旅游需求强烈，又在3小时交通圈内。宁波市总人口500多万，与舟山地缘相近，团体消费十分旺盛。杭州距舟山200千米，车船3个多小时路程，总人口607万，市区人口170万，居民人均可支配收入较高，旅游意识较强，休闲海钓旅游对杭州城市人具有很大的吸引力。以珠三角地区和环渤海湾地区为二级客源市场。境外客源市场，主要是打开日、韩、东南亚等国和港、澳、台地区的海钓旅游市场。准确的市场定位是项目建设成功的关键。应该以海钓爱好者为主要服务对象，同时兼顾其他游客；以国内游钓客为主，兼顾国际游钓客；以城市中青年、白领市场为主，兼顾老年市场；以个人消费为主，兼顾团体消费；以特定的外地常客市场为主，兼顾本地市场；以参与性散客市场为主，兼顾有组织的海钓专业团队。应以海钓平台为依托，开发大众海钓市场，建设大众休闲的海钓平台，该平台可以同时容纳几十甚至几百人同时垂钓；景区负责提供钓具，并派专人指导基本海钓技巧和安全管理。还应降低海钓活动的费用，使其能为普通旅游者所接受。要面向目的地城市进行积极营销。同时要完善重点海钓岛之间的水路交通建设，开通服务海钓旅游者专门的海钓航线，改善投资环境，吸引各种资金投入海钓旅游的开发。

2.加大海钓宣传力度，扩大海钓品牌影响

可以采取不同的营销手段迎合不同的消费者并激发潜在消费者的消费需求。要重视营销网络的建设和促销手段的创新。海钓旅游项目的发展要针对不同的客源市场策划实施相应的主题宣传，尤其要精心设计、包装、推广海钓旅游新产品，针对不同的时间段、不同的区域市场、不同的客源市场、不同的客源群，以不同的主题产品进行宣传。要重视特定海钓旅游细分市场的开拓，加大宣传和推介力度，提高海钓旅游项目的知名度和吸引力。在国际上，海钓业高消费、重游率高的特点决定了海钓赛事节庆能带来巨大的品牌效应。要使海钓在国内、国际上具有较高的知名度，定期举办海钓比赛是一种很好的途径。各新闻媒体对海钓比赛进行大量的宣传报道，以扩大海钓的社会影响。在舟山举办国际海钓节和赛事具有良好和较成熟的条件，一是东海渔场的中心所在，钓品、钓季可选余地较大；二是亚洲钓鱼爱好者最情有独钟的石鲷资源得天独厚；三是白沙岛旅游设施齐全又有举办国内外海钓大赛的经验。

3.加强对海钓从业者的教育和培训

政府部门通过岗前培训、渔村文化补习等多种形式，对海钓活动区的渔家、专业户进行礼节礼貌教育，恢复淳朴民风，倡导村民积极参与当地旅游的开发和建设，组建一支体现当地风情特色的"渔嫂"导钓员队伍。同时，充分利用"全国海钓基地"的先决条件，通过职业技术学校与俱乐部的多层面合作培养大批合格导钓员，为参与性游客以及业余爱好者提供服务。导钓员应进行专门水上安全知识、救护知识、钓鱼操竿技术、渔事操作常识、当地风土人情等知识培训。对以上人员的教育培训工作，旅游部门应纳入年度培训计划，并有相应资金保障，对培训合格者发放证书，人员持证上岗。

4.制定相关法律法规保护渔业资源,设立权威的海钓管理机构进行统一管理

政府应建立海钓产业发展领导组织。其职责是制订海洋海钓发展战略、发展规划和产业政策等,协调海钓发展过程中的重大问题,督促成员单位抓好具体发展措施的落实。各县(区)政府成立相应的海钓发展领导组织,制订和完善海钓旅游发展专项规划,在基础设施、环境改造、形象宣传等方面充分发挥主导作用,明确支持重点:一是休闲海钓旅游基地的开发建设;二是维护海洋生态平衡的人工浮礁、养殖设施游钓等新兴项目;三是打造舟山海钓品牌项目,如"舟山群岛·中国国际海钓精英赛",并将其列入每年的重点旅游项目并给予支持。

5.加快海钓旅游接待设施建设

首先要聘请国内外专家,编制海钓旅游规划,规划海钓项目空间布局,设计特色海钓项目,制定相应的海钓旅游管理制度。同时可成立海钓旅游发展管委会,统筹管理目的地的海钓旅游业,包括海钓活动的安排、海鲜餐饮业管理、住宿业管理、旅游交通管理、旅游娱乐管理、旅游购物管理等。政府应配套建设陆上基地服务中心,提供快餐服务、公卫服务、临时饵料配件服务、导钓服务、保鲜保活服务,购置登礁船,改建靠泊点,建设露天营帐区等。另外要扶持和促进与海钓配套的钓具行业的发展。

6.争取多方政策扶持海钓旅游的发展

旅游部门重点抓好海钓企业服务质量和旅游团队安全操作的监管,海事部门加强对船只航行路线、区域和核定载客量的监管。由海洋与渔业部门牵头,与公安、边防、工商部门采取联合行动,检查清理非法营运船只,规范渔具、网具等海钓工具。

7.科学规划海钓岛的建设,合理开发,严格准入制度

经营者必须是能承担起一切行为责任的法人主体,海钓场所设施设备必须按规定配置或改造,钓具配置与游客操作能力相吻合,配置足额的持证上岗的导钓员和船员。强化过程控制,实施指定码头进出报告制度,事先举行演示性训练,划出非开放区域;境外人员须委托签证,护礁队现场监护,加大监管力度。

8.建立健全生态保护机制

积极保护海洋资源,特别是保护好珍稀鱼种,保护好岛礁形态和海洋遗

迹，做好增殖放流和人工鱼礁的设置。(1)突出保护鱼类资源。对舟山渔场的名贵、稀有鱼种石鲷、石斑鱼、十六枚、真鲷等品种的产卵场、越冬场、繁衍索饵场所实施禁渔期及临时禁渔区办法；禁止水下采集、流网、蟹笼、电鱼、炸鱼作业，规划保护区内限制部分生产性作业及禁用渔具；定期进行水下礁石旧网衣、塑料片、铅坠等垃圾清理；规定石鲷、石斑鱼、十六枚、真鲷等带卵成龄鱼必须放生。(2)严禁破坏性游钓活动。对游钓船实行准入许可证及限量控制；游钓者实行个人注册，建立诚信档案；坚持钓大放小，合理确定游钓规格及每次渔获量；制订游钓者、船员生态环保连环责任办法；严格控制人工设施建设，禁止一切开山采石、炸礁围填行为。(3)重视培育鱼类资源增殖。按照水域类型分别对沉礁、海草床实施不同要求的保护对策；加大人工鱼礁建设投入力度，完善人工鱼苗放流程序及管理办法，加强鱼种引进的准入审批和监控。(4)防止和阻止陆上污染源直排对海洋资源的影响，严肃污染事故处理制度。(5)实行严格的岛礁保护。针对各岛礁海域的现状、资源条件以及游钓活动的需要，对市内岛礁海域游钓区实施保护，控制开发强度；配建安全设施和指示标志，附属岛礁与大岛裸露岩体禁止建设各类永久性固定设施；实施限制性采集，采集时间及总量要受到管理部门监控。

9. 完善灾害天气的预报机制

实施规范化、规模化海钓基地建设，配套可操作的规则、制度，配备一批训练有素的执行人员来保障海钓活动的有序与安全。(1)抓好常态安全。建立各项安全管理制度，指定专人负责安全工作，实施安全巡查制度；配备必要安全设施设备，配备经验丰富的安全员和导购员；向海钓者发放安全告知书，提出安全注意事项。(2)健全应急体系。应设立休闲渔船专用避风泊船区，配置专用救助工作艇，分级别检查监督日常接待工作；完善赛事活动以及抢险救灾应急预案；海钓预案应列入市重点监管预案；所有预案与海上110连接。(3)理顺投保机制。从事游钓的企业和船只必须实行强制保险，游钓人员进入游钓区域也必须落实保险责任，理顺相应机制。

10. 实施增殖放流和人工渔礁建设，扶持海钓民间组织的成长和发展

建立海钓协会。海钓协会是当前国内外普遍推崇的一种柔性社会管理模式。市海钓协会要发展成为民间性、自律性的行业管理中介机构，对上沟通政府，对下服务会员(企业)，履行协助区域规划、资源保护宣传、渔获标准制定、收费办法核准、职业培训发证、钓赛活动审核、钓鱼产品认证等职能。协会经费来源可采取会员、社会为主的办法解决，近期政府视情给予适当补助。

11. 产业化发展

休闲海钓旅游是渔旅结合的新兴组合性旅游产品，能发展成为劳动密集、逗留时间长、重复出游率较高的先导性战略产业。它是一个海上休闲旅游体验性项目，是一个既可进入大众化消费领域，又可为中高端消费者提供个性化服务的综合性海洋休闲度假产品。海钓的集群性、高关联性特点，决定了海钓配套设施方面的重要性。海钓旅游基地建设必须坚持综合开发战略，做长休闲海钓产业链，应出台相关配套政策，扶持和促进与海钓配套的钓具行业的发展，与钓具、饵料、冲礁船、游钓船、设计制造、维修保养、配套设施等上下游产业链延伸发展，打造一批具有舟山特色的钓具品牌，积极参与国际竞争。伴随着 2009 年舟山连岛大桥的建成，“普陀旅游金三角”特色各异、功能完善的滨海度假旅游地的集聚作用将更加凸现。

亚钓联专家在考察了舟山的海钓资源后表示，舟山是一块尚未开发的“海钓天堂”。海钓将成为舟山又一个海洋旅游的拳头品牌，舟山发展海钓旅游业势在必行。

[1] 许小江. 舟山休闲海钓业的现状及对策[J]. 吉林体育学院学报. 2001(1).

[2] 任鹏. 我国海钓业发展现状问题和对策[J]. 北方经济，2005(10).

[3] 张显化. 象山县海钓业的现状和发展趋势[J]. 现代渔业信息，2004(19).

[4] 陈展之. 舟山海钓休闲业的区域发展研究[J]. 浙江国际海运职业技术学院，2007(3).

舟山群岛新区海岛旅游发展研究

刘笑天

[摘　要]　舟山群岛新区是一个由1390个岛屿组成的群岛新区，其数量占我国海岛总数的20%左右。区内岛礁众多，星罗棋布，其中1平方公里以上的岛屿58个，占该群岛总面积的96.9%。主要岛屿有舟山岛、岱山岛、衢山岛、朱家尖岛、六横岛、金塘岛等，其中舟山本岛最大，面积为502.65平方公里，为我国第四大岛。有着休闲与放松、浪漫与时尚、远离城市喧嚣等特点的海岛旅游，近些年来受到越来越多的游客的青睐。它能使游客在游览的过程中更好地融入自然，享受那种沙滩上、阳光下和海水中独特的惬意和享受。在舟山群岛新区发展海岛旅游业有利于克服各海岛自身地形狭小、与外界隔绝和缺乏资源等不利条件的限制，对振兴岛屿经济，提高岛民的收入，打破以渔业为主体产业的单一经济模式，使海岛地区经济走向可持续发展之路起到积极作用。

[关键词]　海岛；旅游；舟山群岛新区

21世纪是海洋的世纪，向海洋进军的号角已经吹响。海洋旅游作为旅游的一个分支，有别于传统的山水游、古迹游、风光民俗游等旅游项目，发展速度极为迅猛，对整个世界影响十分重大。过去，旅游者休闲度假，喜欢去享受温暖的阳光(Sun)、碧蓝的大海(Sea)和舒适的沙滩(Sand)，因此以"3S"为主要内容的户外运动成了最具吸引力的旅游方式。现今，旅游的兴起，"3N"逐渐融入旅游者的意识中，人们休闲度假喜欢去大自然(Nature)让自己处于大自然和谐完美关系的怀恋(Nostalgia)中，从而使自己的精神融入人间天堂(Nirvana)。而海岛旅游恰是"3S"和"3N"完美结合，既满足旅游者阳光、海滩的浪漫，又满足了对自然的亲近，因此以"回归自然"为主题的生态海岛旅游业正在蓬勃兴起。

舟山群岛新区的前身舟山市是我国第一个以群岛组成的地级市，舟山群岛新区是我国唯一一个以群岛组成的国家级新区。舟山群岛地处我国大陆海岸线的中部位置，位于长江入海口的南侧，杭州湾外缘的东海海面上。其海域与宁波市、嘉兴市和上海市相接，通过钱塘江与杭州市相连。舟山群岛作为东部黄金海岸线与长江黄金水道的交汇处，是东部沿海和长江流域走向世界的主要海上门户。舟山群岛新区是一个由1390个岛屿组成的群岛新区，其数量占我国海岛总数的20%左右。区内岛礁众多，星罗棋布，其中1平方公里以上的岛屿58个，占该群岛总面积的96.9%。主要岛屿有舟山岛、岱山岛、衢山岛、朱家尖岛、六横岛、金塘岛等，其中舟山本岛最大，面积为502.65平方公里，为我国第四大岛。

一、海岛旅游概念及舟山海岛旅游资源特点

1.海岛旅游

海岛旅游在理论上包括海滨、海面、海底、海空各种空间的活动。山东青岛大学卢昆提出海岛旅游是以特定的海岛地域空间为依托，凭借岛上特有的自然和人文旅游资源，以满足游客需要，同时促进海岛社区经济、文化、社会全面健康发展为目标而开展的旅游活动。

与陆地旅游相比，海岛旅游具有以下一些独特之处。

(1)海岛具有特殊的地理位置。海岛地处海域之内，由水域和陆地隔绝，离大陆或近或远，给人们不同于陆地的感官和视觉刺激。

(2)有独特的自然和人文景观。由于气候、地理、人文环境的特殊性，经年累月海岛便形成了独特的自然和人文景观，具有极大的旅游开发价值。

(3)海岛旅游符合现代人对新生活方式的需求。随着现代生活节奏的加快，人们的生活压力也日渐增大，因此人们向往休闲、新奇、多样的旅游方式，而海岛旅游独特的自然、人文景观，恰可以满足人们对此的需求。

(4)海岛旅游生态环境较为脆弱。海岛人多面积狭小，地域结构简单，生态系统构成较为单一，生物多样性指数小，稳定性差，全球气候异常，海平面上升，自然灾害频繁对其生态环境带来新的危害；另外，人地关系异常紧张，资源特别是淡水资源贫乏，水荒日趋严重。总体来看，海岛的生态系统与陆地相比较为脆弱，极易受到破坏，海岛旅游开发需要注意生态环境的保护与改善。

2.舟山海岛旅游资源特点

舟山群岛旅游资源类型多样，集海岛自然风光和海洋文化、佛教文化于

一体，其中海岛自然风光包括沙滩、洞穴、山景、石景、海洋气象景观等，海洋文化各具特色，包括民俗、历史、美食、渔盐等文化。悠久的历史在舟山群岛上遗留着丰富多彩的景观、文物、遗迹、风俗、工艺等，文化积淀十分厚重。据调查，舟山境内拥有各类景点1000余处，主要分布在23座岛屿上。在旅游资源实地调查的基础上，根据中国旅游资源分类系统与类型评价的方法对舟山市旅游资源总体类型评价，认为舟山市主要包括海岛风光旅游资源、海洋佛教文化旅游资源、海洋民俗文化旅游资源、海洋历史文化旅游资源、海洋生物旅游资源、海岛气象旅游资源、海洋饮食文化旅游资源、海岛基础设施旅游资源、海岛生产作业方式旅游资源、海岛运动旅游资源等，见表1和表2。

表1　舟山市旅游资源统计表

县(区)	自然景观				人文景观					
	石景	海蚀地貌	山岩景观	沙滩	古遗址	古寺庙	摩崖石刻	纪念性建筑	工程建筑	其他
定海			1		1	2		7	1	4
普陀	42	14	21	14		15	4	4	6	7
嵊泗	8	32	12	18		2	10	1	6	6
岱山		5	3	7	1	5	6		1	
共计	50	51	37	39	2	24	20	12	14	17

表2　主要岛屿旅游资源一览表

岛名	主要景点
普陀山岛	寺院61处，露天铜像1座，山峰山岩44处，奇石30处，沙滩12处，洞穴17处，井池泉涧15处，碑刻墙雕20余处，摩崖石刻百余处，塔坊亭桥23处，古树名木63种1329株，名人手迹众多
洛迦山	有圆通庵、圆觉庵、大悲殿、五百罗汉塔、四十八愿塔、灯塔及水晶塔、闻思亭等，绿树浓荫，景色宜人
朱家尖岛	有奇石20处，异洞5处，崖台3处，泉池5处，沙滩7处，钓点14处
桃花岛	有沙滩1处，奇峰异石造型19处，溪涧1处，瀑布1处，海湾海滩4处，植物园1处，鸟岛1处，寺庙2处及全省海岛第一高峰对峙山
舟山岛	岛东南为沈家门渔港，岛中西部定海为历史文化名城，名胜古迹和历史文物较多，北部有6000多年历史的古文化遗址

续表

岛名	主要景点
泗礁山	有沙滩4处，礁岸景观10处，山峰奇观3处及若干寺院、风力发电场等
黄龙岛	有“东海云龙”元宝石，明清将领题刻及乌龟礁、冒顶岩、石崖等景观
嵊山岛	以渔港风情、悬崖峭壁和渔村风俗为特色，另有日产500t海水淡化站1座
小洋山	石景奇观多处，摩崖石刻古迹众多，另有高泥沙滩等景
大洋山	建有清朝的天后宫、观音庙及多处摩崖石刻和石景
岱山岛	自然景观有鹿栏晴沙、燕窝石笋、双合石景、海豚拜江、蒲门晓日、白峰积雪等；人文景观主要有古刹庵院3处、亭榭2处、古井1处、古建筑1处(方百万庄园)及名人古迹2处
衢山岛	主要景区为观音山和文济三寺
秀山岛	有大小沙滩85个，岩石造型景观5处
金塘岛	以田园风光为主，有“平倭港”古迹
六横岛	有台门渔港、田岙沙滩、老鹰咀悬崖、元断壁及“浙东第一功”碑刻

二、海岛旅游开发的一般模式

海岛旅游开发可以根据海岛的自然景观、区位条件、经济发展、社会文化等特点，对海岛进行不同模式的开发。如根据海岛离岸距离以及海岛的资源条件，彭慧把海岛旅游发展模式进行了四种分类：资源主导模式、特色生态模式、综合协调模式、产品主导模式。

1. 资源主导模式

资源主导模式主要是针对距离大陆较远、资源丰富的岛屿或群岛，如斐济、美国夏威夷群岛、印尼巴厘岛、百慕大群岛等。这些岛屿的发展特点是以出色的自然资源为主要吸引物和发展的动力，经济独立性强，资源利用易呈现单一性，空间布局易失衡。发展方向是改善陆岛之间的交通条件；对自然资源依赖重的加快从资源主导向资源与产品并重的模式转化，降低其旅游的替代性。

2. 特色生态模式

特色生态模式主要是针对距离大陆远、资源并不丰富的岛屿或群岛，如我国南海诸岛。这些岛屿的发展特点是自然生态保持完好，该特点成为最主要的旅游吸引物和特色；生态环境非常脆弱，环境的承载能力不高；适合适度的小规模小范围的旅游开发；旅游产品的专业性比较强，适宜专业人士；旅游发展主要依靠的力量来自岛外。发展方向为主要以生态保护而非旅游开发为根本要务，突出生态特色，以可持续发展思想为指导，进行适度开发。

3. 综合协调模式

综合协调模式主要是针对距离大陆较近、各类资源丰富的大岛或者大型岛屿，如我国海南岛、台湾岛，加拿大温哥华岛、纽芬兰岛等。这些岛屿的发展特点是旅游产品的构成丰富，吸引力较强；配套条件较好，度假旅游通常较为发达；客源包括岛外和本地市场；旅游发展的空间布局较均衡；发展力量以自身为主，旅游经济较稳定；容易出现过度开发现象。发展方向要延续现有的发展态势，延缓旅游地的衰退，注意海岛的环境承载力，对已经存在的过度开发现象进行分流和引导，加深均衡协调发展的态势。

4. 产品主导模式

产品主导模式主要是针对距离大陆较近、资源特别是自然旅游资源匮乏的小型岛屿或群岛，如新加坡、马耳他等。这些岛屿的发展特点是以拼接不依赖自然资源的人文环境或是人造旅游产品取胜；区位和交通条件是优势之一；空间活动范围局限，观光旅游不具备优势，以度假旅游和专项旅游产品为主导；也可能出现过度开发、过度城市化的倾向。发展方向是要注重改善自然生态环境，继续开发完善产品体系结构，不断推陈出新，更新换代，加强设施条件和服务质量的改善，发挥度假旅游的优势。

三、舟山群岛新区海岛旅游业发展对策

1. 加强学术交流，实行人才战略

由于舟山各海岛地区远离城市中心，加上海岛发展尚处在起步阶段，海岛上的各项基础设施建设尚不完善，经济、文化发展相对落后，衣、食、住、行等方面生活并不是很方便，因此，缺少对于人才的吸引力，很难吸引相关方面的优秀人才到岛上发展。而舟山各海岛旅游业正处在发展阶段，恰好需要大量的人才，来支持海岛旅游产业科学、健康、快速的发展。所以，我们要进一步加强科研学术交流，加大人才培养力度，广纳贤才，群策群力，共建海岛旅游事业。

2. 发挥政府职能作用，加强政策支持力度

一些海岛旅游开发取得成功的地区，与当地政府强有力的支持密不可

分。政府要从战略的高度,明确海岛旅游发展的方向,做出科学而详尽的规划,提供政策支持,实现主导下的资源有机配置,使海岛旅游业良性发展。

3. 完善基础设施建设,创造和谐旅游环境

海岛旅游开发,除了要发掘各个海岛自然特色、分析资源情况,更要注重相关配套设施的完善和服务水平的提高,保护原有资源和生态环境,走可持续发展之路。

(1)完善交通运输环境。交通的运输能力和便捷能力对海岛旅游来说尤为关键,它是海岛与大陆连接的纽带,是海岛旅游发展的命脉,是游客选择出行地的重要参考因素。而舟山群岛新区经济正处在发展阶段,交通建设尚不完善,对于远离主岛的岛屿来说,交通问题已成为制约其旅游业发展的瓶颈。因此,要大力改善海岛的交通运输环境,打造一个方便、快捷、安全的交通运输网络。在海运方面,要追求游船的速度与稳健;引进豪华游艇,满足不同层次游客需求,发展高端旅游。在陆运方面,可以考虑在岛屿与主岛之间建设高架桥,开辟海岛旅游新途径,满足自驾车游客的需求。

(2)提高住宿接待环境。舟山群岛新区一些海岛旅游业各项基础设施建设还不完善,尤其是岛上住宿条件相对落后,多是渔家风情的小屋,缺少星级酒店和风格各异的建筑。因此,要努力改善海岛的住宿条件和建筑风格。在酒店建设上,政府要鼓励在岛上建立星级酒店,改善住宿条件,提高酒店接待人员的素质,满足高端旅游市场的需求。在海岛建筑风格上,可以借鉴坎昆的追求风格各异的建筑思想,结合我国各地海岛的人文与地理特色,因地制宜,巧妙设计,造出风格各异的建筑,给游客打造新奇的视觉享受。

4. 突出特色丰富产品,追求高端旅游品质

现今,其他地区海岛旅游业已发展成熟,而舟山新区的海岛旅游产品尚处于产品开发和推广阶段,因此,我国要结合舟山新区的实际情况,发展属于舟山新区自己的海岛旅游品牌。要在注重海岛旅游开发环境的基础上,加大人才培养力度,强化政府职能,开发“特色、多样、高端”的海岛旅游产品来满足顾客的需要。

[1] 刘宏明. 海岛文化旅游开发的对策研究——以嵊泗为例[D]. 杭州:

浙江大学,2004.

［2］李隆华，俞树彪.海洋旅游学导论［M］.杭州：浙江大学出版社，2005.

［3］卢昆.海岛旅游开发研究［D］.青岛：青岛大学,2004.

［4］孙炜芳.福建省海岛旅游开发研究［D］.福州：福建师范大学,2007.

［5］彭慧.海岛旅游发展模式研究——以海南岛为例［D］.北京：北京师范大学,2005.

舟山市休闲渔业提升发展的若干思考

邵丽娟

［摘　要］　文章以舟山群岛新区的休闲渔业为研究对象，从事实出发，以调研、访谈为主要手段获取舟山休闲渔业发展的基本情况。分析后发现，舟山有着发展休闲渔业最基本的物质基础优势，其地理位置、气候、资源条件都决定了舟山发展休闲渔业十分适合，在发展过程中也存在一些困难，如知识结构、管理经营理念、组织方式等落后和不足。面对机遇和挑战，必须通过大量的调研分析，做出合理可行的规划和策略。笔者借鉴国内外休闲渔业发展的成功经验，提出了今后舟山地区休闲渔业发展的思路，以期为休闲渔业的发展提供参考依据。

［关键词］　休闲渔业；发展；思考

一、休闲渔业的定义

休闲渔业起源于加勒比海，后在欧美、亚太地区得到发展，目前在发达国家（美、澳、日等）已经形成一种产业。休闲渔业是相对于传统渔业来说的，目前休闲渔业已经对传统渔业形成了一定的冲击。其实，休闲渔业就是利用渔村设备、渔村空间、渔业生产的场地、渔业产品、渔业经营活动、自然生物、渔业自然环境和渔村人文资源，经过规划设计，以发挥渔业与渔村休闲旅游功能，增进国人对渔村与渔业之体验，提升旅游品质，并提高渔民收益，促进渔村发展。换句话说，休闲渔业就是利用人们的休闲时间、空间来充实渔业的内容和发展空间的产业，它把旅游业、旅游观光、水族观赏等休闲活动与现代渔业方式有机结合起来，实现第一产业与第三产业的结合配置，以提高渔民收入，发展渔区经济为最终目的的一种新型渔业。

舟山市地处我国沿海经济发达地区的长江三角洲，又是“东海鱼仓”、深水良港、佛教圣地，正可谓得渔独厚，得港独优，得景独秀，客源丰富，发展休闲渔业优势突出，发展前景广阔。虽然该市的休闲渔业有了初步的发展，但是目前不论经营水平，还是生产技术和设备，与国外休闲渔业发达地区相比还有一定的差距。

二、休闲渔业的经营方式及发展休闲渔业的优点

1.休闲渔业的经营方式

目前，舟山市的休闲渔业呈多样化的发展趋势，综观舟山市休闲渔业项目，归纳起来有以下 6 种类型。

(1)渔业休闲兼顾型。箱、围塘养殖基地及淡水养殖池塘，放养名贵海、淡水鱼类，配备一定的设施，开展以垂钓为主，集娱乐、餐饮为一体的休闲渔业。目前已建有舟山半岛渔乐园、六横台门港悬山海上人家、朱家尖广远垂钓园、岱山泰欣养殖场及定海甬东、白泉河东鱼塘垂钓场等近 10 家休闲垂钓场所。

(2)生态观光型。这是利用岛礁、港湾浅海的海洋与自然生态资源，组织游客参加集海岛海景观光旅游与岛礁矶钓、潮间带采集等相结合，以及养殖基地观赏、海鲜品尝与旅游相结合的休闲渔业。该类型已成为舟山市休闲渔业发展较快的一种类型。目前投入运行的有：岱山叮嘴门海洋旅游、嵊泗田岙渔家村、朱家尖梭子蟹养殖观光园区、朱家尖乌石塘休闲渔业及塘头休闲渔业、桃花岛环岛游等项目。

(3)生活体验型。该类型是该市发展最早的休闲渔业项目，其内容就是利用渔区的渔船、渔具设备和专业渔民的技能以及渔港、渔业设施和村舍条件，让游客直接参与张网、流网、拖虾、笼捕、海钓等形式的近海传统小型捕捞作业，和渔民一起亲身体验渔民生活，享受渔捞乐趣，领略渔村风俗民情。嵊泗渔家乐和普陀蚂蚁岛休闲旅游项目的推出，开辟了该市休闲渔业的先河，随后又推出了岱山秀山三礁村渔家乐、桃花龙头坑渔民生活方式体验等旅游项目。

(4)品尝购物型。近年来，各地充分发挥舟山海鲜“鲜、活、优”的特色，大力发展以品尝海鲜、娱乐、购物为一体的滨港休闲渔业，开发滨港“夜排档”“渔市一条街”等具有鲜明地方特色的项目。此外，该市以中国舟山国际水产城为基础，形成了集活水产品专区、冰鲜水产品专区、干水产品专区、旅游纪念品专区等为一体的休闲购物中心，为游客采购海鲜和旅游纪念品提

供了一个理想的场所。

(5)科普教育型。通过对鱼标本、船和渔具模型、渔业发展历史的展示，充分反映舟山渔文化特色，让游客在观赏中得到教育，接受知识，了解舟山。目前具有代表性的有岱山中国海洋渔业博物馆、广远公司的海洋科普展览馆和东港麒麟山的渔业陈列室等。

(6)综合配套型。这是一项集海上各类型休闲渔业和岸上休闲度假观光旅游于一体的多功能化、配套设备齐全、活动种类多样、服务内容丰富、具有一定规模的休闲渔业，是舟山市今后休闲渔业向规模化、综合型发展的方向之一。比较有代表性的是岱山秀山岛休闲渔业主题园区和定海凤凰山海上花园等。

2.发展休闲渔业的优点

第一，投资少，见效快，具有较高的经济效益、社会效益和资源环境效益。

第二，具有较高的产业关联度，能够带动其他相关产业发展。

第三，大大提高渔业的比较效益，增加渔业生产的附加值。

第四，有利于渔村环境整治和改善，加快渔业现代化，促进城乡交流和对外开放，繁荣渔村经济。

3.舟山发展休闲渔业的优势

第一，文化色彩浓厚。舟山渔民在生产生活中创造了丰富的渔文化，过去的各种渔具见证了我国渔业经济发展的勃勃生机。而舟山的渔民仍然保留着具有神秘文化色彩的风俗习惯、民歌民谣、传说等，让游客尽享渔家风情。

第二，独特的当代环境。国务院批准成立了舟山群岛新区。

第三，舟山位于中纬度地带，属亚热带南缘季风海洋型气候，冬暖夏凉，温和湿润，日照时间长，昼夜温差小，适合人类户外活动，为休闲渔业开展提供了得天独厚的天然条件。

三、舟山休闲渔业发展中的问题

近几年来，舟山市休闲渔业从无到有，在实践中不断探索，在探索中得到发展，已经取得了可喜的进步。但休闲渔业在舟山还是一种新兴产业，在发展中也存在着一些问题，主要有以下几种。

多数休闲渔业基地规模小，功能单一，基础设施简陋，缺乏竞争优势，游客短时间内就会玩厌,对游客的吸引力不强。目前旅游活动内容十分匮乏,除垂钓、观赏、海鲜等一些项目之外,大规模综合性休闲场所缺乏。从国外发达国家搞大型豪华游艇休闲项目、中国台湾搞户外运动和拓展活动中,我们都可以在开发中借鉴。

休闲渔业项目季节性较强,5—10 月游客还较多,但到了冬天由于风浪大、天气冷,参与者不多。这是因为在 5—10 月大部分的学生放暑假,垂钓、观赏、游玩等项目的参与者较多;由于海边的气温温差大,到了冬天风大浪大,天气条件极坏,导致大部分的游客不愿意到海边来游玩度假,当地的渔农民收入急速下降。

海上娱乐项目很少有人问津,设施利用率不高。

休闲项目推介力度不足,好多游客还不知道有哪些休闲渔业项目。有些休闲渔业项目投资力度大,但是因为推广介绍的力度不大,大部分的游客不知道在这个地方有这个项目,导致休闲渔业项目经营品种单一。

渔味不浓,特色不明显,缺乏渔文化内涵。舟山的很多休闲项目经营单一,项目缺乏文化底蕴。

船只较小,多数船是从渔船改造而来,设备落后,船质不良,存在较大的安全隐患。从事休闲渔业的船只,大部分是因为渔民转产转业后,把自己的渔船进行改造,然后经营海钓、海上游玩等项目,因此船只的质量不高,不能满足中高档消费者的需求,而且船只本身存在较大的安全隐患。

四、舟山发展休闲渔业的对策

舟山发展休闲渔业有着得天独厚的条件和有利的机遇,首先是舟山跨海大桥建立以及舟山群岛新区获得审批为舟山发展带来了新的契机;其次是休闲渔业对于舟山和谐社会的构建以及旅游经济的发展所起的重大作用被越来越多人所认识,加之国际公认的旅游业经历“旅游—旅游休闲—休闲旅游—休闲”的旅游发展理论为越来越多的人所接受,旅游的未来必将是以休闲为主题的活动;再加上我国社会经济迅速发展,国民收入显著增加,休闲消费的财力得到较充分的保障,双休日制度和“黄金周”制度的普遍实施,更为休闲提供了时间保障。因此,舟山的休闲渔业一定会得到更好的发展,舟山发展休闲渔业的前景光明。

但从目前看,舟山市休闲渔业由于季节性强,配套设施不完善,总体效益不明显。但从渔民转产转业的战略角度和随着社会发展、人们对休闲旅游需求的不断增长这一长远眼光看,发展休闲渔业是利在当代,功在千秋。

根据舟山实际，发展休闲渔业有着明显优势。

1. 深入调查研究，制订舟山市休闲渔业发展规划

舟山市有关主管部门要加强协调与合作，组织相关专家深入开展调查研究，以独特的“渔、港、景”等资源优势为依托，结合当前休闲渔业发展的成功经验和不足之处，确立舟山休闲渔业的发展定位，制订适合该市实际情况的休闲渔业发展的总体规划、中长期规划和分步实施计划，提出一些前瞻性、可操作性的休闲渔业项目，作为指导全市休闲渔业发展的纲领性文件，以保证舟山休闲渔业稳步、健康、协调发展。

2. 招商引资，加大发展休闲渔业的投入力度

针对休闲渔业严重不足、接待能力低下、基础设施建设仍较落后的状况，必须进一步建立与健全休闲渔业市场投入机制，吸引社会多元化资金投入，形成以政府扶持为引导，经营实体自筹为主体，外资及社会筹资为补充的投入体系。同时，在投资上采取“三个结合”：即把休闲渔业设施建设与基地建设相结合，与渔村生态建设相结合，与专业化休闲度假场所相结合，增大对休闲渔业的投入。

3. 加快发展，优化休闲渔业的软硬环境

目前，休闲渔业存在资源整合不够，产品、线路单一趋同，缺乏个性特色等弊端。为此，政府要在产业布局上，根据环境条件、人为特点，进行统筹规划，并在交通、电力、通信等方面予以倾斜，加快推进综合开发。以岛、渔为媒介，广泛吸引游客上岛旅游度假，下海休闲，集养殖生产、生态保护与餐饮、娱乐为一体。

4. 加强管理，树立良好形象。

政府对从事休闲渔业的企业和个人要加强管理，提高服务质量，使游客来时开心，玩时尽心，走时满意。休闲渔业要以品牌经营为导向，加强设施配套建设，提高员工素质，树立品牌形象。利用品牌效应来推销项目，吸引消费者，不断扩大企业影响。

5. 保护环境，实现休闲渔业的可持续发展

要积极争取省、市等上级部门有关渔业生态环境专项资金的支持，设立渔业生态环境保护专项资金，全面实施渔业生态环境建设与保护规划，加强港口、港湾与重点海域的环境治理，完善海洋监测体系，建立和完善海洋生态保护区，加快放流增殖各种海洋生物和优质鱼苗种，做到海洋资源开发与

环境保护相统一,社会效益、经济效益和环境效益相统一,全面实现舟山市休闲渔业的可持续发展。

[1] 平瑛.休闲渔业的规划设计[J].渔业现代化,2004(2).

[2] 舟山市海洋与渔业局.舟山市休闲渔业产业发展探讨[C].2006 海峡西岸休闲渔业交流会.2006.

[3] 江明方.当前休闲渔业发展中存在的困难问题及改革对策[J].中国渔业经济,2005(1).

[4] 郦绍倩.浅析当前我国休闲渔业的发展状况及对策[J].齐鲁渔业,2003(8).

[5] 吴树敬,贾定武.瑞安市休闲渔业发展策略[J].黑龙江水产,2006(5).

[6] 虞聪达,商弘.舟山市休闲渔业发展探讨[J].浙江海洋学院学报:自然科学版,2002(1).

特色旅游开发营销策略——以嵊泗为例

邹艳平

[摘　要]　嵊泗旅游资源丰富,旅游开发潜力巨大,但是由于缺乏科学的规划和管理,嵊泗旅游产品开发过程中存在种种问题。文章采用SWOT分析法,剖析了嵊泗发展旅游资源时的现状、优劣势以及存在的问题,并提出了开发海岛体验游、风土人情游、休闲农庄游等符合当地特色的旅游策略。

[关键词]　嵊泗;旅游;营销策略

随着经济的飞速发展,旅游已经成为当今社会每个家庭所向往的一种休闲娱乐活动。节假日里,人们三五成群结伴而行,只为逃避城市的喧嚣,到一个能净化心灵的地方,使自己在尘世中能找到自己的位置,不会被城市的现代化带走自己最纯真的、最原始的追求。进入21世纪,体验经济理念逐渐进入人们的眼帘。所谓体验,就是企业以服务为舞台、以商品为道具,围绕消费者,创造出值得消费者回忆的活动,使消费者有一次新鲜的感受。企业的这种以"体验"为目的吸引物吸引消费者的经营方式,就是体验式经济。旅游业是依靠一定的目的吸引物吸引旅游者前来消费的经济活动,旅游者旅游的最直接目的是获得对旅游目的地的认知和感受。单从这一点讲,体验式经济应附属于旅游经济,因为旅游资源是一切能引起旅游者前来观光、游览、娱乐的吸引物,或者说一切吸引旅游者前来消费的目的吸引物都是旅游资源。现如今,旅游早已成为可供出售的商品,人们在购买这些商品时,得到了各种应得的体验,这些都属于"体验消费"。旅游产品的经营者总在考虑怎样才能突出自己的旅游特色,以使旅游者获得新、异、奇、特的感受。所以,各地应根据自身地区特点,发展当地特色旅游,使"体验旅游"成为旅游的主题。

一、理论基础

海岛旅游在理论上包括海滨、海面、海底、海空各种空间的活动。与陆地旅游相比，海岛旅游具有如下一些独特之处。

第一，海岛具有特殊的地理位置。海岛地处海域之内，由水域和陆地隔绝，离大陆或近或远，给人们不同于陆地的感官和视觉刺激。

第二，有独特的自然和人文景观。由于气候、地理、人文环境的特殊性，经年累月海岛便形成了独特的自然和人文景观，具有极大的旅游开发价值。

第三，海岛旅游符合现代人对新生活方式的需求。随着现代生活节奏的加快，人们的生活压力也日渐增大，因此人们向往休闲、新奇、多样的旅游方式，而海岛旅游独特的自然、人文景观，恰可以满足人们对此的需求。

第四，海岛旅游生态环境较为脆弱。海岛大多面积狭小，地域结构简单，生态系统构成较为单一，生物多样性指数小，稳定性差，全球气候异常，海平面上升，自然灾害频繁对其生态环境带来新的危害；另外，人地关系异常紧张，资源特别是淡水资源贫乏，水荒日趋严重。总体来看，海岛的生态系统与陆地相比较为脆弱，极易受到破坏。

旅游体验(Tourist Experience)是旅游者的内在心理活动与旅游客体所呈现的表面形态和深刻含义之间相互交流或相互作用后的结果，是借助于观赏、交往、模仿和消费等活动方式实现的一个过程，其目标是追求旅游的愉悦。

旅游营销指旅游产品或旅游服务的生产商在识别旅游者需求的基础上，通过确定其所能提供的目标市场并设计适当的旅游产品、服务和项目，以满足这些市场需求的过程。

二、嵊泗发展特色旅游 SWOT 分析

嵊泗列岛风景优美，海瀚、礁美、滩佳、石奇、崖险，素有“海上仙山”之称。嵊泗列岛风景名胜区是典型的海岛类型风景区，以列岛为特点，岛礁星罗棋布；以大海为主题，岛礁深居大海之中，星星点点，成列散布，形如帆影，有“一分岛礁九分海”之称。广阔海面，时而波涛汹涌，时而平如静湖，岛影稀疏，海鸥翩翩，临此方悟“海阔天空”之真意。

1. 发展特色旅游的优势

嵊泗列岛位于我国 1.8 万公里海岸线中心，扼长江出海口之要冲，为我国南北海运、国际航运和江海联运的枢纽。遵循 21 世纪是海洋世纪的大趋

势，海洋、海岛、海岸带已成为世界经济攀登的制高点。特别是嵊泗列岛与上海一衣带水，唇齿相依，发展潜力巨大。嵊泗的泗礁本岛距上海吴淞口只有60海里，距上海芦潮港只有31海里，大小洋山距南汇只有17海里。进入21世纪，上海成为整个东方海岛的龙头，嵊泗列岛就是龙头的明珠。这给嵊泗列岛接收上海国际大都市的边际效应和集聚效应，接收浦东开发开放的辐射效应和洼地效应带来了极大的便利。同时，洋山集装箱深水港的建成，把嵊泗和上海连接在了一起，为嵊泗发展打入了强心剂。

2.发展特色旅游的劣势

旅游营销工作要以旅游产品随时满足市场需要为基础。目前嵊泗旅游业的经营一直依赖于接待团体观光旅游。但现代旅游者的旅游活动已正在从纯观光型向观光、参与、体验结合型发展。他们所购买的旅游产品是复合型的优势产品，旅游企业需要向他们提供综合的优势服务。这种单一产品的经营模式很难满足人们的旅游需求。

整体水平的不高，开发的不足，折射出嵊泗旅游尚处在原始的发展阶段的现实。旅游开发主题不明确，始终定位在夏季度假休闲游上；旅游线路开发不专业，纯属游客自然游；旅游市场调研工作开展缓慢。同时，气候条件、地理条件、自然资源、交通条件、宾馆条件、景点条件、产业政策不健全等制约因素都不利于开发旅游市场，不利于建立和完善公平竞争、规范有序的旅游市场体系，也不利于国内外融资和人才的引进，严重阻碍了嵊泗旅游业的快速发展。

3.发展特色旅游的挑战

嵊泗列岛属舟山群岛中的一部分，其旅游产品趋同性较强。同处舟山市旅游热点的还有普陀山和朱家尖，两个都属国家风景名胜区，旅游自然资源相差无几，但目前这两地的旅游发展远远超过嵊泗。由于普陀山的“海天佛国”以及朱家尖的海滨浴场吸引了大量游客，使游客在休验之后，得到了身体和心灵的满足，就不会再去其他地方，致使嵊泗旅游遭受竞争替代。同时，嵊泗在发展旅游时，缺乏统一旅游规划，旅游客源市场开发不大，与整个沿海知名旅游区发展还相距甚大。所以，嵊泗在吸引游客时，优势并不明显。

4.发展特色旅游的机遇

进入体验经济时代，中国正在发生一场旅游业的革命，它将使消费者从单纯的物质享受，转移到文化及情感体验上。嵊泗的海岛旅游正符合这一时代的主题。对于大部分内陆城市的人来说，“岛文化”本身就给予人们很新鲜的感觉。并且,就目前来说,随着经济的不断发展,人们生活水平的不断提高,社会的整体消费水平在不断加强,人们对生活质量的要求越来越高。随着教育水平的不断加强,很多年轻人的心理在发生着明显的变化,旅游不仅成了很多年轻人的追求,更成了一种精神寄托,自驾游、徒步、骑行队伍、背包客等各种各样的旅游团队越来越多,已经不再只限于跟团旅游。再有,旅游渐渐已经形成为一种文化,文化是一种软实力,文化到深处可形成一种信仰,信仰的力量是无穷的。同时,我国宏观经济的结构正在不断地进行调整,亚洲甚至全世界范围内都将进行一场旅游革命,越来越多的人走出去,体验大自然的洗礼。综上,旅游的整个市场在各方面越来越完善,整体趋势不容小觑,旅游市场带来的机遇是无限的。同时,上海嵊泗旅游网络的组合,优势互补、资源共享,组成长三角,甚至是整个东南沿海的旅游网络,使旅游业极具竞争力。

旅游目的表现为借助各种可以娱情悦性的活动达到审美体验。旅游中,总是自然天赋的随意性和畅神自娱的目的性占据着主导地位,表现出一切休闲行为的一致性。因此,旅游六要素(食、宿、行、游、娱、购)的协调一致十分重要。嵊泗在当下发展旅游六要素,已经初具成效,相信在政府的规划以及当地居民的共同努力下,会使这六个要素更加协调发展。此外,带薪年假的设立对嵊泗开发旅游产品也是一个巨大的机遇。

三、嵊泗特色旅游开发营销策略

舟山嵊泗旅游,需进一步创新管理体制机制,抓住创建舟山海洋旅游综合改革试验区的机遇,确立嵊泗特色旅游开发模式,促进新型业态、产业的发展,把嵊泗旅游加入到"舟山群岛"整个旅游形象品牌中,当然也应发展嵊泗独特的旅游产业,大力发展海岛自然环境体验和海岛人文环境体验,能够使得旅游者真正进入海岛旅游的"体验王国",身临其境,为全方位丰富旅游者的舟山海岛之旅营造应有氛围。

1. 创新管理体制,加强政府支持

由于国家"十二五"规划把舟山定位为新区,统一建立旅游管理委员会,所以委员会在集中研究和处理整个舟山旅游业发展的重大问题时,也应顾及各个特色岛屿的发展。政府可以拨出资金进行旅游促销,在全世界各地进行市场调查和市场推销,以便十分细致地了解游客的需求,并及时根据游客的需求来改善和强化。各项旅游设施和旅游服务可根据每个岛屿的特色,调整旅游主管部门的职能,以旅游要素国际化为目标,推进旅游的开发

和规范化建设，加快旅游产业转型升级。

2.加强海岛旅游服务体系建设

创新旅游营销模式。健全旅游、文化、新闻等多部门组成的宣传营销体系和机制，设立专业化旅游营销组织，拓展国际化旅游营销网络，健全旅游咨询中心和旅游集散中心，规范标识系统和景区解说系统。加强旅游诚信体系建设，实施旅游服务质量提升工程，开展旅游培训国际合作，加强旅游市场秩序综合整治和服务质量监管。健全基础设施，使得交通条件更为便利，生活各方面的服务体系健全发展。

3.全力打造嵊泗主要风景区

基湖沙滩、南长涂沙滩和大悲山三个主要风景区组成了嵊泗主要的景点，在发展三处旅游景点时，应注意环境承载力，不应追求游客的人次量，应注重每个游客的感受，使游客欢心而来，满意而归，而不会因为人数太多，使观赏质量下降，降低游客体验感受。

4.大力发展嵊泗休闲渔业旅游

休闲渔业旅游是一项旅游业能体现"体验消费"的一种方式。应建设精品"渔家乐"，提升渔村渔家游，发掘优势资源，使其成为集渔村观光、捕捞体验、海鲜品尝、文化享受于一体的综合性休闲旅游项目。嵊泗可开展海上旅游观光、钓鱼为主的体育运动，消费者在观赏过程中，既可以贴近自然，又可以亲身体验。同时，由于嵊泗海鲜世界闻名，可以利用其品牌效益，在吸引国内游客时，积极接待外国友人，利用海鲜效应吸引他们来此进行参观旅游，从而带动相关旅游产业的发展。

5.突出嵊泗地方特色，发展民俗风情旅游

舟山嵊泗海洋民俗旅游资源既丰富又独特，是渔民在社会生活中世代传承、相沿成习的生活模式，在巩固传承民俗文化的同时，也吸纳许多地区先进的民俗文化而不断地发展，形成嵊泗所特有的民俗特色。民俗风情游是嵊泗"体验消费"的主要方式，让旅游者能亲身体验嵊泗渔民的婚俗、信仰等民间活动，从而感受浓郁的渔村、渔民的乡土渔情。可利用特色嵊泗产业，吸引外资，完善基础设施建设，这就在发展嵊泗特色渔业、水产品加工业以及港口产业的同时，更好地带动当地旅游业的发展，促进旅游业的蓬勃发展。

6.制订特色旅游商品开发策略

旅游商品是旅游三要素之一，对促进旅游经济的发展上有着不可替代的作用。嵊泗的文化旅游商品还处在最自然的阶段,如何开发、包装等是十分迫切的工作。旅游商品的开发要起点高,要生产一批具有海岛特色的旅游商品,蕴含特有的海洋文化内涵。针对海岛旅游专业人才奇缺的问题,要采取"请进来,走出去"的办法,一方面运用政策措施推进专业人才队伍的建设,另一方面加快引进紧缺的导游、翻译、经营管理、旅游策划等人才。旅游宣传促销主要是向旅游者提供信息,提醒或说服旅游者购买自己的旅游产品。科学、有力的促销一方面能引起公众的兴趣增加需求,另一方面还能制造需求。

旅游业是一个需要不断创新的行业。我们在开发过程中,应不断开拓创新,在保护好自然风景的基础上,挖掘更深层的产品,使嵊泗成为国际知名旅游胜地,相信这一天并不会太远!

参考文献

[1] 田里.现代旅游学[M].昆明:云南大学出版社,1994.

[2] 夏林根.旅游经营管理[M].福州:福建人民出版社,1999.

[3] 谢彦君.基础旅游学[M].北京:中国旅游出版社,2004.

[4] 文艳,彭超.开发海岛旅游资源,促进长岛旅游业的发展[C].2007年中国海洋论坛论文集,2007.

[5] 孙炜芳.福建省海岛旅游开发研究[D].福州:福建师范大学,2007.

[6] 刘家明.国内外海岛旅游开发研究[J].华中师范大学学报:自然科学版,2000(3).

[7] 杨洁,李悦铮.国外海岛旅游开发经验对我国海岛旅游开发的启示[J].海洋开发与管理,2009(1).

[8] 伍鹏.我国海岛旅游开发模式创新研究——以舟山群岛为例[J].渔业经济研究,2007(2).

[9] 任淑华,蔡克勤.舟山海岛旅游资源开发评价与旅游业可持续发展的研究[M].北京:海洋出版社,2010.

[10] 楼东.海岛地区产业演替及资源基础分析——以舟山群岛为例[J].经济地理,2005(4).

舟山群岛新区船舶产业现状与发展策略

严敏慧

［摘　要］　船舶产业是舟山的支柱产业，对舟山经济发展具有举足轻重的地位。文章通过对舟山船舶产业的现状分析，总结出舟山船舶产业发展存在的问题，结合面临的机遇与挑战，提出舟山船舶产业发展策略。

［关键词］　船舶产业；发展现状；机遇；策略；舟山群岛新区

21世纪是海洋的世纪。随着世界造船中心从欧洲向东亚转移，中国正在崛起为世界造船强国。浙江省明确提出把船舶工业作为全国先进制造业基地建设的重点产业，并明确提出向舟山集中布局，力图把舟山打造成国际知名的现代化船舶工业基地。至此，独具海洋区位和资源优势的舟山迎来了船舶工业发展机遇期。舟山船舶工业发展起步较早，发展至今已经有几十年的历史，一直以传统渔业船舶修造为主。近几年来，舟山船舶工业紧紧抓住全球船市兴旺的发展机遇，积极承接国际船舶产业转移，引进并新建了一批大型船舶修造项目，船舶工业实现了跨越式发展，其产业结构逐步优化，整体实力不断加强，彻底改变了以传统渔业船舶修造为主的局面，并向现代化船舶工业基地方向发展。目前，舟山市已经基本形成了集船舶设计、制造、修理、船用配件制造、船舶及船用商品交易于一体的产业体系，并成为舟山临港工业的支柱产业。

一、舟山船舶工业的发展现状

1.地理位置优越

舟山地理区位优势十分独特，背靠长三角城市群，地处上海国际航运中心和宁波—舟山港核心位置，毗邻即将全面开发的东海气油田，深水港口岸线资源举世罕见，大力发展船舶与海洋工程装备产业是群岛新区建设现代海洋产业基地的现实要求和必然选择。舟山作为国家级新区，享受先行先试的政策优势，其得天独厚的区位优势和潜在后发优势在长三角和全国海洋经济发展中战略地位将进一步凸显，新区海洋经济的发展必将进一步拓展船舶和海洋工程装备产业的发展空间。

2.船舶产业空间布局

舟山船舶产业发展的历史和产业政策的实施，目前已形成了"五大船舶修造集聚区块、四大船舶配套园区"的空间布局。五大船舶修造区块包括舟山本岛北部及西北部周边岛屿、盘峙及周边岛屿、小干—马峙岛、六横岛和秀山—岱西—长涂。四大船舶配套园区包括舟山经济开发区新港工业区、定海工业园区船配园区、六横船舶配套产业园和岱山经济开发区船配园区。

3.船舶企业规模

舟山船舶工业紧紧抓住全球船市兴旺的发展机遇，积极承接国际船舶产业转移，船舶工业实现了跨越式发展。目前，舟山已经形成了船舶产业集聚，拥有船舶修造企业共152家，船配企业128家，在建修造船项目17个，船舶设计企业20家；规模以上船舶修造企业47家，造船企业29家，修船企业18家，船配企业35家；年产值上亿元船舶企业40家，上10亿元企业13家，上50亿元企业5家，百亿元企业1家；全球30强造船企业3家，全国修船10强企业3家。

2011年，舟山船舶工业实现产值666.4亿元，较2003年(18亿元)增长36倍，年均增长率近60%；产业规模连续9年保持快速增长，对舟山市工业经济增长贡献率达65%；规模以上舟山船舶修造业产值达593.2亿元，占全市规上工业产值比重的53.2%(表1)，占四大主导产业产值的一半以上，是舟山经济第一支柱产业。舟山船舶工业在浙江船舶产业中举足轻重，其总产值占全省的63.4%，三大指标占到70%左右。全省十强船企中舟山占八席。船舶工业对舟山市经济社会发展具有重要作用。2011年，舟山市船舶修造企业上缴地方税金3.8亿元，上缴所得税4.9亿元，外包工企业上缴税费约8亿元，出口退税额达到28.3亿元。

表1　2011年舟山主导产业结构情况表

	船舶修造业	水产加工业	临港石化	机械制造业
2011年规上产值(2000万计)	593.2亿元	122.3亿元	162.5亿元	37.1亿元
占全市规上工业产值比重	53.2%	10.9%	14.5%	3.3%

通过2012年上半年舟山船舶工业三大指标与全国比较(表2)可知,舟山新承接船舶订单占全国的比例严重下降。

表2　2012年上半年舟山船舶工业三大指标与全国比较一览表

单位:万载重吨

指标	造船完工量		新承接订单		手持订单	
	绝对值	增幅	绝对值	增幅	绝对值	增幅
舟山	537	70%	261	−37%	1794	−26%
占全国比重	16.7%		24.3%		14.3%	
全国	3220	4%	1074	−50%	12587	−16%

二、舟山船舶工业存在的主要问题

舟山船舶工业快速发展壮大的同时,存在着一些问题,特别是国际金融危机后,全球船市行情和产业格局发生了巨大变化,所带来的新问题对船舶工业健康、可持续发展造成不利影响,主要表现在以下方面。

1.产业布局相对分散,竞争力不强

一方面,舟山群岛地理位置特殊,陆域岸线资源分散,客观上形成了船舶工业相对分散的布局;另一方面,船舶工业快速发展过程中的历史成因也导致产业集中度不高。

2.龙头企业引领作用不强

舟山船舶龙头企业多民营企业,少央企、国资背景企业,与中船集团、三星重工、现代重工等国内外重量级企业相比,规模相对较小,技术储备和资本实力不足,研发能力较弱,引领作用不明显。

3.高附加值产品缺乏

舟山市船舶工业起步相对较晚,尽管龙头骨干企业部分产品已经具备较高的技术水准,但多数企业还是以修造普通常规船舶为主,造船品种主要以附加值低、技术含量低的散货船、中小船舶为主,高技术含量、高附加值的高端船舶比重偏低,缺乏高端和知名品牌;高端船舶修理和改装业务以及高端核心船舶配套产品较少。

4.科技自主创新能力不强

骨干企业设计研发体系还不够完善,新产品开发技术储备和资本实力

不足，尤其缺乏有自主知识产权的核心产品，高新船型研究和共性关键技术的应用能力较为薄弱；关键工艺技术指标、造船返工率、全员劳动生产率、企业精细化管理水平等与国际先进水平都还有一定差距。

5.造船成本上涨，企业运营困难加重

船舶行业受国际金融危机的持续影响，新接订单急剧减少，主流船型价格大幅下降，产能过剩问题更加突出；企业流动资金短缺问题加重。面对持续低迷的航运市场，一些船东要求延迟接船，履约交船风险加大，船舶企业深受“融资难、接单难、交船难”困扰，企业赢利难日益加重，多数企业处于微利、保本，甚至亏损状态。船舶企业税费负担相比偏重，收费项目依然较多，整体形势十分严峻。

三、舟山船舶工业存在的发展机遇

1.海洋新兴产业发展迎来新契机

21世纪是海洋的世纪，以海洋新兴产业为代表的海洋经济已成为全球经济发展新的增长点，世界各国都在加快发展海洋新兴产业，争抢未来发展的制高点。

船舶产业是为海洋开发提供技术装备的基础性和先导型产业，市场前景十分广阔，其中，特种船舶在未来一段时期大有可为。为适应当前我国海上交通、水运事业、海洋资源开发、海洋环境保护和维护海洋权益的新环境，对海监船、海警船和远洋渔船等特种船舶的需求将不断增加。

2.国家政策支持带来新机遇

“十二五”时期，是世界经济格局面临深度调整时期，是我国加快转变经济发展方式的攻坚时期，是舟山市全面建设舟山群岛新区的重要时期，也是船舶工业发展的重要机遇期。舟山在全国船舶产业的地位不断上升，已成为国家重点支持发展区块之一。《船舶工业“十二五”发展规划》中明确指出“重点发展以大连、葫芦岛、天津、青岛为主的环渤海地区，以上海、苏中地区、舟山为主的长江三角洲地区和以广州为主的珠江三角洲地区三大造船基地”。国务院2010年5月批复的《长江三角洲地区区域规划》明确指出“以上海、南通、舟山等为重点，建设大型修造船及海洋工程装备基地”。2011年2月批复的《浙江海洋经济发展示范区规划》明确提出“舟山要加快船舶工业整合提升，重点发展海洋工程、特种船舶和船舶配套产品制造，努力建成国内重要的造船基地、船舶修理基地和船舶工业新型工业化示范基地”。2012

年3月，舟山被授予船舶与海洋工程装备国家新型工业化产业示范基地，是继上海长兴岛、江苏南通、青岛经济技术开发区后的第四个国家船舶与海洋工程基地。2013年1月国务院批复的《舟山群岛新区发展规划》中明确提出“将舟山建设成为我国重要的现代海洋产业基地”，并把船舶与海洋工程装备列为舟山市重点培养和发展的现代海洋产业。

四、舟山船舶工业产业发展策略

船舶产业前一周期的快速发展，投资过热，产能扩张，已出现泡沫，船舶工业自身存在的结构性矛盾和问题在金融危机的冲击之下充分显现。再加上我国船舶企业综合技术水平不高，船舶配套行业发展滞后，技术人才不足，我国船舶产业的发展面临较大经营风险。为了化解金融危机带来的经营风险，振兴我国船舶工业，我们必须加大政策扶持力度，提高创新能力，大力发展船舶配套产业，逐步建立并完善完整的船舶制造产业链，加快船舶产业结构调整。

1.调整产业布局，促进船舶产业集群发展

坚持“资源集聚，产业集聚，错位发展”的原则，促进船舶产业集聚发展，逐步形成舟山本岛北部船舶与海工集聚区块、六横北部船舶与海工集聚区块、岱山船舶与海工集聚区块三大核心集聚区快。在核心集聚区块内，加快集聚船舶产业高端要素，引导和鼓励船舶制造重点骨干企业逐步向核心区块集聚，重点发展海洋工程制造、高技术高附加值船舶制造、高端船配、船舶修理以及船舶生产性服务业。舟山应重点发展大型船舶和海洋工程修理、远洋及出口船舶制造，以外向型发展为目标，形成大中小配套的、修造并举的船舶工业体系。

2.实施“兼并重组”政策，做大做强企业

在船市低迷，企业接单难、融资难、交付难、盈利难的现状下，政府要积极调整产业政策，积极开拓新市场，大力加强行业协作，切实保障企业生产经营的稳定运行。针对当前部分中小企业订单缺乏，亏损不断扩大，正常生产难以维持的现状，特别对一批融资能力不高、技术储备少的中小企业，尽快确定企业发展定位，加快推进同行业兼并重组，提高效率。实施“兼并重组”政策，调整一批企业和项目，促进企业多元化发展，努力实现特色化发展。积极推进以直接并购、控股、技术加盟、授权经营等多种形式开展兼并重组合作联营的方式。推进横向合作，中小型船舶企业可以与龙头企业、国内外大型船舶企业开展横向合作经营。支持有技术优势、资本优势和现金管理模式的船舶企业参与兼并经营困难、生产落后企业。通过市场机制和产业政策引导，培育成一批具有较强综合竞争力和一定国际知名度的国际化大企业，争取将部分企业培育成为国际一流的大型企业集团，引导骨干企业大力开拓新市场，积极抢抓新订单。鼓励有实力的企业把握国际船市调整中的机会，加大客船、化学品船、豪华邮轮等特种船舶的订单承接。

3. 加快金融创新，保障资金需求

学习国际船舶市场的主流投融资模式，设立专门船舶产业基金，将船舶产业基金发展成船舶行业直接融资的重要渠道。积极引导基金对船舶制造业、船舶配套业、船舶修理业、船舶拆解业、船舶租赁业等相关企业进行投资，集中力量搭建链接造船业、航运业、金融业的产业平台，为造船企业提供订单，促进产业优化升级。加强银行在信贷方面对船舶企业的资金保障。同时加大对重点企业贷款倾斜、利率浮动优惠、延长贷款时间和转贷等方面的政策支持。支持金融创新，拓宽融资渠道，鼓励金融机构开发适合船舶产业的金融产品。

4. 增强技术创新能力，提升可持续发展水平

技术创新是增加产品附加值的关键。通过推进技术创新引导企业从集成创新模式向以集成创新和自主创新并举模式转型。一方面，引导有技术实力的企业通过“引进、消化、吸收”的集成创新模式，加快形成国内外船舶产业关键技术；另一方面，加快发展自主品牌船用配套设备设计制造技术、船舶数字化设计与建造技术、船舶标准化技术，形成产业链。同时鼓励企业建立研发技术中心，积极构建以企业为主导的协同创新体系，提升船舶产业可持续发展能力。

5. 加强行业协作，形成完整产业链

组建行业协会，加强行业之间的管理与协作，强化行业协调、指导、监督和管理，防止船舶工业低水平重复建设和无序发展，将船舶的发展置于一个有序的管理体系之中，促进船舶业更好更快发展。另外，完善“网上船舶交易市场”，使得船舶交易有一个透明便捷的平台，打破地理的界限，充分利用现在信息通信的便利和及时性优势，促进各行各业之间的交流合作，形成一条有保障的完整的产业链。

参考文献

[1] 舟山市统计局. 舟山统计年鉴2011[M]. 北京：中国统计出版社,2011.

[2] 高斌超,杨勇,谢东杰,杨东升. 海洋经济背景下浙江中小船舶修造业调研——以舟山船舶制造基地为例[J]. 高教与经济,2012(2).

[3] 郭培军. 中国船舶产业现状及中远船务船舶企业发展分析[J]. 船海工程,2008(6).

[4] 何育静,陶永宏. 长三角船舶产业集聚与国际竞争力提升研究[J]. 造船技术,2006(1).

[5] 陶永宏,杨海松. 长三角船舶产业集群发展模式与发展战略研究[J]. 江苏科技大学学报：社会科学版,2007(7).

[6] 李碧清. 舟山：船舶科技创新打造临港支柱产业[J]. 今日科技,2008(12).

港口物流与舟山区域经济的关系

李莹迪

[摘　要]　随着经济全球化进程的加快、对外贸易量的增加，我国港口物流得以迅速发展；而港口物流的发展，势必带动临港产业及周边区域经济的迅速发展，由此催生了对港口物流、城市经济及区域经济之间关系的研究。文章以舟山港口群为例，运用物流管理和区域经济的相关理论，结合我国港口物流和区域经济发展现状，对港口物流和区域经济发展关系进行分析和阐述，同时就解决两者相互制约，促进两者相互发展提出对策和建议。

[关键词]　港口物流；区域经济；发展策略

一、舟山港口物流发展现状

1.我国港口物流发展趋势

我国港口物流经过近些年的不断探索和发展，已取得很大的成就，很多地方的物流发展从无到有都已初具规模。目前，港口中第二代港口物流模式（运输和服务中心一体化）中不仅货物的装卸仓储相对增加，还与工商业经济方面有了关联。但随着市场经济不断发展，一些大港口已经开始向第三代港口转型，即除了在世界贸易中海运方面继续保持有力集散功能和集散效率之外，还有集商品、技术、信息于一体的物流功能。

目前，我国港口还未达到成型阶段，尚属于转型初期。第二代港口在世界港口中仍是发展的主流，随着港口体制改革的基本完成，我国港口也逐渐进入新的发展阶段。而从港口物流运作模式上看，舟山即属于第二代向第三代港口物流转型阶段。舟山目前也是多城多港模式的代表，即宁波市和舟山市共同拥有宁波—舟山港，是典型多城多港模式代表（多城多港模式即是指多座城市共同拥有多座港口）。

2.舟山港口物流发展现状

2011年6月30日，国务院正式批准设立浙江舟山群岛新区，这是我国批准的首个以海洋经济为主题的国家战略层面新区，并在“十二五”规划文件中强调浙江舟山群岛新区应作为东部地区率先发展和长江三角洲经济一体化的重要区域。国家政策给予了舟山港口物流发展先行先试的使命和权力，这对舟山港口发展来说是个很难得的机遇。近年来，舟山政府把港口建设也放在了比较突出的位置，加快了对舟山港口的建设步伐，并取得较快发展。

舟山具有得天独厚的水岸线自然资源，有十分优越的建港条件。在2006年，宁波—舟山港一年货物运输量就已在国内位于前列，仅次于上海港。随着舟山市各类专业市场和商贸连锁企业的发展，一批企业也逐渐向第三方物流企业转型；各公司企业集团等物流意识的增强和对加大投入物流基础设施之举也给舟山发展现代物流提供了更便利条件，换个角度看，即为从侧面推动了舟山市港口物流业的进步和发展。

二、港口物流与区域经济发展的相互作用

1.区域经济发展对港口物流的影响

首先，区域经济的发展可以为港口物流发展提供大量的货源。区域经济的发展，可以产生大量的产品，而这些大宗产品的进出口主要通过港口完成，因此，区域总体经济发展水平、产业结构、对外贸易状况对港口吞吐量有着重要的影响。第二，区域经济的发展为港口物流发展提供空间保证。随着区域经济的快速发展，区域的基础设施日益完善，为港口物流的多式联运、进出口货物的快速中转奠定了基础。由此可见，港口物流的持续健康发展离不开临港城市及区域经济的发展，临港城市及区域经济的发展为港口综合物流的发展和内陆运输通道的连接提供了空间保证。第三，区域经济发展可以为港口物流的发展提供各类相关服务。区域经济的发展可以促进本区域内金融、信息、交通运输等行业的发展，同时无形中对外来人才、企业及资金也会有一种集聚效用。畅通的人流、物流、资金流和信息流正是港口物流快速发展所必需的，而金融、信息通信、交通运输等行业服务则与港口物流紧密相关。因此，如果脱离了区域经济的支持，港口物流及其相关产业的发展必定受到一定程度的制约。

2.推动港口物流发展的必要性

港口物流发展对区域经济发展具有直接推动作用，主要体现在港口生

产直接获得的经济效益上。港口物流是国民经济和地区经济的一部分，与其他行业一样，同样能够创造国内生产总值，产生国民收入，增加就业机会。因此，可以用每万吨港口吞吐量产生的GDP、每万吨港口吞吐量所创造的就业岗位等指标来衡量港口物流发展对直接推动区域经济发展所做的贡献。此外，港口物流的发展也将直接推动区域基础设施的建设和完善。港口物流的发展直接导致道路、港口等公共设施需求的增加，可以吸引大量外来投资，并推动相关配套设施的建设，这将进一步促进区域建设与经济发展的良性互动。其次，港口物流发展对区域经济发展具有极化作用。在区域经济发展过程中，港口物流的发展使各种资源向港口及周边的低成本地区集中，促使更多相互关联的公司和供货商及关联产业相对集中，形成产业集群现象。这些关联公司和产业的集聚无形中形成了区域经济发展中的增长极，即港口物流发展对区域经济的发展起到一种推动的作用。

三、舟山港口物流与经济发展的关系

国际上，物流产业被认为是国民经济或地区经济发展的动脉和基础产业，是促进经济发展的"加速器"。港口作为发展物流的突破口，通过物流核心业务向周边地区辐射，带动进出口贸易，进而又促进港口物流的发展。而物流发展能带动相关产业如货运、仓储、集疏运的发展，促进金融、通信、保险、旅游、服务等第三产业的发展，使产业重心转移，加速产业结构的升级。同时，由于现代物流极强的产业联动效应，使得传统工业也焕发出蓬勃生机，从而推动了区域经济产业结构的高级化进程。依托港口大力发展现代物流并形成清晰的供应链和产业链，是西欧沿海地区经济发达的一个重要原因，鹿特丹、安特卫普港依托港口兴建物流园区和国际航运中心等都是成功的典范。

舟山具有优良港湾岸线，通过有重点、分层次的港口物流的发展，以点带线，以线促面，能够推动整个区域经济的快速发展。从旅游业、渔业和货运量三方面来看，货运量与港口物流的关联度最大，舟山市的货运量越大，港口物流的发展所需要的货源就会越多，相应地通过港口转运的货物越多，舟山市的货运量也会急骤增加，彼此之间是相互促进的。由此需要拓展港口服务功能，提高服务质量，加快港口物流效率，降低物流成本，从而提高港口物流的吸引力，推动舟山的经济发展。港口发展会带来区域经济繁荣，区域经济发展也会带来港口吞吐量增长。对港口与区域经济之间关系的研究结果表明，区域作为港口货源生成地、港口发展空间和各类服务提供者，对港口发展产生重要影响;而港口的发展从直接贡献和间接贡献两方面对区域经济产出、就业等产生正向影响。

四、舟山港口物流与经济协调发展的策略

为促进舟山市港口物流与区域经济协调发展,应认真做好港口发展规划,指导港口物流发展;大力发展集装箱运输,提升港口运输能力;加大信息建设力度,提高港口物流的信息化水平;完善交通运输网络的建设,为港区联动奠定基础;充分利用港口物流与区域经济之间的相互协调发展的双向作用关系,努力发展舟山经济,便可带动港口物流业的快速发展。此外,应认真做好港口发展规划,指导港口物流发展。规划是港口建设的龙头,科学合理编制港口及临港产业规划,对港口物流、临港产业发展尤为重要。要抓好岸线资源的有效保护、利用和管理,使有限的岸线发挥最大的经济效益和社会效益。当前,尤其应加快推进港口重点工程项目建设,完善基础设施建设,形成与港口匹配、快速便捷的集疏运网络体系,通过大力发展现代港口物流业和临港工业,提升舟山市港口综合竞争实力。

另外,应加大信息化建设力度,提高港口物流的信息化水平。现代化的信息服务系统是港口现代化发展的重要组成部分,能否为客户提供实时追踪查询的有统一标准数据接口的电子信息平台,实现信息的"桌到桌"交换,将成为未来港口的竞争焦点。因此,舟山市应加快建设一个起主导与中枢作用,由港口参与者联网进行信息交换和处理,提供功能完善、具有高度开放性和稳定性的港口物流信息平台。同时,应重点推动码头、场站、运输公司、船代、货代等物流链相关企业信息平台的建设,普及推广自动化装卸设备,推动物流单证标准化与物流信息的交换,提高港口作业的自动化程度,从而大大提高港口作业效率。此外,应加强电子口岸与全场现代信息系统的协同发展以及电子口岸与物流业的连通性,通过口岸信息资源的互联、互通、互动,实现海关、国检等部门业务的一站式受理与 门式服务,从而提高通关效率,以充分发挥港口在综合物流体系中的枢纽作用。

拓展港口服务功能,把港口建成现代物流基地。根据港口场地、机械设备等优势,吸引上下游加工、运输、仓储等物流相关活动转移到港区经营。同时要与航运、公路和铁路企业共同构筑物流链,提供全程化的物流服务。这种多功能、规模化的物流基地,可为港口物流提供坚实的基础,为企业提供更全面、低成本的物流服务。采用港口带动、借力发展的发展策略,发挥区位承接作用,强化位于长三角地区的便捷联系,接纳长三角地区经济辐射

作用;畅通与中原腹地的交通网络,充分发挥优越的港口资源条件。同时,结合以城区为中心、港口为重点、交通枢纽为节点的综合运输网络,从而为舟山市港口物流和经济的协调发展奠定坚实的基础。

区域经济建设和港口物流的快速发展都离不开资金(资本)的投入及其合理配置,而提供资金(资本)要素并促使其实现合理配置,正是金融业的职能,多样化的金融市场体系为各项经济建设提供了投融资渠道,规范化的金融市场运行机制为提高投融资效率提供了制度保障。因此,大力发展金融业,增强金融业的服务功能也是必须要做的,这样才能确保经济建设和港口物流发展的投融资需求得到充分满足。

五、舟山港口物流发展模式的建议

从现在港口发展状况来看,无论内因还是外因,地主港模式在我国都有着良好的发展应用前景。一方面海运贸易量的不断增加以及国内经济迅速发展都为国内地主港的建设提供了良好的发展机会;另一方面与港口航运相关的政策、法律及法规不断出新和完善,都为地主港的建设建立了坚实基础,也在很大程度上使地主港的建设和运营越来越顺利。因此宁波—舟山港作为我国最具发展潜力的港口之一,应积极推进地主港模式的发展和运用。

1.政府的政策扶持

地主港模式在港口基础设施建设中,首先需要解决建设与经营公共项目的回报率问题。实际上,要求政府在行动上如在采用地主港模式时给予一定的政策支持,给投资的公司企业营造一个良好的政策环境,让投资者真切地感到可行、可靠、可赚钱,吸引更多的投资者放心大胆地进行项目投资和建设。处理好与有关部门特别是国土资源等部门的关系。土地属于国家资源,应该由各级政府代表国家行使土地所有权。

2.完善必要的法律制度建设

为了能更好有效地运用地主港模式,就需要建立更完善的法律制度。为政府提供有效的法律约束,防止不当的行政干预。同时只有通过法律制度的规范约束,才能防止私营企业因逐利动机而产生损失,或者私自改变公共项目建设和改变经营目标的现象发生。应使国家、社会、投资者的共同利益与责任都建立在严格的法制基础上,确保经济有效上升、社会和谐、项目目标的实现。同时也需要继续实行“一城一港一政”的管理模式,港口主管部门应作为各级政府的组成部分实施对所辖范围内港口行政事务的管理。港口经营者应自主作为独立的民事主体存在，并承担责任期内的法律责任，法律的制约规范，能促使物流经济更稳步和谐发展。

3.加强对港口的监督与协调

在有效地实施地主港模式之后，政府需要相应地对港口进行监督与协调策划管理，通过严密的总体战略规划、企业文化与制度安排给予指导和约束，必要时提供相应的公共服务，从而为地主港管理模式的预期发展目标顺利实现提供基本的保障。同时在采用地主港管理模式过程中，管理机构的工作内容也会随着整个行业发展变化而变化，这就需要物流管理知识丰富的人才填充。同时，随着港口管理机构作用的变动，管理当局应加快制定港口管理条例的步伐，这对港口建设发展和投资者整个体系的建立、严格的法律制约、正确的指导操作和促进港口物流发展都具有重要意义。

[1] 黄有为.港口现代物流发展策略[J].上海海事大学学报，2004(2).

[2] 王晓萍.宁波—舟山港港口物流发展思路探讨[J].浙江交通职业学院学报，2008(9).

[3] 周金荣.舟山发展港口物流业的思路与建议[J].太原城市职业技术学院学报，2009(9).

[4] 王晓萍.宁波—舟山港港口物流发展思路探讨[J].浙江交通职业技术学院学报，2008(6).

[5] 孙建军.舟山港口物流业发展战略研究[J].浙江海洋学院学报，2010(2).

[6] 魏泓.地主港模式在我国港口的应用[J].水运管理，2006(1).

基于现代物流产业一体化体系下舟山港口物流发展

管亮亮

[摘　要]　文章以发展舟山现代港口物流为中心，结合世界港口物流发展趋势及中国港口物流发展的实际状况，较为系统地分析了舟山港口物流发展中遇到的问题和面临的挑战，提出舟山发展港口物流的对策和具体实施措施，以实现舟山港口物流业的持续快速发展，致力于将舟山港建设成为集国际航运、物流、区域性航运、港口型物流园区，实施区港联动发展口岸物流为一体的现代物流。

[关键词]　舟山港；一体化；港口物流；发展策略

港口物流业是港口城市利用其自身的口岸优势，以先进的软硬件环境为依托，强化其对港口周边物流活动的辐射能力，突出港口集货、存货、配货特长，以临港产业为基础，以信息技术为支撑，以港口资源优化整合为目标，发展具有涵盖物流产业链所有环节特点的港口综合服务体系。

随着世界经济贸易的快速发展，物流成为全球经济贸易中不可或缺的重要一环。在现代物流体系中，港口不再是仅有传统的码头装卸、仓储功能，流离于生产、贸易和运输之外的企业，而是现代物流供应链的重要节点。港口能对周边地区和腹地产生巨大的辐射功能，推动经济和贸易的发展。为了充分发挥这种重要的节点作用，现代港口应趋于集产业、金融、科技、人才、信息、政策、资源、基础设施于一体，全面对接与合作，力图从传统功能向现代物流中心功能进行转变。

一、舟山港口物流发展的优势

1. 得天独厚的区位优势

舟山位于我国长江、钱塘江以及甬江的入海口，是我国南北海运大通道与长江黄金水道交汇的重要位置，是江海联运的重要枢纽，是我国深入环太平洋经济圈的前沿地区，也是我国扩大开放、通连世界的战略门户；靠近上海、宁波、杭州等经济发达的长三角地区，扼江海联运要冲，交通运输比较发达，对外与韩国、新加坡等国家和中国香港、中国台湾等地区港口连成一片，形成等距离的扇形海运网络；同时舟山位于国际物流与国内物流的接合部，是远洋主要航线的汇结点，连接亚欧、亚美以及远东各个地区，地理位置优势十分明显。近些年来，随着舟山港优越性的凸显，舟山港日益成为长江三角洲、长江流域各地货物和资源进出口、仓储、转运的重要交通枢纽。

舟山市拥有岸线2440多公里，深水岸线54处，适宜开发建港的深水岸线总长约280公里，船舶避风和锚地条件良好，其中水深大于15米、可建10万—25万吨级以上泊位的岸线约200公里，更有水深大于20米的岸线近110公里。港域内航路总计99条，基本上双向通航，可通航15万吨级船舶航道13条，通航30万吨级船舶航道3条。锚地50处，锚泊作业水域面积达390平方公里，可锚泊10万吨级船舶锚地有20个，锚泊30万吨级船舶锚地有5个。目前已建成各类生产性泊位317个，到2011年的实际货物吞吐量达2.61亿吨。舟山港域适宜建港的港湾条件十分优越，水深浪小，少淤不冻，10米以下的等深线离岸距离大多在100米以内，腹地纵深。依托优越的港口运输条件，舟山已建成亚洲最大的铁矿砂中转站基地、全国最大的商用石油中转基地、全国重要的化工品与粮油中转基地、国家石油战略储备基地、华东地区最大的煤炭中转基地。

2. 拥有绝对的国家政策支持优势

舟山群岛新区，是国家一项海洋经济战略决策。作为中国首个群岛新区，2011年3月14日，舟山群岛新区正式被写入全国“十二五”规划。规划瞄准新加坡、中国香港等世界一流港口城市，要拉动整个长江流域经济。2011年6月30日，国务院正式批准设立浙江舟山群岛新区，舟山成为我国继上海浦东、天津滨海、重庆两江新区之后又一个国家级新区，也是首个以海洋经济为主题的国家级新区。

作为我国首个群岛新区，建设舟山群岛新区是我国海洋经济发展的战略决策。与此同时，浙江海洋经济发展示范区建设上升为国家战略，舟山则作为浙江“港航强省”和“以港兴市、全面跨越”等海洋经济战略的排头兵，正得到前所未有的政策支持。“十二五”期间，海洋经济发展示范区和舟山群岛新区两大国家战略的实施将会进一步促进舟山“三位一体”港航物流体系的建设与完善，对重要的港口物流基地建设起到了政策支持的作用。2013

年2月国务院正式颁布《浙江舟山群岛新区发展规划》，立足综合优势，围绕战略定位，力争在未来10年到20年，使舟山群岛新区发展成为大宗商品储运中转加工交易中心、东部地区的重要海上门户、现代海洋产业基地、海洋海岛综合保护开发示范区以及陆海统筹发展先行区。

二、舟山港口物流发展的制约因素分析

1. 舟山港基础设施建设尚不完善

舟山港尚未形成海、陆、空全方位发展的综合立体交通网络，集疏运网络体系规划和建设不完善。舟山港港区的集装箱运输以水水中转为主，港区内驳船泊位数量不足，江海联运发展缓慢；作业区内公路道路单一，缺乏铁路运输，集疏运条件制约了舟山港运力结构的优化和高附加值增值服务的实现。

2. 舟山港口物流服务水平低

舟山港口建设规划跟不上港口物流发展的要求。岸线利用比较粗放，公用码头运转超负荷，货主码头的利用能力不足，影响了港口综合实力的发挥；舟山港口商贸、仓储功能的拓展还不够，港口物流的服务水平相对较低，给舟山物流的发展造成了不利的影响。

3. 物流信息平台建设滞后，物流信息服务体系不健全

港口物流的信息平台是现代港口物流的核心系统。目前，舟山港适应港口物流发展需要的信息平台的建设速度较缓慢，公共信息平台、物流枢纽信息系统、物流企业信息系统等共同构建的现代物流信息服务体系建设不健全，从而阻碍了物流信息系统的发展建设。

4. 高素质物流人才较为匮乏，物流从业人员素质较低

舟山港口物流的发展缺乏既掌握现代物流理论和技能，又能从事物流系统设计、物流运作管理、物流经营决策的具有物流专业教育的中高级复合型人才。由于舟山市港口物流专业教育起步较晚，办学规模小，教育质量低，造成了港口物流企业中高级人才的短缺，影响了舟山港口物流的健康、快速、可持续发展。

三、发展舟山港口现代物流产业一体化的战略思路

1. 建立先进的港口物流管理模式

世界主要港口的管理模式大致可分为三个大类——私人企业经营港口

管理的模式；政府机构、国有企业经营管理港口的模式；政府机构或国有企业和私营企业共同经营的管理模式。为顺应国际港口管理的发展趋势，提高港口效率，在舟山引入港口运营商运作机制，谋求港口物流多元化经营模式的情形下，建议发展地主港模式。地主港模式是指政府委托特许经营机构代表国家拥有港区以及后方一定范围的土地、岸线及基础设施的产权，对该范围内的土地、岸线、航道等进行统一开发，并以租赁方式把港口码头租给国内外港口经营企业或船公司经营，实现产权和经营权的分离，特许经营机构收取租金，用于港口建设滚动发展，使舟山港口物流发展步入良性循环。

舟山港口可以实行自由港政策，采取各种优惠措施，吸引世界各国物流公司。自由港良好的服务环境能够吸引大量船舶过境，可以赢得稳定充足的港口货源，港口不但可以收取各种增值服务费，而且能够带动了金融、保险、船代和货代等临港产业和服务业的发展。

2.充分发挥政府的宏观指导和协调作用

国内外典型港口的发展都离不开政府的规划与管理。政府对港口的管制主要表现在宏观调控与指导方面(包括产业发展规划、具体行业的发展规划、具体区域的发展规划等)：舟山市政府首先应当做好规划，不断加强基础设施的投入，为港口物流产业健康发展提供运行平台；同时制定政策，精简办事流程，采取一站式服务，帮助企业解决发展中遇到的困难，扶持本土企业快速发展。

3.积极构建国际物流中心

港口是国际贸易的重要门户，选择在港口这一货物集结点建设物流中心最易取得规模经济效益。港口具有整合生产要素的功能，具有发展成为物流生产要素整合平台的资源优势。在舟山建立物流中心有利于提高舟山港口的国际竞争力，推动集装箱干线枢纽港的建设和发展，吸引大型班轮公司投资港口产业；有利于加强舟山港口与腹地的联系，提高港口综合运输能力，为国际物流经营者创造良好的投资环境；还有利于完善港口及港口城市的信息服务功能。

4.增强舟山港的港口功能，构筑港口产业链

港口功能已经不是作为运输链中孤立的一个点(或者中心)而存在，而是作为供应链中的一个组成环节。因此，舟山港口除了继续发挥其装卸集装箱船货的运输功能外，还应主动参与和组织与现代物流有关的各个物流

环节的业务活动，实现从单一的运输、仓储等分段服务到消费者全过程物流服务的转变，为用户提供报关、流通加工、包装、配送等增值服务，运用"一票到底"的多式联运模式，以最简便的方式、最短时间完成运送，使物流的效率与效益得以充分发挥，构建港口物流的无缝供应链，延伸舟山港口的物流功能。

大力构筑舟山港口物流产业链。吸引航运公司参与港口建设经营，实现港口经营的国际化。积极发展海运辅助业，从海上航运业务延伸到港口码头、库场和集疏运系统，完善货运代理和船舶代理市场，发展和规范船舶代理业和仓储业、港口业务咨询及海事法律业务，围绕舟山港口建立物流中心，形成以港口为核心的物流产业链。同时，还要扩大业务合作，建立国际物流系统网络，使舟山港实现发展现代港口物流的质的飞跃。

5. 加强港口物流人才培训和教育，构筑物流人才高地

当前，舟山港口物流方面的专业经营管理人才十分匮乏。因此，必须采用多种途径培养和引进具备良好货物和货运专业知识、掌握现代物流经营管理技术方法的专业人才，加快舟山港口物流发展。同时与本地的高校、教育机构以及物流公司合作设立相关的培训中心，培训物流专业人才，从而提高专业人才队伍的技术和管理水平，使舟山港成为集港口建设、管理、船务活动、安全与环保等于一体的专业化、国际化的现代化港口。

6. 大力发展舟山临港工业

发达的临港工业是促进港口物流业发展的重要因素，为港口物流提供了稳定的货源，与港口物流之间形成一种良性互动。舟山港口凭借靠近原料地、是长三角工业区门户的特点，应充分发挥海洋运输的优势，大力发展临港工业。

随着世界贸易的不断发展，港口物流作为现代服务业的重要组成部分，已经成为诸多港口城市的重点发展目标。目前，世界港口物流正处于转型发展的关键时刻，舟山港港口物流发展与世界其他港口存在着不小的差距。借着国家大力发展舟山群岛新区的"东风"，根据舟山港自身的实际情况，应充分利用现有的供求关系、腹地经济条件以及港口自然条件等，并依据现代物流的发展趋势，借鉴国内外港口物流发展的成功经验，因地制宜地走跨越式发展的道路，以迅速发展港口物流，建成集产业、金融、科技、人才、信息、资源、基础设施为一体的现代港口物流产业一体化体系。

参考文献

[1] 涂强. 舟山港口物流现状及改善对策[J]. 中外企业家,2012(7).

[2] 李学工,任伟. 国外港口物流发展的趋势、特征及启示[J]. 港口科技,2007(2).

[3] 李荷华,黄中鼎. 上海港港口物流发展趋势分析[J]. 中国市场,2008(4).

[4] 姜燕. 后危机时代上海港口物流的发展[J]. 企业管理,2010(6).

[5] 李政. 试论湛江港口物流发展与对策[J]. 物流论坛,2010(7).

海洋政治社会篇

舟山群岛新区基层自治构想

姜　野

[摘　要] 2011年,舟山市经国务院批准设立浙江舟山群岛新区。作为国家级新区,浙江舟山群岛新区被赋予了新的历史使命。要充分发挥浙江舟山群岛新区国家海洋经济“桥头堡”作用,需要一个全新的并且适应新区未来发展方向的行政管理体制和相应的基层自治体系作为支撑。笔者根据浙江舟山群岛新区未来的发展方向,通过对舟山行政建制历史规律的梳理和分析,提出了构建新区基层自治体系的设想。

[关键词] 行政体制;基层自治;舟山群岛新区

2011年6月30日,国务院正式批准设立浙江舟山群岛新区并赋予其“先试先行”的政策原则;2013年1月17日,国务院批准浙江舟山群岛新区发展规划;3月27日,新区党工委、管委会成立,标志着舟山群岛新区作为国家首个以海洋经济为主题的国家级新区,迎来了史无前例的发展机会。机遇与挑战并存,我们在看到舟山群岛新区各种发展机遇的同时,也应看到各种挑战。在影响舟山群岛新区能否顺利克服各种挑战并实现国家战略目标的众多因素中,舟山群岛新区的行政管理机构的运行机制和效率是至关重要的影响因素。

一、舟山群岛新区行政管理机构的沿革

提高舟山群岛新区行政管理效率,不但要看舟山现在的行政组织机构和职能,还应从历史中寻找一些规律。舟山群岛新区的历史包括如下过程:古代的皇权止于县,民国时期的乡镇管理和保甲制,新中国成立后的乡镇到人民公社时期的公社直到改革开放后乡镇的恢复,具体阐述如下。

1.历代的舟山建制

舟山的历史十分悠久。据考证,距现在四万多年前,舟山就有人类活动的迹象;距今5000年前,舟山就有人类繁衍生息。春秋时属越,称“甬东”。战国时楚灭越,遂属楚。舟山建制的历史始于秦,秦王政二十五年(前222),甬东为会稽郡鄮县东境地。两汉、三国(吴)、晋、宋(南朝)、齐、梁、陈因之。隋开皇九年(589)废会稽郡,并鄞、鄮、余姚三县为句章县,甬东随鄮县并入句章县。唐武德四年(621),以句章、鄞、鄮地置鄞州,甬东归鄞州。八年,又废鄞州置鄮县,甬东属之。之后舟山历代的建制沿革,从唐开元二十六年(738)的翁山县、大历六年(771)的鄮县地,五代为鄞县地,宋设昌国县,元改为昌国州,到明代又改为昌国县,最后到清代设定海县。

在行政区划方面,舟山的行政区划的考证从唐开始。唐设富都、安期、蓬莱三乡。宋元丰元年(1078)增金塘乡,共4乡21都5里10村。元沿宋制。明洪武二十年(1387)废昌国县后,置昌国乡。清康熙二十七年(1688),置定海县后,又先后恢复富都、安期、金塘、蓬莱4乡,乡以下的行政区称图、岙。

由以上舟山建置的沿革和历代行政区划的延续,我们发现舟山的建制历史秉承着中国自秦以来“皇权止于县政”的原则,国家基层政权组织设置到州县。州县以下由乡、里组成,只是各个朝代具体名称有所不同。州县以下则由乡里社会的非正式权威组成。如乡绅、族长、地方名流或保甲头目实行“乡绅自治”,乡绅通过资历、家产、声望和势力,将行政权、家族权、治理权整合为一体,从而形成了以乡绅为主导的乡村自治的“乡里模式”。

2.民国时期的舟山建制

民国政府在舟山设定海县,自民国3年(1914)至民国38年(1949),名称有所不同,所属省亦有所不同。民国初期沿袭清制,民国8年(1919),定海县下设10区、26乡。民国16年(1927)冬,实行村里制,全县划为2个区和53个乡、镇。民国23年(1934),实行保甲制,乡镇的规模再次缩小,全县设6个区、13镇、163乡、997保、9430甲。民国24年(1935),又调整为6区、6镇、51乡。民国25年(1936)7月,裁撤区署,改为5个乡、镇建设联合办事处,下辖6镇、47乡。民国36年(1947),又改为7区、4镇、36乡。民国38年(1949)7月,将定海县划分为定海、滃洲两县。定海县辖3区和31乡、镇。

从上面的数据可以看出,民国时期,定海县一般下辖区、镇、乡。另外,当时军阀割据,乡村权力结构和治理发生重大变化。各地方在乡镇建立具有行政性质的乡公所，由县政府任命保甲长，负责上级征收赋税和劳役。由于当时的国情，在民国的很长一段时间里，乡村地痞、流氓和土豪劣绅迅速与保甲势力融合，成为乡村社会的实际统治者。因为当时上层统治者不得不依靠这些地方势力征税和劳役，所以地方势力不断增强，他们利用国家统治权随意压迫普通乡民，造成国家和地方社会矛盾的进一步激化。

3.新中国成立后的舟山建制

新中国成立后，舟山建制的沿革如下。1950年设定海县，1950—1952年嵊泗县属于松江专区；1953年设舟山专区，1958年建立舟山县，1962年设舟山专区，到1967年起改称舟山地区；1953年舟山专区成立前，地方行政区划分为区、镇、乡；1956年舟山专区分定海、普陀、岱山、嵊泗、象山5个县，各县分别下辖不同数量的区和乡；1958年象山划出，1958年10月前后陆续建立人民公社，乡、镇实行“政社合一”；1962年，恢复舟山专区后，行政区划调整为5个县、5个区、6个镇、81个公社。人民公社既是国家的一级政权，又是负责组织集体经济的组织，其权力职能覆盖了社会的方方面面。这种高度集权的乡镇治理模式导致国家和地方社会各种矛盾的不断升级，最终在1982年终结。

1983年起，实行政社分设，到1984年，全区各公社相应改为乡建制，恢复乡人民政府。1985—1987年，有13个乡改为建制镇。1987年1月23日，经国务院批准，3月8日，市人民政府成立。1988年，全市两县两区共辖7区、20镇、71乡。改革开放后，不仅舟山，全国各地普遍废除人民公社制度，恢复乡镇政府。乡镇政府作为国家政权的末梢，其职权大致包括四个方面：一是执行权，即执行乡镇人大的决议和上级政府的决定、命令；办理上级政府交办的其他事项。二是管理权，即执行本行政区域内的经济和社会发展计划、预算，管理本行政区域内的经济、教育、科学、文化、卫生、体育事业、财政、民政、公安、司法行政、计划生育等行政工作。三是制令权，即制定行政措施，发布决定和命令。四是保护权，即保护社会主义的全民所有的财产和劳动群众集体所有的财产，保护公民私人所有的合法财产，维护社会秩序，保障公民的人身权利、民主权利和其他权利；保护各种经济组织的合法权益；保障少数民族的权利和尊重少数民族的风俗习惯；保障宪法和法律赋予妇女的男女平等、同工同酬和婚姻自由等各项权利。

乡镇政府以下是村委会，根据宪法和组织法的规定，乡镇政府是我国的基层国家行政机关和乡镇人大的执行机关，应执行乡镇人大的决议和上级国家行政机关的决定和命令，管理本行政区域内的行政工作。根据村民委员会组织法，村民委员会是村民自我管理、自我教育、自我服务的基层群众性自治组织。村民委员会办理本村的公共事务和公益事业，调解民间纠纷，协助维护社会治安，向人民政府反映村民的意见、要求并提出建议。乡镇政府对村民委员会的工作给予指导、支持和帮助，但是不得干预依法属于村民自治范围内的事项。乡镇政府与村民委员会之间不是行政隶属或支配、领导关系。

纵观上述历史过程，舟山群岛新区从古代的皇权止于县到基层乡绅自治到近现代的区、县、镇、乡的管理层级，我们发现，舟山市现在的市一级政权相当于古代的翁山县、昌国县或定海县等不同名称的政权单位，一直都有设立。虽然其名称总有变化，但作为中国历代乃至现在的地方一级政权的性质没变，而舟山市政府以下的行政管理机构和层级的变动非常频繁。这一事实既是舟山群岛新区行政组织机构扁平化的历史基础，也说明了舟山群岛新区基层行政组织调整的可能性。

二、舟山群岛新区行政管理体制未来的发展方向

目前，中国内地获得国务院批准设立的新区共有六个，分布于上海、天津、重庆、浙江、甘肃、广东，所有的新区管理体制仍以地方主导为特征，只是具体的表现形式略有不同。相较于其他五个国家级新区，它们立足于直辖市或者省会城市，利用其政治、经济、文化等各方面的优势向与国际接轨的"自由贸易园区"发展，而舟山并没有在多方面表现出明显优势。因此，舟山群岛新区要想实现大跨步地发展，必须探索出一条新路。

改革开放以来，国内尚未划出任何一块与国际自由贸易体制接轨的区域，但舟山群岛新区可以积极探索出一条新路，建立舟山自由贸易园区，创新舟山群岛新区行政管理体制，与国际先进的"完全自由贸易园区"管理体制相接轨。所以，舟山群岛新区的发展方向是完全的自由贸易园区，而实现此目标要创新行政管理体制。行政管理体制的总体方向是：逐步适应"小政府、大社会"体制改革客观要求，重新构建一套行政治理组织架构，直至取消建置政府，最终成为中央或省级政府直接派出机构，实际履行区域经济和社会公共事业服务管理权；组织机构高度"瘦身"且突出经济管理职能，简政放权，精心培育基层社区群众自治制度，大力扶持非政府组织，奠定新区建设新型社会组织的基础。

三、实现舟山群岛新区行政组织扁平化的初步尝试

要使舟山群岛新区向完全的自由贸易园区转型，最重要的是完善新区

的行政管理体制，以小政府、大社会为原则，实现行政组织机构扁平化，提高新区管委会和市政府的灵活性和反应力。其中，建立“大社区”是实现这一目标的重要步骤。

现在浙江省地方政府组织如图 1 所示：

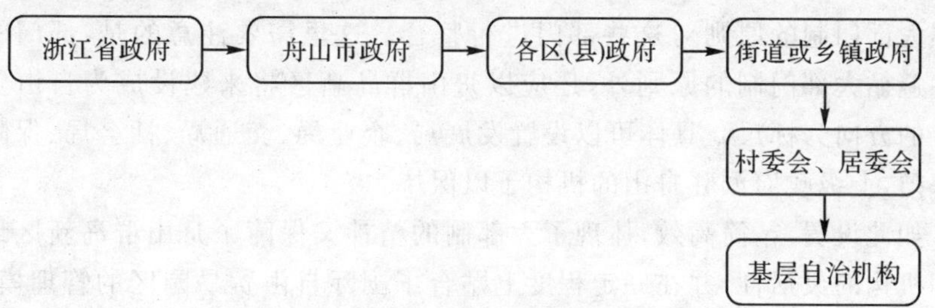

图 1　地方政府组织结构图

“大社区”就是将地方自治的范围扩大，撤销乡镇政府和街道办，建立统一的“大社区”，它是基层自治机构，拥有自治机构的所有权力和街道办或乡镇政府下放的一部分社会管理权力。这样区（县）一级政府作为一级地方政权，缩减了地方政府组织的层级，初步实现扁平化。具体构想如图 2 所示：

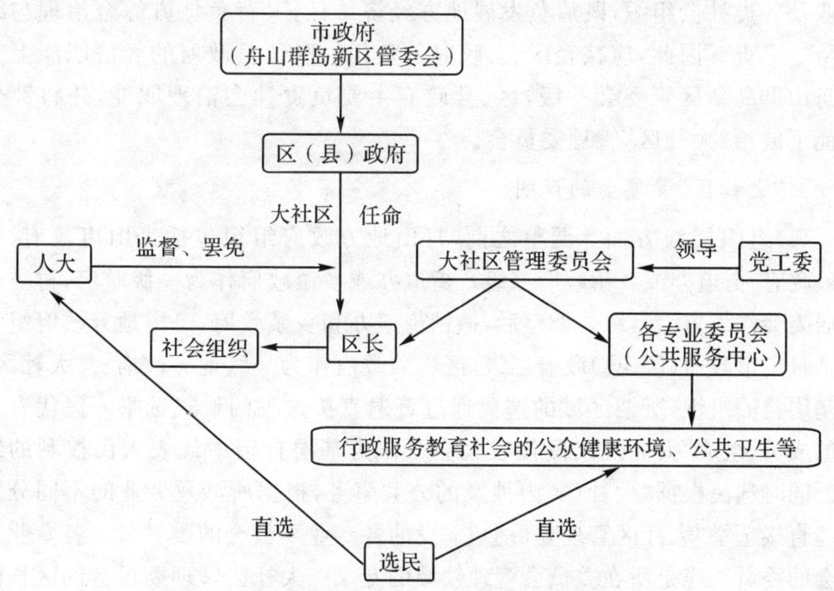

图 2　舟山群岛新区基层自治构想图

注：社会组织包括：业主委员会、物业管理机构、社区志愿者组织、中介组织、医疗卫生服务站、养老托老服务组织等。

1.舟山群岛新区管委会政府部门的调整

舟山群岛新区现有市政府工作部门31个,市政府直属事业单位9个,市政府派出、议事协调机构5个,部省属在舟单位8个,共计53个。由此可见,具有行政性质的部门繁多,不利于舟山群岛新区的行政效率的提升,因此应根据大部门制的原则对这些部门进行整合。这里需要注意的是,部门的整合除遵循大部门制的原则外,还应以舟山群岛新区将来建设成为自由贸易园区的方向为标尺。具体可以设置发展局、企业局、交通局、社会局、保障局等部门,上级政府派驻舟山的机构予以保持。

如此设置,精简高效,体现了大部制的精神又保障了舟山群岛新区最高管理机构的灵活性,并在一定程度上贴合了国际自由贸易园区的管理模式,进行集中统一管理,减少了政出多门的现象,为舟山群岛新区日后建成与国际接轨的完全自由贸易园区打下良好基础。

2.区(县)政府的职能调整

现在区(县)一级政府,其职能全面,负担过多,以至于政府内部门冗杂。区、县政府上接省市有关部门,下连乡镇、街道办事处、社区、居委会、工商业企业及各类社会组织,既肩负发展地方经济重任,又背负地方综合治理与维护稳定之责。因此,应减轻区、县政府的负担,把区、县政府的经济职能上交到舟山群岛新区管委会一级,区、县政府主要负责社会治理职能,并将部分职能下放给“大社区”管理委员会。

3.“大社区”管委会的说明

(1)组织层级方面。调整之前,舟山地方政府组织包括舟山市政府、区(县)政府、街道办或乡镇政府三级。街道办或乡镇政府作为一级政府,村委会和居委会作为自治组织。调整后,撤销街道办和乡镇政府,舟山地方政府组织包括舟山市政府、区(县)政府二级,区(县)政府作为一级地方政府。“大社区”为基层自治组织,所辖区域的选民通过普遍直接选举的形式选举人民代表大会的成员,组成“大社区人民代表大会”,作为基层自治中代表人民权利的组织。同时选民根据“大社区”内涉及的公共事务,根据所涉及专业的不同分别普遍直接选举“大社区管理委员会”下设的各专业委员会的委员长。各专业委员会的委员长应是所在委员会管理领域的专家。大社区管理委员会的区长由区(县)政府任命,以此保证地方政府对地方一定程度上的指导作用。

(2)职能权限分配方面。在舟山市政府、区、县政府和“大社区”管委会三个主体之间,将经济和规划职能归舟山市政府,区、县政府承担社会服务职能。将乡镇政府和街道办的社会治理职能回归“大社区”管委会，比如说民政、社保、计划生育、综合维稳、社会救助等职能全部下放到“大社区”，其他经济和社会服务职能分别上交给市政府和区、县政府。调整后的舟山群岛新区，可以在舟山群岛新区管委会、区“县政府”和“大社区”三个主体之间实行分级管理。这样管理脉络较为清晰，不会出现政出多门的问题。以教育方面的事务为例，教育事务中的学前教育和小学教育由“大社区管委会”负责，这两项事务“大社区管委会”有足够的能力治理好，就没必要由地方政府负责。而教育事务中的高等教育，由于这方面事务的投入较大，地方自治组织没有能力承担，则由行政级别较高的政府承担。其他方面的教育事务，根据不同层级地方政府的资源供应能力分别分配给市政府和区(县)级政府。再以环境保护为例，环境保护事务的诸多方面需要市政府、区(县)政府等政府部门和地方自治组织——“大社区”共同努力。三个服务主体分别负责环境保护事务的不同方面。三个服务主体合力，共同保护环境。

(3)法律定位和保障方面。“大社区”的有效运行需要国家给予法律上的认可和保障。首先，在法律上明确“大社区”的社会基层自治组织的性质，是独立的法人团体，受到法律保护。其次，在法律上明确“大社区”享有哪些权利和义务，同时规定区(县)一级地方政府对“大社区”的事务不得干预，不可干预的事项应有较为具体的条款。再次，法律应明文规定政府部门对基层自治组织的财政投入的保障。最后，“大社区”的立法机关应有权制定符合自身区域特点的法律、法规，但不得与国家的法律相抵触。

(4)“大社区”运行所需经费的保障。“大社区”所能获得的经费是否充足是其能否正常运行、能否提供民众较满意的公共服务的重要条件，在基层自治组织的经费来源方面应得到切实的保障，同时经费的合理比例也是可以影响自治组织行为的重要因素。因此，“大社区”的经费来源比例应合理。“大社区”管委会的经费来源主要分三个方面：①政府的财政投入；②提供服务项目所收取的成本费用；③非政府组织和社会人士的捐助。政府的财政投入占基层自治组织经费来源的一大部分，应将这部分投入纳入到各区(县)政府的预算，以保障地方自治组织的运行。

另外，区(县)政府任命的“大社区”的区长的工资收入由区(县)政府承担，各专业委员会的委员和其他成员的收入由大社区自己承担，为保障这方面的开支，区(县)政府和人大应赋予“大社区”管委会一定的税收权力，保障其经费充足。

(5)地方放权方面。“大社区”的执行机构是“大社区”管理委员会，它由大区长和各专业委员会的委员组成。选民直接选举"大社区"的人大和各专业委员会的各委员,这些成员由选民选举产生,选民决定了其职务,他们必然要对选民负责。这样,区(县)政府不掌握除区长以外的各专业委员会委员的人事任免权,人事权力在一定程度上的下放,能够实际上扩大地方自治的力量,为真正的地方自治奠定一个民主基础。

另外,区(县)政府任命的大区长接受"大社区"人大的监督,人大有权因为大区长不称职而罢免大区长。这样,任免权在地方一级政府,监督罢免权在地方自治组织,既可以使地方自治组织的发展不偏离地方政府的总体规划乃至国家的政治要求,又可以实际上扩大地方自治的空间。

(6)地方自治的监督方面。党工委可以对大区长和各专业委员会进行监督,对其在思想和组织方面进行指导,使其不偏离国家政治发展的方向,坚持走具有中国特色的地方自治发展道路。

同时,党工委以及"大社区"的人大有权对"大社区管理委员会"的经费使用情况进行监督,并在一定期限范围内,令其公布经费使用情况明细单,接受人民的监督。

综上,为把舟山群岛新区建设成为完全的自由贸易园区,需要创新舟山群岛新区的行政管理体制,在小政府大社会的原则指导下,使舟山群岛新区政府组织结构扁平化、政府行政服务化、体制运行规范化、社会发展法制化、基层组织民主化、独立化。要实现这一目标,就要切实走好优化舟山群岛新区行政管理体制的第一步:撤销舟山群岛新区乡镇政府,将部分职能下沉到"大社区",壮大基层自治组织,同时将重大经济职能全部上交给舟山群岛新区管委会,社会治理职能交由区、县政府,社会服务职能等其他职能交由基层自治组织。三个地方主体之间实行多级管理和服务,职能划分清晰,政府精干高效,基层自治组织自我管理、自我服务,使得舟山群岛新区行政组织结构扁平化,为日后完成向国际先进的自由贸易区管理体制的转型打好基础,使舟山群岛新区又好又快发展,实现国家海洋战略。

[1] 舟山市地方志编纂委员会.舟山市志[M].杭州:浙江人民出版社,1992.

[2] 李春华.舟山年鉴[M].北京:中国文史出版社,2011.

舟山群岛新区：一个“小型海洋社会”的初尝试

刘景龙

［摘　要］　舟山群岛新区的形成和组建是国家从海洋战略的层面，对构建一个“小型海洋社会”的新尝试和新的社会运行范式的新探索。舟山群岛新区是为了应对和回应海洋世纪的需求以及由于新世纪政治中心、文明中心、经济中心转移而成为焦点和热点的“五边形海域”。这对于国家战略物资的储备基地、海洋综合开发的试验基地、岛屿开发管理的“先试先行”战略目标的实现具有推动作用，是为了解决应对未来发展面临的能源与资源、国际通道、海洋空间布局等瓶颈问题。

［关键词］　海洋社会；“五边形海域”；舟山群岛新区

21世纪是海洋世纪，海洋已成为世界关注的焦点和中心。开发、利用海洋不仅已经成为世界各国的共识，而且也是世界各国在未来竞争、发展中取得主动地位的关键，也是世界各国在新世纪持续、快速、稳健发展的重要战略举措。面对竞争激烈的国际形势，国家需要制定具有时代性和历史高度的海洋战略，更需要制定一个适应世界形势和应对未来发展的海洋战略，以实现建设一个海洋强国的日标。从面积上看，海洋与陆地之比是71∶29，在陆地养活70多亿人口已经显得越来越吃力的情况下，“下海”已经成为人类今后发展的必然趋势，最主要是从管理上看，中国还不善于进行对海洋和海岛及海域的管理。所以，在世界各国都将目光投向资源丰富的海洋，并围绕海洋制定了不同程度的未来发展战略的形势下，尤其是伴随美国“回归亚太”战略的提出和实施，“西北太”海域正在或者已经成为世界关注的焦点和中心的重要时候，中国国务院于2011年6月30日从发展“海洋经济”的角度正式批准设立了“舟山群岛新区”。这既是继上海浦东、天津滨海、重庆两江新区之后的第四个国家级新区，又是首个以“海洋经济”为主题的国家级新区。它无疑具有针对美国的战略转移以及“西北太”海域的崛起中国做出的积极反应和回应的意义。其实，在一个政治性社会里，任何经济一旦脱离了政治和战略就会变得几乎没有意义。目前，中国尚未发展到一个可以全面挺进和推进“海洋经济”的时期，而是正处于“海洋经济”和“海洋空间”的一个布局阶段。这决定了在浙江舟山群岛新区构建一个“小型海洋社会”的必要性，是中国对一个更大的“海洋社会”进行构建和管理的“先行先试”的一步。

一、对应“五边形海域”

舟山群岛新区是从国家发展战略层面思考海洋问题的结果，更是国家海洋战略的产物。它的产生正是应对一个21世纪的焦点和热点的海域——“西北太”海域。“西北太”海域的核心区域就是以舟山为重要边际的“五边形海域”。这一海域对于东北亚在地理、经济、政治、生态以及历史文化形成上都有着深远影响。

1.“五边形海域”是一个新概念和新理念

“舟山群岛新区”的形成和组建是对应“五边形海域”的一项重大举措。“五边形海域”是新华社记者柴骥程、张遥在2011年7月7日《舟山群岛新区成为我国第四个国家级新区》新闻通稿中首次公开提到的一个区域概念：“‘西北太区域’中包含的主要海洋国家和地区形成一个接近规则的五边形，而舟山恰好处于这个五边形区域的核心位置”。其中，中国舟山到韩国是第一边，韩国到日本是第二边，日本到中国钓鱼岛是第三边，中国钓鱼岛到中国台湾是第四边，中国台湾到舟山是第五边。目前，“五边形海域”还是一个新的概念和新的理念，这是在思想上对海洋区域发展上的提前认识，甚至是超前的认识，具有一定的前瞻性。从古今中外的历史发展来看，无论是资本主义制度和社会主义制度的创新和新的社会范式的出现都是由极少的一部分人认同和倡导，并通过思想意识来影响和引导多数人进步的。但是世上有的事是可以边进行边准备的，而有的事则必须是事先准备、未雨绸缪和防微杜渐的。这一创新的区域政治概念就是对以东海海域为核心的“三方五点”的未雨绸缪，是对“西北太”地区政治经济发展的新型探索。在思想意识提前发展，这样才可以使得人们在进入这一创新模式时，有充分的准备，更好地适应和顺应地域政治的发展，对社会的发展以及经济的运行在一定的程度上起到推动作用。至少不会因为模式突然的出现，而产生不知何物、不知所措的迷茫状态。舟山是第四个国家级规划的新区，作为以发展海洋经济为最初设计和规划理念的，是第一个，也是目前为止唯一的一个。如何理解国家在海洋战略的意图，发展以海洋经济为特色的新区，在国家战略机遇期的第二个十年中发挥国家海洋战略赋予的历史使命，这无疑成为新区目前以及未来几年所思考、考虑、规划的重点。这样就需要一种全新的理念、思维以及具有创新的设计路径来发展和规划新区。

2.“五边形海域”是“西北太”的核心区域

“西北太”是西北太平洋的简称，“西北太”是特指白令海峡以西和中国台湾以北的广大海域，也即东经 180 度以西和北回归线(北纬 23°26′)以北的海域。从海洋视角来观察中国处于“西北太”地区，而从陆地视角审视中国是处于“东北亚”地区。这样细微的变化在一定程度上反映出发展海洋需要在思维方式上发生变化，即从“陆地思维”到“海洋思维”的变化。在思维方式上从海洋的角度出发，才能在行为方式上和政策制定上更有针对性、现实性、可行性和主动性。现阶段，这一海域频繁的海域和海岛争端吸引了世界的目光。尤其是围绕着中、日、韩三国的海洋问题，矛盾频发不断。以中、日、韩为中心的“三方五点”的“五边形海域”成为“西北太”的核心区域。这一核心区域不仅控制了东北亚通往太平洋从而走向世界的咽喉要道，而且还扼住了经济、文化和政治上欧美向亚洲的渗透、蔓延和延伸。“西北太”海域的“五边形海洋社会”是三国的共同体，都有几乎相同的海洋文化历史：都是起源于海底长三角，山地占土地的大约 2/3，河流的冲击形成了适宜人类居住的冲积平原。“五边形海域”是“三方五点”海洋文化的历史溯源地、政治利益的诉求地以及各国海洋战略的集合点，必然会成为“西北太”的核心区域。随着美国“重返亚太”政策的实施，这一海域必将成为 21 世纪的热点和焦点地区。

3.“五边形海域”成为“海洋世纪”的“敏感域”

2001 年 5 月，联合国缔约国文件指出：“21 世纪是海洋世纪。”也就是说，海洋发展是 21 世纪人类社会发展面临的主要问题。海洋成为新世纪人类生存和发展的第二空间，承载着国民经济稳步增长的新支点，人类生活和生存的新寄托。目前，“五边形海域”正在由于美国“重返亚洲”的国际战略以及频繁海上摩擦而成为全世界关注的焦点和中心。这一地区的冲突和矛盾将会持续一段时间，甚至会激化以致爆发一场海洋战争。“五边形海域”的“三方五点”在一定程度上都存在矛盾和争端，中国台湾问题、中日钓鱼岛事件以及中韩苏岩礁“领土问题”等海上领土争议不断甚至凸显，呈现出不断僵化的局面。这一海域已经发展成为一个海洋问题的敏感领域，进入了问题的“深水区”，需要进一步突破，如果不突破就会发生急剧的突变。但是现在谁都不想看见突变发生，因为突变会给人类带来灾难，但唯有突破才能避免突变。如果在处理海洋问题上没有突破，代价将不可估计。舟山群岛新区的成立是国家将海洋问题提升到战略层次，是对“五边形海域”海洋问题的积极回应，也是为了在舟山群岛建立一个相对独立运行的“小型海洋社会”提出初步尝试性设想。这是国家在发展和社会转型上范式和质量创新的新举措。舟山本身的边缘性和后发性使得这种新设想和新举措成为需要和可能。资本主义和社会主义的诞生无不证明新生事物的诞生都是从旧的薄弱环节里形成和产生的理论假设。在舟山群岛新区建立一个“小型海洋社会”就是国家在社会发展转型上的一步“先行先试”，也是对浙江舟山群岛新区进行“先设计，后开发”的第一步。

二、对准海洋战略目标

海洋历来是国际政治和军事斗争的重要舞台，也是展示国家综合实力和竞争力的重要平台。参与国际竞争必然会走向海洋，开发和利用海洋早已提上世界各国的议事日程。进入21世纪——海洋世纪后，许多沿海国家以海洋为中心制订未来发展规划，把海洋问题提升到了一个国家战略和全球战略的高度。“舟山群岛新区”的形成和组建就是国家在建设海洋强国发展思路上进行战略和长远考虑的结果。

1.国家战略物资的储备基地

资源和能源对于经济稳定发展无疑是至关重要的。随着对陆地资源和能源“竭泽而渔式”的开发，发展“陆地经济”已经出现了相对饱和状态以及面临着发展的瓶颈。世界各国不约而同地把目光投向了储存有丰富资源和能源的海洋。中国的经济发展也要依托于海洋，尤其是石油、铁矿石、煤炭等具有重大战略意义的物资大量依赖于进口。2012年世界石油的贸易较上年增长了1.6％，中国成为世界石油第二大进口国，进口量为3.54亿吨，主要来源于中东地区。舟山群岛是最具国家战略意义和最具稀缺价值的地缘政治和经济发展资源，舟山还拥有优越的深水港口资源，以及水水中转、水陆中转优势和以岛屿为基地的战略资源储备条件。舟山群岛可以作为我国战略物资储备、配送、交易基地以及上海国际航运中心的核心功能区。目前，舟山群岛新区已经建成国家石油战略储备基地、全国最大商业原油储运基地和矿砂中转基地、浙江省最大的煤炭中转基地。舟山港域2012年的吞吐量煤炭完成3114.94万吨，金属矿石完成9650.71万吨，石油及天然气完成5038万吨，粮食完成706.2万吨。同时，舟山的油品仓储能力也已达到1150万立方米以上，中转吞吐能力不断增加。预计“十二五”期间舟山将新增仓储能力1900万立方米，吞吐能力将达到1.2亿吨，成为全国油品仓储和中转吞吐能力最大的港口区域。目前，舟山开始对位于舟山海域内诸多符合储运条件岛屿进行了统筹规划，将建设一批大型油品、矿石、粮油和液化天然气等战略物资的储运基地，提供储运和贸易能力。预计10年后舟山的资源性产品储运能力可达到4亿—4.5亿吨，建成全国重要的油品、铁矿砂、煤炭、化工品、粮食、集装箱中转贸易加工六大基地，为解决国家能源安全提供支撑。

2.海洋综合开发的试验基地

舟山群岛拥有战略性的区位资源、深水岸线资源、航道资源、海洋海岛资源，战略地位突出，还有健全的海洋产业结构，基础设施条件以及海洋海岛机制较为完善，要成为国家建设海洋综合开发试验基地拥有自然地理上的天然优势和十分成熟的条件。建设海洋综合开发的试验基地就是要把舟山建设成为我国重要的国际性海上开放门户、国际一流的现代化海洋产业基地、全国独特的群岛型港口宜居城市，其中核心功能定位为中国最重要的国际物流岛。对舟山群岛的独特的位置、深水岸线、航道、海洋海岛等特色资源优势进行统筹整合，优化海洋产业结构，发挥国家给予的政策优势，把舟山群岛新区打造成为国际物流岛，逐步实现自由贸易港（区）的宏伟目标，这就需要对舟山群岛新区的综合开发进行合理的空间布局，对重点产业进行优化转型，海洋海岛进行整体布局和特色开发，实现“一岛一功能”的规划性开发。舟山群岛新区建成为国家的海洋开发的试验基地，对于保障我国大宗战略物资的储运中转安全，维护海洋权益，促进上海国际航运中心建设，探索海岛海洋开发新模式都具有十分重要的意义。

3.岛屿开发管理的“先试先行”

1982年《联合国海洋法公约》第一百二十一条对于岛屿定义做出了专门的规定，设置关于岛屿的相关制度。这样就赋予了岛屿在海洋法上重要的战略地位，国家对岛屿的占有不仅能获得岛屿的主权，同时还可以拥有对岛屿周边海域的管辖权,这其中包含着巨大的经济利益和政治利益。从日俄的南千岛群岛之争、日韩的独岛之争、中日钓鱼岛及其附属岛屿之争和中韩苏岩礁之争,岛屿对于一个国家政治和经济的作用可见一斑。我国是个多岛屿的国家,全国分布有岛屿6000多个,总面积八万多平方公里,约占我国陆地总面积的0.8%。岛屿岸线长一万五千多公里。然而我国拥有丰富的岛屿资源,却存在长期搁置和浪费岛屿资源的情况,海岛规划十分零散,没有做到"一盘棋"的整体规划,缺乏整体眼光。这种情况直到与周边的国家在岛屿的主权上发生争端之后,才被动地发生变化并将岛屿开发提上政府议程。于2010年3月出台《海岛保护法》,这样拥有丰富海洋岛屿资源的舟山市进入了国家海洋战略规划的视野之中。舟山群岛新区的成立在国家的战略视野中就是以舟山的群岛资源尝试性开发与管理,探索出更多的近海岛屿和无人岛屿的开发经验和管理模式。舟山群岛新区在岛屿开发和管理拥有"先试先行"的权力,要实现对岛屿资源的尝试性开发、优化式开发、生态式开发,在开发之中注重对岛屿资源的保护,实现岛屿资源的可持续开发,更要注重在开发和保护过程中对相关问题和经验的总结,形成"舟山模式""舟山范式",为更多的岛屿开发管理提供智力支持。特别是为2012年6月刚刚建制的我国第二个由群岛组成的地级市三沙市提供岛屿开发和管理的范式和经验,完成国家海洋战略赋予的战略使命,对构建一个"小型的海洋社会"进行尝试性的探索。

三、对策未来发展问题

在舟山群岛新区构建一个"小型海洋社会",是从"国家海洋战略"的角度对治理未来发展问题的一个尝试。这一尝试既是对严峻的国内外形势的一次主动性回应,也是对纷繁复杂的形势进行的一次系统性分析的回应,反映了国家的海洋意识已经上升到了战略的高度,要从战略的思维路径考虑国家未来的发展问题。在舟山群岛新区构建一个"海洋社会"就是对未来发展问题的全局性的、系统性的、长远性的、战略性的思考和路径选择。

1. 能源与资源是未来发展问题的核心

目前,随着陆地资源的逐渐匮乏以及由于资源和能源紧张而带来的社会发展和人类生存问题,引起了世界各国的高度关注。海洋以其丰富而且潜力巨大的资源和能源成为21世纪各国间争夺资源的主战场。开发利用海洋资源和能源是随着人类文明的发展而逐渐发展与成熟起来的必然结果。

随着科学技术的进步，海洋资源不断被发现，人类的海洋价值观也随之发生了深刻变化。海洋对于人类生存和发展的重大战略意义受到了普遍重视，各国政府都从全球发展战略的角度和高度在看待和对待海洋问题。对于海洋资源的利用，谁准备得更早、更好、更充分，谁就可能在海洋上获得更大甚至最大的利益并取得海上竞争的主动权，就能成为真正的海上强国。为了应对未来的发展问题，国家从战略的层次出发，从国家经济安全的角度考虑，让舟山群岛新区承载了这个历史使命。舟山拥有非常丰富的风能、潮汐能、潮流能以及海底油气、海底矿产等资源，并对于战略物资石油、铁矿石、煤炭等关系到国家经济安全的能源和资源的存储和中转起到了至关重要的作用。对于推动我国区域战略发展由陆域延伸至海域，对于全国海洋经济的良好发展，海洋相关产业的良性运行提供了物质保证。舟山群岛新区的资源和能源的自然优势和配置作用，也可以提升我国在世界能源资源配置格局中的主导权和话语权。

2.国际通道成为未来发展问题的关键

深水航道和承载国际通道的地区对国家的政治安全和经济利益有着异常重要的战略价值。《中国海洋发展报告 2010》指出，我国贸易货物运输总量的 85%是通过海上运输完成的。近年来，我国对石油、矿产品等重要战略物品的对外依存度均已超过 50%。舟山群岛位于连通东南亚直至东北亚的海洋通道这条海运生命线的中间节点的位置上，这也就意味着它扼守着中国经济的大动脉。近期，围绕海洋资源的边界主权之争也日渐突出，如中日钓鱼岛之争，虽然从表面上是涉及很小一个岛屿及周边水域的争端，但实际是牵扯到一个能源资源和国际通道、空间布局的战略问题。其中，面对日益紧张的海洋竞争，浙江舟山群岛新区的建设为西北太平洋战略通道的控制奠定了重要基础。途经我国的 7 条主要国际海运航线中有 6 条经过舟山，舟山海域又有可供 15 万吨级船舶进出的航道 13 条、可供 30 万吨级船舶进出的航道 3 条，以舟山为基点，新区与亚洲的其他主要航运中心釜山、长崎、高雄、中国香港、新加坡等地构成了一个 500 海里等距离的扇形海运网络。所以，中国工程院所做的《浙江沿海及海岛综合开发战略研究》认为，舟山群岛是“我国开拓走出大陆的通道、开发西太平洋资源的战略前进基地”。由此决定了浙江舟山群岛新区是国家海洋战略由“海”走向“洋”的前沿阵地。它不仅要成为我国拓展海洋战略空间、开发海洋资源的重要实践基地，而且也是我国解决发展中的能源问题、通道问题、增长方式问题的重要“先行先试”新区。

3. 海洋空间布局未来发展的尝试性设计

2013年5月8日，国家海洋局海洋发展战略研究所发布《中国海洋经济发展报告(2013)》提出，当前我国海洋空间布局基本形成。浙江省已经完成了“一核两翼三圈九区多岛”为空间布局的海洋经济总体发展规划。实现“以海引陆，以陆促海，海陆联动，协调发展”，发挥不同区域的比较优势的发展目标。舟山群岛新区承载了海洋空间布局的任务，并对舟山群岛新区做出了“一体一圈五岛群”的战略定位和发展目标。“一体一圈五岛群”，对舟山本岛进行了合理的城市规划，旨在把舟山本岛打造成为生活和谐、生态文明、绿色生产的海上花园的宜居城市；有着根据舟山群岛新区深水岸线优势，将相关空间优势岛屿建设成为国际物流岛和大宗商品储存中转加工交易中心的区域空间发展定位；计划发挥岛屿资源的空间优势，对岛屿进行特色开发，实现发挥岛屿的特色优势，合理进行区域规划，切合实际发展的岛屿空间布局。这是国家和省政府站在发挥海域功能和海洋空间作用角度对海洋空间布局未来发展的尝试性设计。也由此决定了浙江舟山群岛新区的海洋战略地位、功能、作用和影响，它主要是国家管理海洋、海岛及海域的先行区和试验区，是为国家进一步拓展海洋空间、管理海岛及海域积累现实经验和提供发展思路，为建设一个“海洋社会”打下思路和制度的基础。中国很需要这样的实践、经验和思路。这样的实践、经验和思路在以往的中国式思维和实践中是很缺乏的，甚至是很粗糙和很幼稚的。像舟山群岛这样具有系统海洋性和海岛性的区域，在中国的海洋管理上尚属稀缺资源，必须要做到顶层设想、系统设计和细致设施三者紧密和科学的结合。

四、总结

在舟山群岛新区构建一个“小型的海洋社会”尚处在初步构建阶段，这样一个具有尝试性和前瞻性的新社会运行范式，对于构建花园式的海上城市和宜居的群岛型新区都会产生巨大的推动力。但是，理念与现实、规划与实施都会存在一定的偏差，如何更好地在现实实施过程中掌握好构建一个“小型的海洋社会”的规划方向、寻找到规划与目标在现实中的契合点以及实现新区的可持续发展等一系列未来即将和可能遇到的困难，这不仅需要我们做好“苦其心志，劳其筋骨，饿其体肤，空乏其身”而后成大事的心理准备，更需要我们为舟山群岛新区在建设“海洋社会”的方面做出更多奉献、思考和探索。

参考文献

[1] 黄建钢.海洋十论：进入“海洋世纪”后对“海洋”的初步思考：2001—2010[M].武汉：武汉大学出版社,2011.

[2] 黄建钢.论“第三级港口城市”——对“浙江舟山群岛新区”发展前景的一种思考[J].浙江社会科学,2012(3).

[3] 夏文中.舟山海洋综合开发试验区建设思路初探[J].浙江经济,2010(4).

[4] 李媚.论《联合国海洋法公约》对岛屿的界定[D].湘潭：湘潭大学,2010.

“民本”理念下政府转型与职能转化研究

王　昭

[摘　要]　随着我国经济的快速发展，我国民主进程和社会变革也随之加快，政府职能的转变和人民群众的利益便显得越来越突出和重要。特别是近些年，中国政府已由“行政政府”开始向“服务政府”转型，一系列惠民政策纷纷出台，在社会上产生巨大的影响。由此看出，思考“以民为本”思想生成的来龙去脉，探讨政府职能转变的重大作用，分析政府自身转型与职能转化，显然是非常必要也是很有意义的事情。

[关键词]　以民为本；政府转型；职能转化；服务型政府

一、“民本”概念的形成

“民本”即以民为本，顾名思义，便是以人民为国家的基本，“民”就是老百姓的意思，同“君”相对，“以民为本”的思想最早提出是在春秋战国时期，用孟子的话说就是“民为重，君为轻”，历经许多朝代“以民为本”的思想一直都存在，并且越来越成为国家所关注的重中之重。党的十六届三中全会《决定》提出：“坚持以人为本，树立全面、协调、可持续的发展观，促进经济社会和人的全面发展。”这一理论的提出，进一步确立了人民群众在政府和国家工作中的重要地位，是国家进一步改革和发展的根本要求和最终目标。同时这一理论的提出对政府转型、政府职能转变、服务型政府的构建具有高度的指导意义。

二、“民本”理念下的政府转型

1. 什么叫政府转型

转型一词的应用最早是在生物学中出现的，用来解释社会和生活变迁所产生的性质转变和具体的过程。"转型,是指事物由一种运动形式向另一种运动形式过渡的过程。转型既包括事物结构的转换也包括事物运行机制的转换。所谓社会转型,是指社会结构和社会运行机制从一种形式向另一种形式转换的运动过程,内容有社会结构、社会运行机制以及价值观念等方面的转换。"在本文中转型主要指的是政府转型,也就是说政府经过一系列的政策变革的过程和性质的转变。同时也是政府为了能够更好地适应一直在不断增长的人民的需求、经济、政治和社会的需求的变革,做好调节社会平衡和社会和谐的过程。

政府转型不仅仅是简单地对现有政府管理体制的修补,也不是一般性地调整政府职能,而是建立一个与经济转型、社会转型相适应的,以民为本的现代政府模式。这里就体现了以民为本的重要性。也就是说,政府的成功转型要在以民为本的理念指导下进行。应当注意的是,政府转型并不是在短时间内就能够完成的,而是要经过多个层次的提升才能够逐渐完成的,在转型的过程中,可能会受到许多内在或者外在因素的影响,例如:政治、经济、文化和社会环境等各个方面,同时也会受到体制内的制约,这些都是政府转型中需要重视的问题,同时也决定了政府转型是否能够顺利地进行。

2.政府转型的主要原因

推动政府转型的原因有很多,但是经过分析和总结大致上可以分为内因和外因两种因素,其中外部因素主要是指经济的高速发展促使了社会的转型,是政府转型的外在推动因素,以行政生态学的角度来看,行政生态环境对政府的结构和政府的正常运行产生着巨大的影响,而政府的活动和政府系统则是包含在行政生态环境之中的,由此可以看出,当行政生态环境产生了巨大变化的同时,政府行政系统也会通过一定的途径去改变自己来适应新的行政生态环境。也就是说,行政生态环境决定了政府的基本类型。在我国,市场经济占主导地位,由此对政府的职能方式、资源配置方式、行政权力分配、机构模式设置、行政管理方法都产生了巨大的影响,也可以说,政府转型是在社会转型的推动下进行的。

对于影响政府转型的另外一个因素即内部因素,我们认为是政府为了能够更好地适应经济和社会的发展而产生的内部的自我完善和变革。就目前中国的形势来看,政府的转型往往也会连同社会转型一起进行,这一时期的社会转型任务也较为繁重,不仅要引导工农业和经济的转型方向,同时为了达到能够正确地引导上述方面的转型,就必须顺应经济社会发展的需求和转型的现状,最终达到正确地推动中国现代化的进程的目标。

除了上述的两种原因之外，还存在有第三种原因，即在内外部原因的相互作用之下产生的第三种原因，这种原因主要体现在公众日益增长的公共品需求同公共品供给短缺之间的矛盾而产生的政府转型的驱动力。上述的三种原因便是推动政府转型的主要动因。

3.政府转型的目标

政府转型的微观基础。在当代中国社会结构变化的趋势下，由于政府逐步放松了对经济领域的过度干预和严格控制，使得社会发展的活力日益得到了显现，但是由于历史的原因，中国社会的自治功能以及国家与社会的良性关系仍未得到深度发展。所以，社会生态环境的加速变化，使得政府单方面的不可治理程度也在加速增大，"全能政府"单独主治的局面已经难以很好地解决日益复杂的经济和社会问题。事实已经充分表明，社会结构的变化和发展是政府职能转变的基本需要和根本动因，而政府职能转变则是推动经济社会协调发展的重要方面和历史结果。社会越向前发展，就越需要政府实现由社会控制向社会服务的重大转变，并要在妥善处理好国家与社会、政府与民众健康关系的基础上，更加有效地培养社会的自治能力和公民的参政能力，真正把促进经济社会协调发展作为服务型政府的主要职能。从这个意义上讲，当代中国社会的发展不仅需要理性设计的推动，更需要政府行为的重新构建。

要实现政府职能的这种重大转变，关键是政府在转型过程中要向社会进行适度分权。政府主动"减负"与向社会分权，一方面表明"强政府大社会"的时代正在和已经到来；另一方面，也向我们提出了"大社会"如何进行构建这个崭新的课题。"大社会"不仅是凸现公民价值与权利的社会，而且是一个倡导公民参与意识与责任意识的社会。然而，公民参与意识和责任意识绝不是自发形成的，它需要创造出形成这种意识的机制与条件。这种机制及其状态的形成，需要在政府与社会之间建立起一个宽厚的中间层，即一个能够提供制约和纠错功能的健全的公共领域。这个领域应该是一个具备成熟和完善的社会自治组织的系统，这些组织具有根据国家法律注册的合法身份，它们依靠法治来实现自己维护公共权益的目标，并由政府来购买它们向社会提供的公共服务。然而，当这种机制形成以后，这些民间组织在社会上就会产生巨大的影响力，并且能够得到公众和国家立法机构及政府的尊重，进而使社会民众能够以权力委托者的身份并凭借自己的组织力量，一方面去影响和监督政府，另一方面与政府携起手来共同治理社会。

改革开放以后,中国的非政府组织正在逐渐成为推动社会发展的动力,逐步建立和完善起来的行业协会、中介组织和社区不仅为提高和增强社会的自治能力发挥着重要作用,并且架构起了政府与社会及其民众之间进行沟通的桥梁。它们的进一步发展有赖于政府大胆地向社会组织分权,并接受政府原先职能中分离出来的技术性和事务性工作,这样做既有利于避免政府对微观领域的直接干预,又将为社会的自主管理创造极其广阔的空间。从这个意义上讲,它们既是政府从直接管理向间接管理转变的重要载体,又是实现政府转型的微观社会基础。可以预见,所有这些都将为逐步形成政府、社会和市场组织的多元结构及网络化的互动管理模式,为促进经济与社会的协调发展奠定重要的基础。我们完全有理由相信,在我国政府转型和职能转变的实际步骤和有力感召下,国家与社会、政府与民众必将携手共进,不断推进经济和社会的全面协调发展。

首先,理解目标是什么。简单地说,目标就是人们希望通过自己的努力而达到某种预期的效果。做任何的事情都需要有一个目标,政府转型也不例外。在需要改革之前就要认识清楚改革的正确规律,在这个基础之上进行从而达到预期的目标。而政府转型则是涉及范围广,需改革层次多,改革过程相对较长的一项工程,所以,更需要确立一个正确的目标为之努力。政府转型目标的确定等同于政府在新的时期找到了准确的自身定位。由此说明了正确目标确立的重要性。

那么,在政府转型过程中政府应该确立怎样的目标呢?树立正确的转型目标要从多个方面来看。价值取向的转变,新型政府要有一个新型的正确的价值取向,价值取向是政府转型的核心层次,是政府转型的重点。

4.以民为本的政府转型

当今社会,人民生活水平与生活质量不断提升,国家经济不断发展,当一切事物都在进行着转变的同时政府也不能落后。全面建设小康社会和完善市场经济体制目标的推进,对政治体制改革提出了新的要求,为了能够适应社会对政府提出的新要求,政府必须做出相应的转变才能够满足这些要求,面对这种情况,政府应如何转型?

以民为本一直都是我国政府最为重视的部分,所有政府转型都应该在以民为本的理念下进行正确的转型。何种类型的政府才能够体现以民为本呢?公共服务型政府既能满足我国当前所面临的新要求,同时也是以民为本的体现,所以建设公共服务型政府是我国政府转型的新趋势。

三、"民本"理念下政府职能的转变

政府类型转变为公共服务型政府，其政府职能也应相对转变。公共服务型政府是一种民主行政体制，要求政府为社会和经济发展创造良好的环境。公共服务型政府是法治政府，最重要也是最基本的职能就是组织和执行"公共物品"的供给，而不必也不应管"私人物品"的供给。面对这样一个服务型政府，我们必须加快政府职能的转化来满足政府转型。

1.我国政府职能的现状

政府职能转变与服务型政府建设取得的成绩。首先，已经从理论上基本廓清了政府与市场、政府与社会、政府与公民的关系，并在实际中得到一定程度的贯彻和落实。其次，已经从理论上明确了政府的主要职能是经济调节、市场监管、社会管理和公共服务，并在政府实践中得到初步的落实和体现。再次，对政府职能的配置逐步趋向科学合理，树立科学发展观和构建社会主义和谐社会，已经在许多地方政府及其公务员中成为一种自觉意识和行动。最后，将建设服务型政府作为我国政府改革的重要目标模式已在理论界基本达成共识，并在全国各级政府中轰轰烈烈地开展起来。

政府职能转变与服务型政府建设存在的问题。首先，官本位、政府本位和权力本位的观念意识和实际做法还相当普遍地存在，民本位、社会本位和责任本位的观念意识仍很薄弱，未能在实际中得到应有的落实和体现。在某些方面官本位甚至有被进一步强化的迹象。其次，对政府职能的认识和配置还不尽科学合理，表现在某些政府的实际工作中就是片面地追求GDP增长，而忽视经济社会的全面、协调和可持续发展，忽视社会公平等。再次，一些地方政府及其公务员对转变政府职能、建设服务型政府存在畏难情绪，强调客观困难多，缺乏决心和热情。最后，对转变政府职能、建设服务型政府的理解还比较肤浅，在转变政府职能、建设服务型政府中还明显存在急于求成和简单化的问题。要解决以上这些矛盾和问题并不是一件轻而易举的事情，需要统筹协调，多策并举，而加快政府职能转变与建设服务型政府，无疑是非常重要且关键的。

2.政府职能转化的方向及举措

针对当前在政府职能转变与服务型政府建设实践中存在的问题，必须着力推进政府职能转变和服务型政府建设。

第一，领导重视是关键，观念转变是基础。加快政府职能转变与建设服务型政府，是一项牵涉面广、内容深刻、力度大的政府改革举措，必须得到各级领导的高度重视，将其列入重要改革议程，科学决策，周密规划，加强指挥协调和检查落实。同时，广大政府公务员还必须认真转变行政观念，形成适应社会主义市场经济发展要求的现代公共行政价值观，真正树立"管理就是服务""服务力求高效""服务是公务员的天职"等理念，积极主动地为企业、社会、群众服务。

第二，要处理好几对重要关系。一是处理好经济发展与公共服务的关系。只有经济发展了，才能为公共服务提供必要的物质基础。在处理经济发展与公共服务的关系上，应注意防止两种倾向：一种倾向是担心影响经济发展速度，应该提供的公共服务也不提供；另一种倾向是不切实际地提出过高的公共服务要求和承诺。二是处理好经济性公共服务与社会性公共服务的关系。建设服务型政府，就是要两方面的公共服务都搞好，而不应有所偏废。三是处理好公共服务水平与公共服务覆盖面的关系。我国的公共服务水平和公共服务覆盖面都不尽如人意，都需要提高，但最为突出的问题还是公共服务覆盖面较小。我们应在兼顾提高公共服务水平和公共服务覆盖面的同时，在扩大公共服务覆盖面上投入更多的人力、财力和物力。

第三，深化行政审批制度改革，逐步过渡到以核准制和备案制为主。过多过滥的行政审批是管制型政府的典型特征。管制型政府处心积虑的就是如何把管理对象控制住，至于将给社会的生机、活力和效率带来什么样的损失，政府是不是真正履行好了自身的服务责任，却考虑得不多。而转变政府职能，建设服务型政府，就是要彻底改变这种状况。

第四，增加政府公共投入，在数量和质量上提供满足社会基本需要的公共服务。政府的财力总是有限的，只有转变发展观念，调整财政支出结构，才能扩大教育、科技、医疗卫生、社会保障、安全、环保等公共服务领域的投入，在数量和质量上提供满足社会基本需要的公共服务。

第五，以电子政务为支撑，以政务公开为突破口，提高服务效率，改善服务品质。计算机和网络技术的发展已经为开展电子政务提供了强大的技术支撑，进而为政府实行政务公开、提高服务效率、改善服务品质创造了前所未有的客观条件。因此，各级政府应当按照国家信息化发展战略和电子政务建设规划，积极加以推进。

第六，改革政府和干部考核评价体系，增加公共服务权重，真正体现科学发展观与构建社会主义和谐社会的要求。坚持科学发展观，构建社会主义和谐社会，必须改革政府和干部考核评价体系，增加公共服务权重，否则，就不可能真正落到实处。在今后的政府和干部考核评价体系设计中，一定要全面体现政府和干部所应承担的职能和责任，适当增加公共服务的权重，真正体现科学发展观和构建社会主义和谐社会的要求，而不能单纯地以经济或 GDP 的增长论英雄。

[1] 郑杭生，李强. 社会运行导论——有中国特色的社会学基本理论的一种探索[M]. 北京：中国人民大学出版社，1993.

[2]〔瑞典〕缪尔达尔. 亚洲的戏剧——对一些国家贫困问题的研究[M]. 北京：北京经济学院出版社，1992.

[3] 袁祖社. 权利与自由[M]. 北京：中国社会科学出版社，2003.

[4] 顾平安. 政府发展学[M]. 北京：中国社会科学出版社，2005.

浅析舟山海岛城镇化建设

刘士鑫

[摘　要]　面临着经济的不断发展,现代化的不断进行,城镇化建设成为地区进一步发展的关键。舟山作为我国第一个正省级新区的确立,为舟山市的城镇化建设带来了良好的发展优势,如何利用这些优势并结合舟山当地的特点进行合理的城镇化建设值得关注。

[关键词]　舟山;新区;城镇化

舟山群岛是我国最大的沿海群岛,其海岛的数量大约占到我国海岛数量的20%。近年来,随着经济的不断发展,舟山在我国整体发展中的战略作用不断体现,国家在财政、政策等方面对舟山都有所偏移。2011年国家批复舟山群岛新区建设规划,浙江省住房和城乡建设厅相继发布《浙江省舟山群岛新区空间发展战略规划》,对舟山的产业功能、城镇服务、交通和基础设施等进行了统筹布局,提出了"四城一岛"的空间发展战略目标。"国际物流岛""海上花园城市""国际休闲岛"等都预示着将来舟山的现代化、国际化的发展目标及面貌。2013年1月,国务院正式批复舟山群岛新区由副省级新区升为正省级新区,成为全国唯一的正省级新区,享有利用全国资源的优势,为舟山市的现代化建设提供保障,而城镇化建设作为实现现代化的必要条件和基础,值得关注。

随着经济社会的不断发展,舟山市各海岛的城镇化建设不断取得进展,《中国城镇化质量报告》根据相关数据研究,指出2011年舟山市的城镇质量在不包括拉萨在内的地级及以上城市中排前20名,质量指数为0.6255。尤其近几年城镇化的速度和程度都有所提高,并有加速发展的趋势,为了减少城镇化过程中产生的不必要问题,高质量、顺利地实现城镇化,更好地进行现代化建设,结合其他地区城镇化的经验教训,舟山群岛新区在城镇化建设中应注意以下几个方面。

一、深刻理解城镇化

城镇化，一般是指人口向城镇聚集、城镇规模扩大以及由此引起一系列经济社会结构发生变化的过程，其实质是经济结构、社会结构和空间结构的变迁。城镇化的实质和目的是均衡城乡发展，实现人民生产、生活水平和质量的不断提高。具体体现在城镇化建设和发展过程中医疗、卫生、基础设施和教育等保障人民生产生活的相关方面的不断发展和完善。城镇化是我国学者在城市化进程中根据我国的特殊国情提出的概念，各地区因经济、社会等条件不同，城镇化的基础和条件也不相同，因此在城镇化进程中要关注和解决的问题各有侧重，所以要深刻理解城镇化的含义，对城镇化的本质和外延、功能和作用都要有深刻的认识，不能只是停留在表面，认为城镇化就是"大城市化""旧房变新房，低楼变高楼"，城镇化就是"人口集中、产业集聚""一段时间内的重点工作"等等。针对不同地区空间条件等的限制，城镇化的实现形式和模式等各有不同。随着我国城镇化的不断进行，结合国外已经实现城市化的国家的经验及发展现状，我们对于城镇化尤其是我国特殊国情下的城镇化建设会有更加深刻的理解和认识，对于城镇化现状的相关指标也应进行相应调整。城镇化实现程度的高低不是城市人口占地区总人口比重的增多，不是城镇用地占土地总量比重的增多，而是经过城镇化后人民生活水平和生活质量是否有所改善，基础设施、医疗卫生条件、教育水平等能否实现城乡均衡的发展，进而促进全国城镇化水平的不断提高。

相对于其他陆地地区，舟山各海岛的城镇化有自己的特点。一方面因为其海岛的面积有限，城镇和农村数量及发展空间有限，因此舟山群岛的城镇化形式不同于陆地的城镇化，可以通过自身发展实现城镇化，即就地城镇化。就地城镇化一般是指农村人口不向大中城市迁移，而是以中小城镇为依托，通过发展生产和增加收入，发展社会事业，提高自身素质，改变生产生活方式，过上和城市人一样的生活。就地城镇化的方式相对于现在的农村人口向城市转移的城镇化方式，能够减少农村和城市在城镇化过程中产生的环境、社会、保障等方面的问题，减少发展的压力，更易于实现城乡的均衡发展。另一方面，各海岛的资源状况不同，各有特色，其发展的优势和契机不同，实现城镇化的方式具有多元化。例如以自然资源为发展条件的桃花岛，以佛教文化为契机的普陀山，还有以渔业资源为发展契机的沈家门，等等。这些自然风光和文化积淀是舟山城镇化方式与角度多元化的基础，也是更好地实现舟山城镇化和现代化的条件。然而，舟山市各海岛上大多为渔农村，很容易被误解为渔农村的城镇化建设就是农村街道的修整，房屋的规划等，却没有意识到新时代的渔农村应该是渔民们思想意识、生产方式和生活方式的现代化，而不仅仅是外在物质的改变。因此对城镇化的正确认识很重要，对城镇化的误解只会导致城镇化发展失去正确方向，城镇化建设违背客观规律，城镇建设好大喜功、急功近利，不能实现城镇化的可持续发展。

二、保证城镇化的质量

诺贝尔奖得主、美国经济学家斯蒂格利茨曾评价说，中国的城镇化是影响人类 21 世纪发展的大事。城镇化是社会进步发展的必经阶段，也是目前我国发展的必然趋势，城镇化质量的高低也直接影响到现代化进程，因此必须保证城镇化的质量。城镇化质量是用来衡量新型城镇化发展的监测评价数据，包括人口就业、经济发展、城市建设、社会发展、居民生活、生态环境六个方面。

舟山市在城镇化建设中要合理布局，尤其要充分发挥中心城镇的带动作用。规划的同时要考虑到舟山的地理状况，各海岛因相互分离，居民点较为分散。在城镇化建设过程中对于教育、医疗、基础设施等的建设要充分考虑到人口的分布和密度及地理状况，特殊地区特殊对待。如果规划不合理很容易造成空间和资源的浪费。目前我国很多地区的城镇化出现基础设施建设低水平，市政建设占地偏少，限制周边农村地区企业向城镇集聚和第三产业发展，相对降低了农民向中小城镇转移的可能性及已转移农民的稳定性，阻碍了城镇扩张，减少了对周边地区的农村发展的带动作用。

城镇化过程中还应注重城镇的可持续发展，目前我国很多地区实现城镇化的方式是征用城镇周边地区农民的土地进行城镇扩建，将农民转为城镇人口，进行相应的经济补偿。短期内看，以目前的城镇化标准，城镇化水平提高了。但这种方式只是看到了几年内城镇化的成绩，但忽略了被转为城镇人口的农民失去仅有的生活来源后如何生存的问题，如果对于失去土地的这部分农民没有相应的职业安置，这对社会的稳定及长期发展都会造成一定的隐患，这种以业绩为目标而实现的城镇化不是高质量的城镇化，对于城镇及社会的可持续发展都会造成负面影响。

三、打造健康城镇

城镇化建设的最终目的是实现人民生活水平的提高，因此，城镇化过程中农民素质的提高也应受到关注，这样对于城镇化的进行及城镇化的可持续发展提供了保障。针对以上问题，有学者提出了"健康城镇"的概念，即健康、安全和高质量的自然环境；稳定、可持续的生态环境；能够满足全体城镇居民的食品、用水、居住、收入、安全和就业等所有基本需求；居民拥有各种各样的机会和丰富资源，相互间有密切的联系和交流；城镇经济呈现多样化，富有创新精神；所有居民都能够享受高质量的教育、文化、医疗和保健服务，健康良好。

城镇化的出发点和最终目标都是为了实现人的发展，因此在城镇化的过程中应该处理好以下关系：一是人、城镇和自然环境的关系。我们强调以人为本，并不是说所有的自然环境、城镇建设都要满足人的需求，而是说人不仅仅是环境、资源的消费主体，是城镇的主人，更重要的是环境保护、资源保护的主体，是城镇的建设者。尤其舟山市的自然环境保持得很好，在城镇化的建设过程中应尽力保护并保持这种自然现状。所以城镇的发展要有合理的权限，要考虑与自然环境、资源的协调统一，考虑资源和环境能够为整个发展提供多大的承载能力。二是人的现代化与城镇现代化的关系。城镇化不仅是城镇人口比重提高、城镇规模扩张等"外化"过程，更是城镇文化形成、生活方式变迁、现代城镇思维培育和社会治理模式转变的"内化"过程。现代城镇不仅要有雄厚的物质基础、兴旺发达的商业，更要有丰厚的文化底蕴。这里固然有比较多的历史文化遗存、文化娱乐设施等，更重要的则是人要具有比较高的科学文化、法律道德素养，人的言谈举止、行为规范要与现代城镇相匹配，二者相辅相成。因此，城镇化过程中与基础设施等同步的还有人口素质。

健康地进行城镇化及实现健康的城镇化都是我们的目标，这就需要我们能够贯彻合理的城镇化理念，正确处理好城镇化和现代化及自然之间的关系。

四、正确处理城镇化和舟山群岛新区的关系

城镇化是经济和社会发展的必然趋势，也是人类社会实现进一步发展的关键。随着经济的不断发展，城镇化的进行在一段时间内将会贯穿社会的发展。城镇化的建设和发展需要相应的契机及政府相关政策的支持与保障，舟山群岛新区是我国继上海浦东、天津滨海、重庆两江新区之后又一个国家级新区，也是国务院批准的我国首个以海洋经济为主体的国家战略层面的新区，国家对于舟山的发展在政策上提供了宽松的环境，间接地对舟山

市的发展给予了相应的指导，为舟山市城镇化的进行提供了相应的契机和政策保障，为舟山市城镇化的出发点和目标提供借鉴，因此，舟山群岛新区的成立是舟山市的城镇化建设的催化剂，能够加速其城镇化建设。舟山市城镇化建设的顺利进行是舟山群岛新区发展的目标，也为舟山群岛新区的建设和发展提供有力保障，二者相辅相成。

目前，舟山市各群岛的城镇化建设相对滞后，但这是城镇化建设的必经阶段，虽然新区的建设可以为城镇化建设提供跳板，起到催化的作用，但不能急功近利，应结合城镇化的相关理论及舟山市各地区目前的城镇化现状，在政府相关理论的指导下合理、稳定地进行城镇化建设，逐步实现舟山的城镇化。要处理好两者的关系，合理科学地利用国家给予的政策优势，持续、稳定、合理地逐步进行舟山市各群岛的城镇化建设。

五、形成城镇发展的支撑体系

城镇化的进行是经济社会发展到一定阶段的表现，是硬件设施和软件设施不断完善的过程，因此，顺利地进行城镇化建设需要相关体系的支持和保障，在相关政策、金融、公共服务、基础设施建设等方面都应有所体现，不同地区的城镇发展面临着不同的发展优势和劣势，城镇的支撑体系也应有所侧重。完善而合理的支撑体系才能更好地促进城镇化的建设，为城镇建设提供有力保障。而经济作为所有支撑点的基础，在所有城镇发展的支撑体系建设中更应受到重点关注。

因此，在城镇化建设中，要有效推进城镇化，必须强化产业与城镇的结合，充分利用城镇发展和产业的共生关系。以产业为依托，立足当地资源、区位、交通、人文、信息等方面的优势，选择、培育主导产业和具有比较优势的产业，弥补劣势，不断形成和完善城镇发展的支撑体系。目前国内城镇化的实现大多结合相关产业的发展，例如旅游业、矿产业、服务业等，支撑体系内部相互促进，带动城镇化的支撑体系的不断完善。具体的措施可以结合舟山市各群岛的资源环境优势，进行港口、海洋产业等的建设，加快“三基地”建设，进一步增强综合经济实力，进而完善舟山市城镇化的支撑体系。

六、进行有特色的城镇化

结合各自的特点进行有特色的城镇化，是城镇获得长远发展的必要条件。有特色的城镇化是在结合当地发展优势和发展特色的基础上进行的城镇化建设，舟山市不同地区的自然环境、自然位置、交通条件、人文历史、经济结构、生活习惯等都不同，因此结合各海岛的特色，其城镇化必然具有自己的特色。一是城镇化过程中显现地方风情。如山区城镇建设应当依山就势，顺理成章地组织空间，使之曲直结合，高低起伏，错落有致，形成相互衬托的整体环境。海岛城镇建设，要通过合理组织运用蓝天、白云、碧海、金沙等自然要素，使之形成绿水青山、辽阔浩瀚又静谧闲舒、源远流长的空间环境。二是产业特色。要根据当地资源和支柱产业发展情况，来确定城镇建设特色，如建设海洋旅游镇、临港工业镇、港口物流镇、现代渔业镇、海洋生态镇等。三是文化特色。如宗教文化、民俗文化、饮食文化、海洋文化等。普陀山千百年来形成的佛教文化驰名中外；岱山建起多重风味十足的海洋文化系列博物馆，既能拯救、弘扬海洋历史文化，又可营造自身城镇旅游发展空间，避免与舟山其他地区雷同，以形成主题各异、类型不同、互为补充的海岛旅游特色。

城镇化建设是在原有城镇的基础上，在相关理论的指导下，社会结构、经济结构等进行重组并不断完善，最终实现人类生产、生活水平不断提高，城乡实现均衡发展的过程。舟山市各海岛的城镇化建设是具有特色的城镇化过程，其发展历史及发展条件都不同于其他陆地地区的城镇化，因此对于舟山群岛的城镇化应找到合适的理论、模式和路径。

[1] 汤满初. 舟山城镇化建设存在的主要问题和必须坚持的原则[EB/OL]. 岱山党校，2011-5.

关于浙江舟山海洋生态环境及可持续发展的研究

肖 钗

[摘　要]　海洋生态文明是生态文明的重要组成部分，是浙江海洋经济发展示范区建设的重要战略定位之一。舟山群岛作为我国第一大群岛，资源优势明显，但是随着近几年的开发，出现了诸如淡水资源缺乏、环境污染严重等问题。本文从生态文明的视角阐述了建设海洋生态文明示范区的重大意义和面临的主要问题，并结合浙江省实际情况提出了建设海洋生态文明示范区的主要任务，为推进浙江海洋生态文明建设提供理论及实践参考。

[关键词]　海洋生态；生态环境；可持续发展；舟山群岛

舟山群岛是我国第一群岛，舟山市是唯一一个在群岛中建立起来的地级市。近年来，舟山市在开发海洋资源、发展海洋经济方面的成绩显著，在遵循科学发展观，贯彻落实生态立市原则的前提下，日益重视海洋生态环境保护工作，并优先建设生态海岛，创设国家综合海洋开发实验区，在推动海洋生态文明建设中做出了较大努力并取得一定成果。

一、海洋开发对海洋生态环境的影响

进入 21 世纪，人类对海洋资源和环境的需求日益增大，随着经济建设的快速发展，舟山群岛的资源环境系统正承受着巨大的压力，其服务功能显著下降，可持续利用能力逐渐丧失，限制了舟山的可持续发展。一系列的涉海工程建设项目纷纷上马，大规模、高强度的不当海洋开发加速了我国海洋环境和生态的恶化，加剧了海洋生态灾害发生的频率，直接威胁到海洋资源的可持续利用和海洋生产力的进一步解放，也威胁到人类的生命健康。

1.海上油气开采

海上油气开采使海水中石油烃和悬浮物含量增加。浮游植物对油非常敏感,会因油的毒性及溶解氧缺少和光照减少而受到抑制或死亡;泥屑和水基泥浆对浮性鱼卵和仔鱼有一定的伤害;长期的累积效应,会使局部鱼类的种群结构发生变化,鱼体内石油烃含量会增高;钻屑和泥浆在海底对表层沉积物的覆盖导致沉积物中大型底栖生物缺氧和污染而无法生存,同时改变底栖生物种类组成导致群落结构的改变。油气开采过程中,若发生井喷、输油管道破裂等突发性溢油事故,形成的油膜能造成海鸟死亡,海洋生物会因缺氧而死亡;因影响光合作用,某些鱼会因为供氧不足而游不到产卵场,使得一些海洋生物数量急剧减少。原油中某些非烃类组分,对微生物有抑制作用,从而降低海洋自净能力。溢油对水生生物的危害和影响较为严重。溢油不仅会阻碍浮游植物细胞的分裂和生长速率,也有可能刺激藻类大量繁殖而引发赤潮。

2.海洋渔业养殖

池塘养殖中,会由于饵料直接溶入或经生物排泄出无机营养盐类碳、氮、磷,用于鱼、虾养殖和育苗生产的消毒物(生石灰、熟石灰、漂白粉等)也会污染水体。网箱养殖中,残饵及鱼类代谢物使养殖区水体中悬浮物、化学需氧量、生化需氧量、碳、氮、磷含量增加,残饵、鱼类代谢物中的非溶解部分会沉积在养殖区海底,增加有机碳含量和底质耗氧量,降低底质氧化还原能力,释放硫化氢、甲烷,增加氮、磷、重金属等含量,导致底栖生物种类组成和数量分布发生变化。贝类养殖中,贝类排泄物(假粪)沉积于海底,会导致底质环境质量下降,从而威胁底栖生物。藻类养殖中,有些地方为了提高产量,进行人工施肥,多余和流失的肥料有可能增加水域的富营养负荷。上述污染物将导致水域富营养化,易引发赤潮。将滩涂湿地大规模改造为鱼塘与虾池也会破坏湿地生态平衡。

3.海洋航运资源开发

海洋航运资源开发中的航道治理工程对海洋生态环境影响分建设期和营运期。建设期污染物主要是疏浚、抛泥作业和船舶油污水排放,营运期污染物为航行船舶的含油污水、生活污水、生活垃圾等。疏浚、抛泥作业产生的弃土悬沙及其溶出物,使得局部水域悬浮物浓度增加,水体透明度下降,抑制浮游植物繁殖生长,导致水域初级生产力下降,从而导致水域食物链的变化。疏浚、就地取沙、抛泥作业和导堤建设,使底栖生物赖以生存的栖息地遭受破坏,导致底栖生物量下降,如长江口深水航道建设中导堤的建设致使底栖生物量损失数百吨。航道工程实施会改变鱼、虾、蟹类洄游路线和渔场位置，也会对某些水生珍稀动物的栖息地带来一些影响。

海洋航运资源开发中的港口、码头、桥梁等建设使原有的滩涂湿地不复存在，潮间带生物被破坏，围堤以内潮间带生物基本上绝迹。在港口、航道开挖、桥梁打桩、水下爆破及疏浚所涉及范围内，将对海洋生物造成不同程度的致死效应，致使底质中污染物再悬浮，影响海洋生物生长，局部区域生物群落结构将会受到一定的影响。由于对海底泥沙的扰动，会对所在区域的底栖生物的生存环境产生影响。

4.海水资源开发利用

盐田生产不当，会对海洋生态、渔业生态及生产带来危害；开挖盐田会破坏滩涂湿地生态平衡；盐田污水排放出大量的悬浮物质覆盖周围潮间带，严重威胁着潮间带自然生物和周围养殖环境，致使渔业生产带来损失。

二、舟山海洋生态环境可持续发展的优势

舟山群岛是长江流域对外开放的海上门户和通道，为全国唯一以群岛设置的地级市，是港口海岛旅游城市、海洋渔业基地和海洋开发基地，共有大小岛屿1390个，陆地总面积1257平方公里。其中舟山本岛面积为502.6平方公里。作为我国最大的群岛，具有独特的区位优势和资源优势，是浙江经济圈的重要支持系统。

1.渔业资源

舟山群岛是全国重要的海水鱼生产基地，渔场面积达10.6万平方公里。是我国最大和世界著名的渔场之一，以盛产大黄鱼、小黄鱼、带鱼、墨鱼及其他经济鱼类及虾类而闻名，有鱼类360种，虾类60种，贝类100余种。素有“中国渔都”之称。

2.港口资源

舟山群岛基岩岸线长，港湾众多，港内水域宽阔，锚地条件好，可停泊大批巨轮，是中国屈指可数的天然深水良港，可发展大、中型港口。其中舟山港是华东沿海重要的区域性港口，可建码头的岸线有1538公里，主要深水岸线40处，目前已拥有码头泊位352个，其中万吨级以上的码头泊位11个，包括25万吨码头2个，港口年货物吞吐能力超过5000万吨。

3.旅游资源

舟山群岛冬暖夏凉、温暖湿润、风光秀丽、气候宜人。众多岛屿宛如撒

落在浩瀚东海海面上的一颗颗明珠，自然景色优美，人文景观绚丽，素有“东海明珠”之称。蓝天、碧海、绿岛、金沙、白浪成为舟山生态旅游的主色调，境内山海景观独特，名胜古迹众多，旅游资源极其丰富。集佛教文化景观、山海文化景观、历史军事文化景观和海岛渔俗景观于一体。目前，拥有“海天佛国”普陀山、“晴沙列岛”嵊泗两个国家级风景名胜区和“东海蓬莱”岱山岛、桃花岛两个省级风景名胜区以及全国唯一的海岛历史文化名城——定海。嵊泗列岛有“海上仙山”的美称，具有浓郁的海洋风光和海岛特色，为国内外游客所迷恋。

4. 盐业资源

舟山是我国主要产盐基地之一。“舟盐”素以色白、料细、干燥而著称，史有“贡盐”之美名。

三、舟山海洋生态污染的治理对策

1. 加大环境污染治理力度

舟山市以整体发展为着眼点，考虑到生产生活等各个方面，从以下几点加强污染治理力度：(1)处理城市污水，投资约 1.96 亿元，在岱山、小干、定海、嵊泗四个城区建设了污水处理厂，处理污水能力高达 8.2 万吨/天。(2)处理工业污水、废气。建设了展茅工业区、浦西工业区、泥峙工业区等集中污水处理措施。(3)危废品处置。已建成“舟山市医废处置中心”，日处置医废能力 5.0 吨，目前开始建设日处置能力 20 吨的工业固体废气处置项目。(4)生活垃圾处理。完成了团鸡山垃圾填埋场的扩容工作，在全市范围内增设生活垃圾中转站，形成长效收集处置的管理体制。(5)科技监管。目前，舟山市已经建立 1 个省级空气自动检测站、7 个城市空气自动检测站，并对重点污染源实行在线监测、实时监控。

2. 坚持执行环境准入制度

加快完善环境评估审批制度，实现空间准入、项目准入、总量准入的“三位一体”目标，从源头上加强海洋生态文明建设，加快经济转型。一是把好空间准入关，根据全市生态环境状况，划分区域功能，强化环境空间管理，优化产业布局；二是把好项目准入关，大力支持改善民生、节能减排、结构优化的项目，做好服务工作，开通绿色通道，严厉禁止“两高一资”项目，拒绝不符合环保要求的项目开展；三是把好总量准入关，尽早介入环评规划，在区域环境容量、资源承载力基础上，根据“削减替代”原则，将减少污染物排放的任务总量落实到具体的企业与项目中。

3.严格控制捕捞行为

严格控制捕捞行为，提高渔业捕捞的许可管理。尤其重视增殖放流、种质保护工作，全面推进渔业资源的修复与保护工作，切忌亡羊补牢。舟山市海洋经济的发展应该从过去的资源为主改为技术为主，提高海洋资源产业的科技含量，同时将目光投放到非资源型产业发展中。如果海洋开发没有了科技的支撑，必然是粗放的、资源掠夺型的，不符合可持续发展要求。以长远角度为出发点，舟山必须做好现有海洋资源的保护工作，并改善、恢复海洋环境，依托特色渔业资源，寻求“绿色渔业”新出路，以环境保护为基础，以市场需求为导向，积极落实“科技兴渔”战略，提高效益水平。

4.优化调整产业结构

汲取过去“先污染、后治理”的教训，在舟山市加大高新技术投入，积极开展低污染、低消耗的产业结构，实现清洁生产目标，合理利用海洋资源，发挥生态环境保护手段。这样就要求有关部门必须改变落后的产业结构，应用新观念、新技术，全面发展环保产业，提高工矿企业的达标排放与污水处理水平，尽量控制污染物的排放量和排放浓度。科学开发滩涂，合理保护海岸线资源与无居民海岛，实现海洋经济的规模发展及速度与资源环境相适应，充分开发利用海洋资源，实现经济效益、环境效益与社会效益的统一。

5.采取各种措施，解决淡水资源严重缺乏的问题，加强治理工作，防治水污染

解决舟山群岛的缺水问题，首先应转变水资源管理的观念，提高水资源管理的能力和层次，应根据各岛的实际情况，推行开源与节流并举，建立水井、大型水库，提高河流的防污能力，污水再生利用；推行技术性节水管理，采用节水器具，改进生产工艺。应该充分利用海水资源，因地制宜，加快海岛海水淡化工程的开发建设。进一步改善用水结构，保护好现有的淡水资源。应加强水污染的治理工作，加大环境投资，加大执法力度，控制生活及工业废水等的排放量，建立污水管理和处理体系。完善基础设施，建立和完善海岛灾害监测与预报系统，各个岛屿应该资料共享，互通信息，通过共同努力来进一步提高预报预警准确度，减轻海洋灾害损失。

6.发挥海岛旅游资源优势

应大力加强海岛地区旅游资源的开发，配套旅游服务设施，加大对外宣传力度，提高旅游服务质量，进一步增强对外吸引力，并且要以旅游业为龙

头，充分发挥海岛优势，辐射带动其他各业，实现海岛经济的全面振兴，实现可持续发展。比如，在生物资源丰富、生物多样性好的海岛，积极申请海岛自然保护区，建立自然保护区等。应注意，要建立舟山群岛综合整治管理委员会，制订海岛开发规划，规划要充分考虑地区的自然生态特征、区位优势、资源优势、开发现状和社会经济基础以及该地区的发展需求等因素，再结合地区的特殊功能进行合理规划。其次要加大宣传力度，通过各种方式，带动公众的广泛参与，提高公众的海岛意识和海岛知识水平。

7.实施陆海污染综合防治

全面推进科技兴海战略，坚持陆海统筹，实施陆海污染综合防治。目前，舟山全面开展海洋生态文明建设工作，但是高层次的海洋科技人才欠缺，整体科技水平不高，缺乏海洋科技储备力量。归根结底，人才已成为制约舟山海洋生态文明建设、海洋经济发展的最大瓶颈。因此，若想加快舟山海洋生态文明建设，实现可持续发展，必须借助外来力量，实现人才的柔性并进，加大产学研力度，将先进的科研成果转变为生产力，加快舟山各项海洋生态建设、海洋工业等发展动力。目前，舟山市委市政府正式投资筹建"舟山市海洋科技（人才）创业园"，筹划合并扩建海洋类大专院校及海洋经济研究院，这些都给人才储备、海洋科技发展提供了平台。

坚持陆海统筹，实施陆海污染综合防治，严格控制陆源入海污染物总量。加快实施一批重点减排项目，严控入海污染物排放，突出抓好氮、磷及重金属等入海污染物的减排，强化工业、农业、生活等陆源污染治理，着力改善入海水系水质。实施陆海污染同步监管防治。加强石化、钢铁等产业整合提升。加快沿海城市排水管网和污水处理厂等污水集中处理设施建设，加大陆源污染物集中净化处理和达标排放力度，加快海岛地区污水、垃圾无公害化处理；加强海岸工程、海洋工程的监督管理；加强海涂和近海水产养殖污染整治；加强港口作业和船舶工业污染防治，完善配套防污设施，建设"清洁港区"。

参考文献

[1] 刘家沂.构建海洋生态文明的战略思考[J].今日中国论坛，2007(12).

[2] 郑冬梅.海洋生态文明建设——厦门的调查与思考[J].中共福建省委党校学报，2008(11).

[3] 毛文永.生态环境影响评价概论[M].北京:北京环境科学出版社,1988.

[4] 施耀,张清宇,吴祖成,等.21世纪的环保概念——污染综合防治[M].北京:化学工业出版社,2002.

[5] 蒋铁民.中国海洋区域经济研究[M].北京:海洋出版社,1990.

[6] 李悦铮.发挥海洋旅游资源优势,加快大连旅游业发展[J].人文地理,2001(10).

[7] 王俊,张义生.化学污染物与生态效应[M].北京:中国环境科学出版社,1993.

[8] 沈国英,施并章.海洋生态学[M].北京:科学出版社,2002.

[9] 林昭进,詹海刚.大亚湾核电站温排水对附近水域鱼卵、仔鱼的影响[J].热带海洋,2000(1).

舟山海岛农村社区的建设

肖家奇

[摘　要]　伴随舟山群岛新区建设的起步，作为当地特色的海岛农村社区迎来了发展的契机，海岛农村社区具有海洋性的特殊性。探索舟山海岛农村社区建设是完善我国海岛农村社区建设的关键一环。

[关键词]　舟山；海岛农村社区；问题与对策

一、舟山市海岛农村社区建设的现状

为推进"美丽海岛"建设，2012 年，舟山市投入"三农"资金 32.1 亿元，打造了 18 个精品社区、14 个特色社区，并通过验收，完成了 4 个乡镇、36 个行政村整体整治，改造渔农村住房 7551 户，一批农田水利设施和河网水系整治项目顺利竣工。2013 年又启动"三改一拆"三年行动，抓紧编制旧城改造规划，加大重点区块旧城和老住宅小区改造提升力度，全面开展城乡违建整治，认真做好城市危房解危工作，积极探索行之有效的征地拆迁办法，加快推进一批安置小区建设。为了实施产城联动，探索就地城镇化之路，舟山市加大了六横省级小城市培育力度，加快金塘、衢山、洋山等重点岛屿建设，打造一批产业、生态、人居融合和具有海岛特色的新城镇。在推进美丽海岛建设中，舟山市全面落实村庄布点和中心村规划，扶持贫困村、薄弱村发展集体经济，培育了一批文化、生态、旅游特色村，创建了 25 个精品(特色)社区，继续推进 6 条美丽海岛示范带建设，启动了 6 个农房改造示范村创建工作，实施 4 个乡镇、29 个村庄环境综合整治。树立典型是有效的工作手段，经各社区申报、县(区)初审、市级考核，确定 60 个渔农村社区为第三批渔农村小康社区(其中新创建 45 个，晋级 15 个)，其中，定海区白泉镇金山社区、嵊泗县菜园镇金沙社区等 16 个社区为全面小康社区，新城管委会洞岙社区、普陀区勾山街道蒲岙社区等22个社区为基本小康社区，定海区北蝉乡星塔社区、岱山县高亭镇机场社区等22个社区为初步小康社区。至此，全市已有129个社区荣获渔农村小康社区称号，占全市渔农村社区总数的67.5%。

二、舟山市海岛农村社区建设存在问题分析

经过几年的努力，舟山市农村社区建设虽然面临着十分有利的形势，取得了可喜的成效，但也存在一些问题，如在一些地方党政领导重视还不够，对开展农村社区建设的重要性认识不高，甚至单纯认为这是民政部门的事情；农村社区建设目前主要还是靠政府推动和扶持，而社区建设的主体，即农村居民参与程度还有较大差距，等等。归纳起来主要有以下几点。

1.思想认识不足

农村社区建设存在着认识不足的情况，有的地方，特别是乡镇、村干部对这项工作还存在任务观点和应付思想，工作的主动性、协调性和创造性不够；而作为社区建设主体的村民的共同参与意识还有待完善和提高。农村社区处在探索阶段，是一个新事物，有的地方适应，有的地方不适应，乡镇党政领导主要重视经济建设和社会发展，对农村社区重视程度不够，有的没有真正从加强基层民主政治建设的角度重视这项工作，没有因地制宜充分调动群众，有敷衍应付走过场的现象。

2.管理体制不完善

我国的城乡二元结构体制仍然客观存在，农村社区居民虽然可以统一登记居民户口，但没有真正实现“农转非”，多数农村社区处在“亦农亦居、非农非居”的特殊状态，社区居民还无法享受与市民同等的政策待遇。这些城乡有别的制度分割，导致了城乡社会成员权力和利益上的差异，一定程度上阻碍了各类要素在城乡间双向流动和优化配置，不仅使农村资源锐减、环境恶化、农民收入下降，而且制约了农民自身的创造力，使农民的主体作用得不到发挥，导致社区发展的原动力丧失。另外，政府角色的转换不到位，对社区事务干涉过多。一些地方撤销村民小组改建农村社区客观上造成了行政隶属体制的模糊，尚未形成协调统一的服务管理体制，缺乏有活力的领导动员机制，村级组织的号召力和凝聚力弱，没有形成便捷有效的社区建设的参与机制和系统的社区规划体系。

3.基础设施不配套

农村社区基础设施主要包括乡村道路、水利、电力、通信、广播电视、文

教等，当前农村基础设施的落后主要表现在道路交通上。交通是联结社区与社会、农村和城市之间的纽带，是社区发展的重要条件。部分农村公路虽然可以通车，但路基松软，路面狭窄，行车难，通达能力较弱。另外，有图书文化站的村子存在着不同程度的设施简陋，利用率极低的情况。再者，活动健身场所和老人活动院更是很少。农村社区与城市社区比较，规模小，社区规划未纳入城镇统一规划，下水道、绿化等未跟上，社区警务室、医疗站的建立未配套，社区管理与城市管理存在较大差距。

4.资金来源渠道窄

目前，大部分农村社区建设过程中所需资金主要以村集体自筹为主，调查统计表明，舟山市沿海地区农村基础设施建设增长与自筹资金的依存度高，大部分村集体承担着公共基础设施建设投资的主要责任。相对于村集体而言，政府在农村公共基础设施的投资力度不大，并没有完全履行其作为农村公共基础设施供给主体的责任，这样的投融资情况，在农村普遍存在。这对经济整体情况较好的社区来说问题不大，但是对一些松散的农户和因政府征地而导致的失地农户组成的社区来说，经费十分紧张，无法满足社区的正常运转需要。虽然在试点时是选择一些村级领导班子战斗力强，经济基础比较好的村，乡镇各单位也从物力、人力、财力都给予大力支持，就社区活动场地建设最少的村投资几千元，最多的村投资十几万元。有些农村社区理事会是“不计报酬”的，但从各地农村社区试点村的实际情况分析，村里社区工作要钱，理事会的理事长、理事的工作不给报酬是不可能的，村里一年要多开支好几千元甚至上万元。公益事业义务集资筹劳也要有一定的限度，否则会加重农民负担，挫伤农民的积极性。

5.社区居民素质低

一是干部素质不高，主要表现在社区专兼职工作者年龄偏大，文化程度偏低，政治素质、业务能力不足；社区志愿者来源渠道较窄、层次低、参与率不高；干部中从事社区理论工作的队伍几乎为零，社区人才的缺乏制约了社区的发展。二是部分群众素质偏低，从农民变为市民，不仅是身份的转变，更应该是观念、行为方式、生活习惯的转变。而现在部分农民仅仅是身份转变为了市民，心理认同、生活方式、从业意愿等并没有真正融入城市，这个转变将是一个较为长期的过程。再加上农村的青壮年劳动力大量外出务工经商，留守的老弱病残又大多安于现状，眼光只看见有限的土地资源，缺乏对农村社区建设的积极性。舟山市必须抓住社会主义新农村建设和舟山群岛新区建设这两大契机，加快农村社区建设的探索和实践，摸索出一条适合舟山市农村社区建设道路，经济较为发达的舟山市沿海地区应当借助自身的一些优势，尽快探索出适合舟山市农村发展建设的新模式，带动中西部地区甚至整个舟山市的发展和腾飞。

三、舟山市海岛农村社区建设的对策

1. 开展农村社区建设的总体思路

农村社区建设的总体思路是：以服务"三农"和全面建设小康社会为目标，以便民、助民、育农、安民、富民为出发点，坚持村民自治、人人参与、以人为本、服务村民的原则，利用农村闲置资源，集体选定一个活动场所，民主推荐一个志愿者队伍，建立完善一个村民自治体系。

2. 开展农村社区建设的指导思想

农村社区建设的指导思想是：以邓小平理论和"三个代表"重要思想为指导，以《村委会组织法》为依据，以全面建设小康社会为目标，按照统筹城乡经济社会发展的要求，在县、乡党委政府和村级组织领导下，以志愿者协会为依托，坚持村民自治、人人参与、以人为本、服务村民的原则，开展农村社区建设活动，努力改善农村环境，繁荣农村文化，维护农村治安，救助困难群体，提高农民素质，树立农村新风，促进农村经济发展、社会稳定和社会各项事业的全面进步。

3. 开展农村社区建设的基本原则

农村社区建设坚持以下基本原则：(1)自愿参与。村民加入和退出农村社区志愿者协会必须自愿；开展农村社区建设各项活动，包括兴办公益事业，需要村民积极参加和捐款出力的，都应广泛征求村民意见，尊重大多数村民的意愿，绝对不允许采取强迫命令和强制手段。(2)量力而行。在农村社区建设中，要着力抓好社会互助救济、公益事业服务、卫生环境监督、民间纠纷调解、群众文化活动等不花钱或少花钱，又容易见成效的工作。(3)服务村民。要以人为本，坚持以不断满足农村社区居民的合理需求，提高村民素质和生活质量为宗旨，积极为广大村民群众，尤其是农村困难群众的生产、生活服务。(4)互帮互助。充分发扬中华民族互帮互助、乐于奉献的传统美德，塑造农村新风。(5)形成合力。充分利用农村社区资源，发动各方力量，积极参与农村社区建设，努力形成农村社区建设的合力。(6)做好宣传。首先，社区志愿者协会和"五站"成员办事要以大政方针宣传农村社区建设的意义、措施和成果，引导干部群众共同投入社区街道。其次，拓展宣传渠道，充分利用电视、广播、报刊、网络等媒体优势，加强舆论引导和典型宣传，扩大宣传的覆盖面。对开展农村社区建设试点中探索出的经验和涌现出来的典型进行及时的宣传报道，通过立体式、全方位的宣传，做到了电视上有图像，报纸上有文字，广播上有声音，营造良好的舆论氛围。再次，加强对新型宣传载体的运用，营造阶段性宣传声势。可以用纪录片的形式制作农村社区试点建设光盘，创新宣传形式，增强宣传效果，及时将试点阶段好的经验和做法制作成光盘，发放到各有关部门和农民手中，增强宣传效果，切实做好典型引路。

4.加大农村社区建设的投入力度

资金不足是农村社区建设的重要制约因素，应该走农业基础设施建设投资主体多元化之路。在投资方式上，切实改变传统的由乡镇政府和村集体大包大揽的做法，充分发挥政策引导和市场机制的作用，坚持以农民为主体、社会参与、政府引导，建立新农村建设的新机制，以优惠的政策吸引个人、集体、社会、政府等各类主体投资建设。首先，按照自愿和谁投入谁受益的原则，引导村企联合投入，实行共同管理、共同经营、共同受益或农民自主投入、自己受益。其次，建立健全以工促农、以城带乡的长效机制。政府应该努力改善服务环境，加大招商引资的力度，为工业带动农业、城市扶持农村提供条件。同时把各项目的实施与基础设施建设捆绑进行。再次，整合各类支农资金。按照支农项目要求，把国家和省市支农项目和经费尽可能地与农村社区建设对接，形成部门齐抓共建的合力；县(市、区)财政也要适当安排专项经费用于农村社区建设。只有动员全社会力量参与基础设施建设、多途径筹措建设资金，使资源得到有效使用和合理分配，才能让新农村社区建设各项事业得到全面发展。

5.提升农村社区工作队伍素质

农村社区建设，最关键的是要有一支稳定的素质高、有专业技能的工作者队伍。农村社区工作者队伍目前主要包括村级自治组织干部，随着社会成员整体素质的不断提高，他们的政治素质、年龄结构、文化程度得到了优化。但从农村发展特别是社区发展的趋势来看，社区工作者队伍需要不断壮大和优化。所以，我们一方面要通过提高待遇、社会保险等措施，将那些素质高的、受过专业训练的职业社区工作者吸引到农村社区建设中来，进一步提高农村社区工作者队伍的战斗力。另一方面要立足于农村社区自身内部，练好内功。吸引受过良好教育的有志之士投入到农村的建设之中，最好的例证就是全国各地越来越多的“大学生村官”。但我们也应考虑到，就目前舟山海岛农村的实际条件，虽然经济上大都处于比较好的一个水平，但就“吸引力”而言仍处于弱势，不能把“引进外面的血液”作为主要长效机制。当前，迫切需要加强对农村社区工作者法律法规、现代社会工作专业技能方面的培训，提高他们在组织群众、服务群众、协调利益等方面的技巧、能力和水平。由于农村社区在这方面的资源比较匮乏，城市社区有能力也有义务为农村社区提供资源，用农村社区工作者比较容易吸收的语言、方式开展相关培训，直接实施“反哺”。

6.发挥农民建设的主体作用

农村社区建设，最根本的就是要充分调动和发挥广大农民的积极性、创造性，让农民当主人、做主体、唱主角，形成农村社区建设的内在动力。鉴于农民的结构和素质现状，加快发展农村文化教育事业，加快建立政府扶助、面向市场、多元办学的培训机制，形成多渠道、多层次、多形式的农村教育培训体系，加强对农民，尤其是青壮年农民的思想教育和技能培训工作，提高农民整体素质，培养造就有文化、懂技术、会经营的新型农民，是农村社区的迫切需要、重要内涵和根本举措。政府在社区建设过程中要转变作风，把握好自身的作为力度，着重发挥引导和服务作用；加强基层民主政治建设，让村民通过民主选举、民主决策、民主管理和监督参与对社区事务的直接管理；开办新农村社区建设讲座，培养农民自主、自立、自强的精神；尊重农民意愿，发挥农民首创精神，支持农民大胆创新；引导农民建立各种自治组织，鼓励他们自力更生，艰苦创业，最大限度地激发农民的积极性和创造性，为新农村社区建设提供动力支撑。

7.完善农村社区的基础设施

农村社区建设，最需要扶持的是农村基础设施建设，应当用科学发展观指导社区规划，坚持以农村基础设施为重点，加大对农村基础设施的改造力度，增加农村公共产品的供给，切实改善乡村道路、供水、供电、通信等基础设施，解决农民行路难、饮水难、用电难等问题，以突破农村的低水平经济循环。此外，在实践中要尊重各地的历史渊源、地理位置和人文环境，因地制宜实施村庄改造。可分别采取城中村模式、城郊村模式、集镇村模式和边远村模式，分层次有重点地进行社区规划建设，鼓励城中村利用城市资源优势吸引社会力量进行旧村改造工程，对不具备发展条件的“荒、散、乱”村庄，进行迁移和撤并；鼓励城郊村对村民的宅基地进行治理，利用村周边的丘陵坡地开展新社区规划建设；鼓励集镇村利用自身条件在现有规模内实施社区建设，加大对边远村的政策扶持，对那些零散、闭塞的村庄进行撤并搬迁，建设新社区。

8.建立健全农村社区服务体系

良好的社区服务是社区建设的重要内容，应结合各农村地区的实际情况，围绕农民的公共服务需求有针对性地开展社区服务。针对当前农民主要在农业生产信息、文化娱乐休闲和社会保障等方面有迫切需要的现实，应分别提出不同对策。对于农民的农业生产信息需求，应该构建农业管理、农业科技、农产品生产销售以及农民技术培训等“三农”服务信息网络，引导有经验、有技术的农民建立专门的农村经济协会，促使农民自我管理、自我教育、自我服务；对于农民的文化娱乐休闲需求，应在相对集中的多个社区建设农村文化娱乐中心，并进行相应的人员和设施配置；鼓励开发有地方传统、区域特色的民间艺术项目，发展农村文化俱乐部，激发农民群众参与文化活动的热情，活跃农民的精神文化生活；对于农民社会保障的需求，如医疗卫生、养老幼托、就业等，政府应该引导社区进行社会化市场化服务，首先是培育社区自身力量，可建立社区中心福利院，形成统一受理、分层救助的新型社会救助体系，完善农村养老保险制度和合作医疗救助制度，其次要积极吸纳社会力量，鼓励民营服务组织进驻农村社区，解决农村剩余劳动力就业等方面的需求。

9.培育农村社区志愿者队伍

村落社区建设的主体是农民，农民参与的程度高不高是这项活动能否持久的关键。通过对前面案例的分析，我们可以认识到村落社区志愿者协会是协助政府组织动员农民参与村落社区建设的好帮手。为此，要高度重视和加强农村社区志愿者协会和农村社区志愿者队伍建设。一要选好志愿者协会的会长和各工作站的站长，他们是志愿者协会的核心人物，他们的作用发挥得好，志愿者协会的活动就会开展得有声有色，持续不断。因此，对志愿者协会的干部人选，既要尊重民意，也要加强引导。二要采取多种形式动员有志于农村和家乡建设的人们，通过不同形式参与到农村社区建设活动中去，不断壮大农村社区志愿者队伍。目前，要着力引导县乡两级退居二线、退休的干部、无职党员、致富能手、外出务工人员、妇女、青年学生积极参与到建设家乡、造福乡梓的农村社区建设活动中去。三要认真培养和总结志愿者活动的先进单位和个人的典型经验，加大表彰和宣传力度，激发他们继续保持热情发挥表率作用，并引导更多的人参与到志愿者队伍和志愿者活动中来。

[1] 李子蓉.泉州农村社区建构的研究——泉州晋江“超级村庄”剖析[J].泉州师范学院学报：自然科学版，2005(6).

[2] 徐小兰.“城市反哺”农村社区建设的若干思考[J].黑河学刊，2006(5).

[3] 李莹.新型农村社区建设中存在的问题与对策[J].经济研究导刊，2012(30).

[4] 刘昌群.肥东县小陶村新农村建设的调查与思考[J].中共合肥市委党校学报，2007(03).

[5] 蒋传宓，周良才.法治农村与农村社区建设的问题及对策[J].传承，2008(02).

[6] 刘太鹏，刘秀玲，邱丽梅.试析黑龙江省社会主义新农村文化建设中存在的问题[J].佳木斯大学社会科学学报，2009(02).

[7] 苏捷.让文化聚起农村社区的人气儿[J].乡镇论坛，2009(05).

[8] 唐渊.农村社区建设工作的探索与思考[J].乡镇论坛，2008(35).

舟山海岛社区建设初探

喻楚涵

[摘　要]　海岛社区建设是海岛发展中的新事物，而面对各种问题的凸显，单单只靠官方行政的力量是远远不够的，这就需要有民间的力量介入管理，彼此均衡发展，形成善治的好情景。本文侧重于海岛社区义工的研究，在对几个城市社区推行的义工模式比较分析基础上，结合舟山市星马社区当地的实际，认为海岛社区环境下的义工模式采取互助模式是最切实可行的。

[关键词]　海岛社区；两工联动；互助模式

一、社区的比较分析

1. 深圳模式——两工互动

深圳模式就是社工与义工联动模式。深圳市义工联合会成立于1990年6月。截至2012年12月5日，深圳共有注册志愿者46万。深圳团体志愿者组织达1498个，法人志愿者组织37个。与身着“红马甲”的深圳义工相映衬，身着“蓝马甲”的深圳公务员志愿者也是深圳市志愿服务的一支重要力量。深圳的义工工作开展得非常好，民众参加义工服务社会的意识很强，做义工已经渐渐成为文明与素质的象征，义工报名比例有时多达100∶1。

根据《深圳市建设志愿者之城目标指引》要求，深圳市力争在2015年参与志愿服务的社会组织达到1000个；力争在2015年全市志愿者人数达到常住人口的10%；专业志愿者队伍提升到40支以上，拥有专业资质的志愿者在本专业志愿者队伍中比例力争达到20%；到2015年，力争20%的市民接受过志愿服务。

2.上海模式

上海模式主要是政府牵头,以官促民的模式。建设有“上海社区志愿服务网”和“上海志愿者网”。出台有上海市志愿服务条例,使得义工活动有法可依。利用网络资源,志愿者可以网上注册,登录以及查阅相关信息。有关单位部门也可以通过网络来发布信息,如招聘信息等。目前,上海市已注册志愿者有414210个,已领证志愿者348226个,进行中的项目有487个,正在招募的项目有175个。

比较上海与深圳的两种模式,上海模式组织架构严密,专职社工人数众多,但是无论是从付给社工的薪金,还是对社工办公设备的配备,乃至对社工和整个社团的考核,都需大量的人力、物力、财力。深圳模式花费较少,但需要丰富的义工资源做基础。下面举些具体实例来解析社区义工的活动范式。

实例一、海淀区创建社区义工联合会——义工自治,制度下的灵活。

2003年10月,北京市海淀区双榆树社区服务中心向海淀区民政局提出组建联合会的设想并获得通过。下图为海淀区社区义工联合会组织框架图。

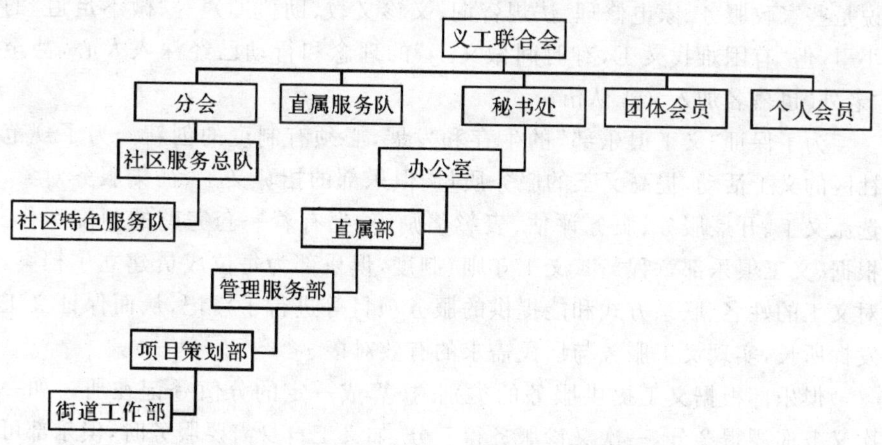

图1　海淀区社区义工联合会组织框架图

虽然到2005年9月底,义工作为联合会的暂时过渡和联合会的后备力量继续保留,而从社会上招聘了专职人员担任联合会的常驻人员,但是对于其在制度层面上的创新可以借鉴。

实例二、北门社区义工服务站:

广东省江门市已成立133个义工服务站,义工人数超过16万。以新会区会城街道北门社区为例来研究。北门社区行政区域1.78平方公里，户籍人口17023人，5525户，社区义工1900人，人员分配于各个义工队，有青年义工队、巾帼义工队，青少教义工队、群防群治义工队、环保卫生义工队、文艺宣传义工队、社会工作义工队。社区设有义工服务站、残疾人康复服务站、市民学校、养老之家、文化中心等服务场所，为义工提供足够的场地开展活动。针对老、中、青、少各个阶段，义工站推出不同的服务项目，并收到良好的效果。

北门社区规范化管理义工，有序地组织活动，使之充分调动了社区居民的积极性，居民参与度极高。

实例三、白沙街道——义工俱乐部：

在宁波的白沙街道有一个"义工俱乐部"，其中社区居民有500多名，占62.5%，其中包括离岗退休人员240名，在校大学生100多名（占12.5%），中小学生50多名（占6.25%），还有在职人员140名（占17.5%），外籍教师10名。其成员用各种方式发挥着不同的作用。"义工俱乐部"一年时间累计服务达5万工时，覆盖居民人口总数25%。

"义工俱乐部"是一个很有影响的社区志愿者团队，义工开展的活动虽说是些家政服务、家电修理、法规咨询、义诊义教、助孤助残等"微不足道"的小事，但"有困难找义工，有时间做义工"的理念和行动已经深入人心，甚至"老外"也慕名加入义工队伍。

为了保证"义工俱乐部"的生存和发展，必须有制度的创新。为了规范社区的义工活动，提高义工的服务质量，俱乐部的招募义工、征集服务对象、选派义工、开展服务、服务评估、表彰奖励等，都有着一套完整的制度运作。根据《义工俱乐部章程》和《义工守则》制度，俱乐部为每位成员建立了档案，对义工的姓名、联系方式和能提供的服务项目等进行了登记，从而保证义工发挥所长，实现义工服务与居民需求的有效对接。

俱乐部根据义工提供服务的类别，换算成一定的分值登记在册。如一次义务巡逻得2分，一次义诊服务得5分，如义工自身需要服务时，俱乐部可以安排其他义工为其服务。生活困难的义工还可以按照积分去"爱心超市"领取相应的实物。同时，俱乐部积极组织义工"充电"，先后为义工开展了毛衣编织、计算机操作、室内插花、普通话培训等等，还组织义工开展座谈交流，参加各项文体活动。

"义工俱乐部"在制度构建上可谓严谨，在实施过程中可谓多变灵活，既增强了俱乐部的凝聚力，又让义工成员体会到做义工的光荣和乐趣。

二、海岛环境下义工生存的困境

1. 海岛社区居民对志愿服务的接受度有限且参与度低

海岛居民的收入普遍较低，自我的生活水平还处于小康的初级阶段甚至还有没有解决温饱的情况。

海岛上大部分的年轻人甚至是老年人都会利用休息时间从事一些附加值比较高的其他的工作，可以获得更多的收入。况且，大部分农民对义工服务并没有多少了解，对其概念、价值、特征等知识缺乏认识和理解，社区志愿服务意识尚未融入农民生活，农民参与度极低。

2. 农村环境下义工的服务体系不健全

农村社区社会服务体系虽然在改革开放以来取得了显著成效，但是毋庸讳言，农村社会社区服务体系改革还明显地滞后于经济体制改革，其管理体制和管理方式还不能完全适应市场经济发展和社会全面进步的要求。在这种背景下，更不要提及义工服务体系的健全了，如表1。

表1 农户对社会化服务的需求情况

社会化服务项目	海岛社会化服务需求情况		没有接受服务，但愿意接受有偿服务比率(%)	供给瓶颈排序
	需求率(%)	服务项目需求排序		
提供技术信息	78.6	1	50.0	2
提供价格信息	69.3	2	51.5	1
提供政策法律信息	56.0	3	40.9	5
提供信息等级证明	34.2	4	49.4	3
提供信用(贷款)担保	31.9	5	39.8	6
介绍贷款渠道	31.6	6	43.7	4
组织农户集体贷款	24.5	7	37.4	7
组织农民外出打工	20.8	8	37.1	8

调查结果显示，岛民最需要的是技术、市场和政策法律信息，而社会化服务供给的主要瓶颈是市场、技术和提供信用等级服务。(愿意接受比率是指在没有接受该项社会化服务的农户中，愿意有偿接受此项服务但由于各种原因并未接受的农户，比如无提供主体，占没有接受农户的比率。)

海岛社区义工组织管理不到位，缺乏对志愿者进行必要的培训、指导、评估和激励，这样导致了农村社区义工服务水平偏低，专业性不强。志愿服务虽源于奉献、爱心，不讲回报，但志愿者大多数依然期望得到社会的认同。海岛社区志愿组织如何探索和建立有效激励机制，调动岛民的持续参与热情，将是海岛社区志愿工作常规化、持续化的有效保障。

三、海岛社区义工的模式构建

本文以舟山市星马社区为例，根据星马社区的实际情况，思考其社区义工模式的构建。

1.星马社区简介

星马社区位于北蝉乡北部，南距乡政府驻地约 0.95 公里，社区成立于 2005 年 6 月，由原星明（以农业为主）、马峙（以渔业为主）撤并而成。社区占地面积约 6.77 平方公里，耕田面积 1631 亩，山林面积 1390 亩。社区设党总支 1 个，党支部 3 个，支部委员 5 人，村委委员 5 人，正式党员人数 92 人，预备党员 2 人，积极分子 3 人，目前共有社区工作人员 13 人，其中社区专职干部 6 人（工资由上级下发）。社区共划分为 6 个网格，村民小组 21 个，2011 年人均收入 14626 元，居民总户数 829 户，人口数 2399 人，外来人口 1586 人。

摆在星马社区面前的一个重大问题就是要解决社区经济的发展，虽然本社区在思想制度、民主决策制度等方面出台过一些政策，也取得了一些积极实用的效果。但是社区本身没有实体，没有收入，没有财政拨款，人员工资靠上级发放，每年六万元，资金不足，一定程度上限制了社区的进一步发展。

2.星马社区义工互动模式构建

在给予充分的财政保证基础上，笔者认为星马社区义工模式的构建应该侧重于社区村民间的互助模式。

要开展社区义工活动，最基本的保障就是有效的制度体系。首先应该完善注册制度，形成经常性、社会化的义工招募动员机制；其次是建立义工组织机构，建章立制，对义工进行规范化以及有效的管理；再次是义工活动形成制度，一般每年在社区开展活动不少于 12 次；最后，建立义工服务激励机制，通过评选、表彰等工作，对表现突出的义工给予奖励。

（1）建立注册制度，完善动员机制。就像香港“义工工作者”登记制度一样，星马社区的管理委员会应该对本社区的人员情况进行调查并登记在案，同时对于义工的基本情况也要详细记录，便于管理。而正如前面提到的农村环境下义工的生存困境之一，就是农村居民的参与度不高。这就要求社区进行组织动员，积极向村民宣传义工的内涵——“人人为我，我为人人”，基于农村社区居民错综复杂的血缘、姻缘关系，在村组织的大力宣扬之下，实际体会到互助的好处之后，相信农村社区居民会积极参与到互助行列之中的。

(2)建立义工组织机构，实行有效管理。在做好注册工作的基础上组建农村社区义工服务队，其基本要义可以概括为，在农村社区党组织和村委会的指导下，以经过培训的、具有专业素质的义工为依托，以义工互助为基础，面向全体村民，突出重点服务对象，以帮助村民排忧解难为根本目的的社会性服务队伍。根据本社区的实际情况，可以考虑组建这样几个义工服务队：党员义工服务队、老年义工服务队、巾帼义工服务队、环保卫生义工队、文艺宣传义工队、邻里互助义工服务队，等等。

(3)完善义工项目制度，按照实际需求开展活动。星马社区有老人600多个，占人口比重的23%，其中60周岁以上400多个，高龄化现象比较严重。为了应对老龄化现象，除了民政投资外，在村民养老方面，主要有城乡居民养老保险和失地农民养老保险，两者不可叠加。

在老人的娱乐方面，社区设有一个娱乐广场，可供老人观看戏曲，打打麻将等，还有老人们自发组织的歌唱队和腰鼓队。本社区还设有居家养老服务站，开展银龄互助和居家养老互助，分别有8对和4对。另外还有卫生服务站，开展医生为生病老人上门服务的项目。但是只有8对和4对的互助服务队，并不能满足本社区老年人的实际需求。再者，老人身体状况本身就欠佳，主要靠彼此之间的互助还是力不从心。

笔者提出可以将上述义工队进行叠加，如邻里互助义工服务队同时可以对老人进行照看，党员义工服务队开展活动时同样也可以把看护老人纳入其附属服务项目。这样在以老人互助为主的基础上，附带着其他义工队互助为辅。

以上以老人互助为例来说明，同样的其他义工服务队，也要根据本社区按周、月、年或者节假日、纪念日来开展义工服务项目。

(4)建立义工服务激励制度，以精神奖励为主。即使义工服务是志愿性、无偿性、公益性的，但是根据经济人假设和激励理论，为了保证义工活动的质量和激情，给予一定的奖励是必要的。而正是义工服务的志愿性、无偿性、公益性，笔者认为主要以精神奖励为主。

星马社区可以仿效白沙街道义工俱乐部的做法。笔者同时还大胆地提出一种奖励方式，那就是对于优秀的义工，社区对其开展培训当作奖励，培训内容可以是有关义工方面的，也可以是关于其他任何方面的。这样不但可以提升义工的素质，也可以在义工组织中形成学习型组织的氛围。

[1] 夏周青. 农村社区建设工作手册[M]. 北京：国家行政学院出版社，2010.

[2] 陈建兴. 义工自治，制度下的灵活——海淀区社区义工联合会创建纪实[J]. 社区，2006(1).

[3] 朱洪斌. 新型社区义工模式探析[J]. 社区，2005(1).

[4] 本刊通讯员. 人人都献出一点爱——白沙街道创建"义工俱乐部"增强和谐力[N]. 宁波通讯，2006-10-25(10).

[5] 农业部农村经济研究中心，中国农村研究报告 2010[M]. 北京：中国财政经济出版社，2011.

舟山群岛新区渔农村人力资源结构分析

刘雪斌

[摘 要] 2011年,国务院批准设立浙江舟山群岛新区,舟山的发展迎来新的发展时期。本文从舟山第一产业从业人员的受教育程度和收入来源对舟山渔农村人力资源结构进行分析,发现舟山渔农村人力资源呈现出"秤砣形"的结构层次。就"秤砣形"人力资源结构可能对舟山渔农村产生的影响进行了分析,并从改变渔农民思想观念,加大渔农村教育的资金扶持、结构调整,培育渔农民自主学习、自我提高,健全人力资源市场,建立机构对渔农村人力资源进行规划和评估等方面给出改变舟山现有渔农村人力资源"秤砣形"结构的建议。

[关键词] 舟山群岛新区;渔农村;人力资源结构

2011年3月,十一届全国人大四次会议审议通过的《国民经济和社会发展第十二个五年规划纲要》中,明确提出了重点推进浙江舟山群岛新区发展。同年6月,国务院批准设立浙江舟山群岛新区,成为继上海浦东、天津滨海、重庆两江之后的又一个国家级新区,也是首个以海洋经济为主题的国家战略层面新区,并明确提出舟山群岛新区建设要以改革为动力,以先行先试为契机,坚持高起点规划、高标准建设、高水平管理,在推动浙江经济社会发展、加快东部地区发展方式转变、促进全国区域协调发展中发挥更大作用。可以预见,舟山将迎来新一轮快速发展的战略机遇期,而抓住这一机遇的一个重要条件就是对人力资源科学合理地培育、开发、利用、配置和管理。舟山劳动力人口不足百万,在现有的人力资源状况下,渔农村劳动力资源的质量和结构有待进一步开发和调整,尤其在结构上的调整,能对渔农村劳动力的释放起到质的提高。

一、舟山市人力资源现状

1.舟山市全市人力资源总体情况

2012年舟山市全市常住人口114.0万人,2011年舟山市全市常住人口113.7万人,从2008年至今人口自然增长率处于负值。根据舟山市统计局2010年第六次人口普查的资料显示,舟山市常住人口为112.13万人,其中劳动年龄人口(按国内标准)为78.16万人,在总人口中所占比重为69.71%;在全市的78.16万劳动年龄人口中,16—24岁占16.29%,25—44岁占51.20%,45—59岁(其中女性为45—54岁)占32.51%。由此可见,舟山在未来20至30年之内,新增的劳动力人口有限,而退休的人口将会越来越多,人口老龄化将趋于严重。

2.舟山“十二五”期间人力资源的需求状况

在被国务院批准设立为浙江舟山群岛新区后,舟山在“十二五”规划中确立了地区生产总值在“十一五”末的基础上翻一番,GDP超过1200亿元,人均GDP超过10万元的经济目标。据奥肯法则推算,潜在的GDP每增长2个百分点,失业率就会下降1个百分点,要实现这一目标至少需要在现有劳动力资源的基础上再增加12万左右的劳动年龄人口,每年至少增加2.5万人,总人口需超过128万人,并保证相应劳动力人口的充分就业。由于舟山的人口生育率低,2001年至2010年全市人口自然增长率为负,人口总量有限,16—24岁劳动力人口占总劳动力人口的比例小,新增劳动力人口不足。在这种情况下,作为国家新区的舟山要获得长足的发展,劳动力资源极其关键。

二、舟山市渔农村人力资源状况及结构

1.舟山市第一产业从业人员的受教育情况

从2010年舟山市第六次人口普查中第一产业的从业人员的数量和受教育水平来看,第一产业从业人员为10.2万人,其中没有研究生从事第一产业;本科生为51人,仅仅占整个行业从业人员的0.05%;专科生为530人,占整个行业从业人员的0.52%;高中生为4304人,占整个行业从业人员的4.22%;初中生为37250人,占整个行业从业人员的36.52%;小学生为52377人,占整个行业从业人员的51.35%;未上学的为7488人,占整个行业从业人员的7.35%。从这些数据中可以看到,舟山的渔农产业中小学文化

水平从业人数超过一半，达到51.5%；初中及其以下文化水平从业人员所占的比例高达95.22%；受过高等教育的人数微乎其微，受过渔农业生产方面高等专业技术技能教育的人才就更少了。可见，舟山渔农村人力资源质量并没有得到实质性的提高，整体水平依然很低。要更好地转变渔农村经济生产方式，提高渔农村生产力水平，释放渔农村剩余劳动力，使渔农村中的劳动力资源得到合理的利用，需要对现有的渔农村劳动力进行人力资源开发和管理。

2.舟山市渔农民的收入情况

根据舟山市统计局《2012年我市渔农村居民收支情况分析》的报告，舟山渔农民收入来源主要为三类：工资性收入、家庭经营收入和非经营性收入。在这三类收入来源中，工资性收入占全年纯收入的比重为51.5%，工资性收入增长对渔农村居民纯收入增长的贡献率达到51.7%。由此，可以看到工资性收入已成为对渔农民收入增加的第一大贡献源泉，这同时也意味着，拥有传统渔农耕知识技能就能很好生产的渔农村劳动力正面临挑战和威胁。随着城市和乡镇企业的发展，渔农村劳动力必然向二、三产业转移，并对渔农村人力资源的素质和结构提出要求。

3.舟山市渔农村人力资源“秤砣形”结构

受户籍制度和渔农村集体经济土地承包制度的影响，使得渔农村劳动力自身很难以市场的方式自由地流动和配置，再加上渔农村地区经济相对落后，在趋利的市场经济中几乎不可能有高素质的人才自动流入渔农村地区，以市场配置的形式只会导致渔农村地区高素质人才的流失。国家为了渔农村经济的发展，通过政策和财政上的优惠支持，鼓励受过良好教育的人才向渔农村发展。但由于舟山“目前存在渔农业科技推广管理体制不顺，乡镇渔农技站‘空壳’现象严重；渔农业科技推广经费投入不足；留守渔农村劳动力素质低，致使渔农业新技术推广也存在一定的难度；渔农业科技推广运行机制陈旧，技术推广需求与供给脱节”等因素导致基层渔农业科技人员等高素质劳动力资源严重不足。导致“舟山渔农村实用人才只有七千余人，仅占舟山人才总量的6.7%，在渔农村劳动力总量中所占的比例更少，只有1.9%”。在舟山从事渔农业的十多万人中，实用人才很少，绝大多数只普及了义务教育，没有受到过相应的生产技能知识培训和学习，本科以上从业人员仅为51人，专科以上仅为581人，仅占整个从业人员的0.57%。如图1，舟山渔农村人力资源结构为“秤砣形”，并且目前顶端研究生及其以上的专业人才为空白。在这个“秤砣形”结构中，构成的主体是“40、50群体”（指40、50岁及其以上的劳动力）和“38、61、99群体”（38指妇女，61指儿童，99指老龄人）。

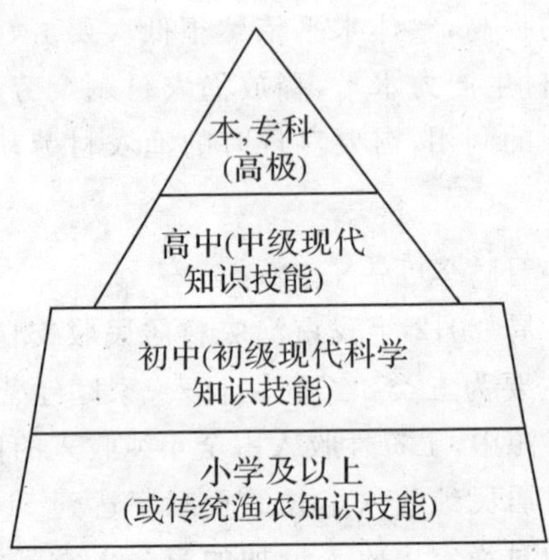

图1　舟山渔农村人力资源结构

三、舟山渔农村人力资源“秤砣形”结构对渔农村的影响

1.一般人力资源闲置，高素质人力资源短缺

由于舟山市为海岛城市，农业用地等自然资源有限，环境污染和生态破坏以及过度捕捞导致渔业资源锐减，传统的渔农生产在不断地萎缩。同时，随着经济的发展和城市化的推进，根据克拉克的三次产业结构演化规律和产业经济结构理论，劳动力就业比重最终会为第三产业最大，第二产业次之，第一产业最小，以达到劳动力的合理配置和有效利用。由于当前（2012年）舟山三大产业结构的比例为9.8∶45.2∶45.0，也就意味着第三产业将进一步发展，从业人员需要增加，而第一产业的农林牧渔水利等产业将进一步精简。作为国家的新区，舟山经济要实现高起点、高标准和高水平合理快速的发展，不仅对第二、三产业从业人员的素质提出了高水平的要求，而且要求渔农业的第一产业从业人员的素质也要有质的改变。在当前舟山渔农村“秤砣形”人力资源结构中，初中及其以下文化（或拥有初级现代科学知识技能和还处在传统渔农业知识技能水平）的从业人员占到渔农业从业人员90%以上，在高起点、高标准和高水平发展的要求下，必然导致大量渔农村一般人力资源的闲置，而高素质的人力资源短缺。

2. 高素质人力资源流失，城乡差距拉大

随着改革开放进一步深化和社会主义市场经济的发展、完善，市场“看不见的手”在调节区域资源配置上的作用将会越来越突出。由于市场在调节资源的区域性流动以利益最大化为导向，在渔农村市场不完善、经济落后的情况下，高素质的人力资本会在市场配置资源的趋利性作用下，流向城市等经济发达的地区，使得渔农村外的高素质人力资本不会进入经济落后的渔农村地区，从而制约渔农村经济的发展。从渔农村中考上大学或更高学历的高素质劳动者，在其从小学到大学毕业之前的所有投资可视为能拉动农村经济发展的一部分资金（如果不供养上学的话），但绝大部分渔农村中走出来的大学生都不会选择返回渔农村而是选择去经济发达的城市地区，这就导致了渔农村某种意义上的人财两空。没有了资金资本，也流失了人力资本，导致渔农村经济更难发展，城乡差距拉大。由于渔农村经济的发展落后，城乡差距拉大，导致高素质的人力资源更不愿意进入渔农村地区。如此反复，导致渔农村经济落后和人力资本流失的恶性发展，如图2。

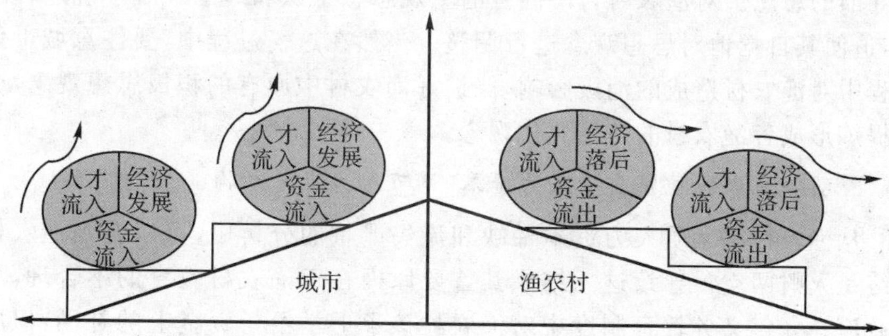

图2　渔农村地区人力资本流失与经济落后趋势图

四、舟山市渔农村人力资源结构调整的建议

1. 发展渔农村经济，改变渔农民思想观念

在中国的历史长河中，我们可以看到中国人思想观念的转变和社会意识的提高，基本上出于以下两种情况：一是生产力水平的提高，引起人们思想意识的大变革，可视为自发的行为，如春秋战国时期中国由奴隶社会向封建社会的跨进，与此同时，中国的思想界出现了“百家争鸣”；二是生产力水平并没有实质性的提高，但在外来先进生产力和先进思想的冲击下，国人的思想意识发生大变革，可视为被迫的行为，如清朝末年西方通过坚船利炮打

开中国市场,进行资本主义的商品、生产和意识输出,而引发的向西方学习的思潮。

舟山渔农民具有中国农民传统的思想观念,这与渔农村生产力水平是分不开的,一直以来,渔农民以"捕鱼为主,农耕为辅的劳作方式,渔民每天最大的追求就是每次出海能从海上满载而归,希望能在自己的土地上获得丰硕的收成,日出而作,日落而息"。这种传统而单一的生产劳作方式所产生的封闭而安逸的岛农思想是舟山渔农民素质难以提高的第一大阻碍因素,并且在现今舟山的渔农村仍然随处可见。要破除这一思想,从长期来看,最根本的还是要靠渔农村生产力水平的提高,但这种自发的思想意识的改变是渔农村自身不断积累的过程,在短期内起效甚微。从作为海上群岛的舟山来看,各海岛面积并不是很大,渔农村与城市之间的距离相对较短,借舟山群岛新区建设之发展机遇,通过岛屿的城市化进程,增强中心城市对所在岛屿渔农村的辐射和影响力,使城市化、产业化、市场化所带来的竞争、挑战、科技、创新以及市场运作、组织管理等积极思潮不断地冲击渔农村传统守旧的思想。对渔农村村民固有的主观思想意识和周围客观环境进行改变,迫使其自觉地对思想观念进行调整。当然在这一过程中,要注意城市化进程中对渔农村造成的消极影响,保护好渔农村中原有的积极思想观念,通过提炼形成各渔农村的特色文化观念。

2. 引导渔农民挖掘自身人力资本,调节人力资源结构

从渔农村高素质人力资本稀缺和流失严重的分析中,可以看到渔农村最终是人财两空。导致这一结果其首要原因在于渔农村教育的不合理,尽管政府在九年义务教育制度中对渔农村孩子上学给予资金上的补助,但所占比例依然有限,为了能考上一个好的大学,一般渔农村孩子的家长会倾其所有作为教育投资(尽管他并不这么认为)用于孩子高考复习,而这部分投资对农村是得不到应有的回报的。而且现有的教育制度结构使得大部分上完高中没有考上大学的渔农村青少年根本不懂得任何渔农业产业技术技能,无法成为渔农业的高素质劳动者,无法在渔农村中获得可观的收入,从而选择离开渔农村到城市去务工。因此,应该有对渔农村的选择性教育结构和相应制度,并在资金上给予更大的扶助。

渔农民在渔农村人力资源开发和结构调整中既是对象又是主体,舟山现行的渔农村"乡村人才"活动及"网格化"管理等对渔农民挖掘自身人力资本有着积极的作用。同时也可以把市场经济中的竞争机制引进渔农民的学习中,通过设立渔农民对先进农业生产技术的了解和应用标准、渔农

产业产量质量提升标准等，对不同渔农村实行进行年度、季度考核，根据考核的情况进行有差异的政府等级财政补助奖励和政策优惠。从而形成同县内乡与乡之间的竞争，同乡内村与村之间的竞争，同村内组与组之间的竞争，勉励和推动渔农民不断提升自身的科学素质，强化渔农民自我开发、自主增强意识和行为，引导渔农民积极参与渔农村的人力资源开发。

3. 完善人力资源市场体系，建立渔农村人力资源规划和评估机构

在社会主义市场经济中，对资源的配置存在着市场配置和政府配置两种方式，从舟山渔农村人力资本流失严重的原因分析中可以看到市场配置行为会使渔农村人力资本大量外流，从而导致渔农村高素质的渔农业人才严重不足，并且市场配置在渔农村人力资源结构调整上反应比较缓慢。如果要对舟山渔农村的人力资源结构进行有效的调整和开发，建立专门的渔农村人力资源规划和评估机构很有必要。通过专门的机构对渔农村人力资源的规划和评估，不仅可以弥补由于市场配置人力资源的不足，还可以使舟山市政府更好地了解舟山渔农村中人力资源的状况，更好地制定渔农村经济发展政策和城市经济发展中所需人力资源的规划，并可以很好地了解到城市发展所需后备人力资源的所在。舟山新区未来经济的发展，对现有的城市劳动力资源已提出了严重挑战，通过对渔农村人力资源的规划和评估，可以使渔农村人力资源更合理有序地流动到相应的渔农业生产领域，在结构上进行规划重组以达到质的提高。

参考文献

[1] 吴晓东. 紧紧围绕“三大变革”扎实推进新渔农村建设[J]. 中国乡镇企业，2012(1).

[2] 任淑华. 舟山新渔农村建设人力资源开发问题的思考[J]. 中国集体经济，2007(7).

[3] 郃少华. 论普陀区渔农村文化建设的问题和对策[D]. 舟山：浙江海洋学院，2012.

科技人员是“科技兴海”的先锋力量

——舟山市科技人员的社会调查报告

赵文哲

[摘　要]　舟山是我国首个以群岛建制的地级市，素有“海天佛国、渔都港城”之美誉。随着舟山群岛新区的建立，舟山市社会经济迅速发展，对科技人才的要求越来越迫切，本文在对舟山市科技人员的现状进行分析的基础上，提出了促进科技人员发展的几点建议。

[关键词]　科技兴海；科技人员；经济发展

为了探索舟山市“科技兴海”的发展之路，有关部门应积极发挥海洋科技人员对舟山市海洋经济的支撑和引领作用，加快海洋科技成果转化和产业化，使得“科技兴海”战略更加符合舟山市的具体情况，以促进海洋经济又好又快发展。本文便对舟山市的相关科技人员进行深入研究。

舟山是我国首个以群岛建制的地级市，素有“海天佛国、渔都港城”之美誉。下辖四个海岛县(区)，户籍人口97万。全市有大小岛屿1390个，占全省的45%、全国的25.7%。其中住人岛屿140个、万人以上住人岛屿11个。陆域面积1440平方公里，其中舟山本岛面积502.6平方公里，为我国第四大岛。舟山市具有十分优越的区位条件、举世罕见的深水岸线、独具魅力的旅游胜地和极为丰富的海洋资源。近年来，以科学发展观为指导，通过积极执行“科技兴海”的海洋战略，港口物流迅猛发展、临港工业迅速崛起、海洋旅游持续升温、海洋渔业稳步转型、新兴产业扎实起步、基础设施不断完善，正在向着港口物流与港航服务产业集群、船舶与临港装备产业集群、临港石化集群、海洋旅游集群、现代化渔业集群、水产品精深加工与海洋生物产业集群、大宗物资加工产业集群、海洋清洁能源产业集群的伟大目标努力。根据市科技局近日对列入省科技厅的省重大高新技术研究项目、重大科技攻关项目、重点科研项目、一般科研项目、重大高新技术产业化项目和省科技型中小企业创新项目调研结果表明，通过以项目为载体，以企业为主体，产学研结合，运用技术入股等灵活市场机制，把科技人才引入经济主战场，效果良好。围绕"船舶、海洋药物、海洋食品精深加工与保健食品、生物及精细化工、深水网箱及养殖"五大海洋优势行业的技术攻关及产业化，运用高新技术改造传统海洋产业，海洋高新技术发展呈加快趋势。

以上成绩的取得，科技人员起着不可或缺的重要作用，在过去的几年时间里，海洋科技项目总体实施情况良好，通过技术创新，人才集聚使用和项目效益等方面取得了可喜的成绩。根据舟山市人民政府《关于表彰 2012 年度舟山市海洋科技创新奖、科学技术进步奖和科学技术合作奖的通报》（舟政发〔2012〕58 号）文件，决定授予陈小娥、管志强 2 人为 2012 年度舟山市海洋科技创新奖；授予"海洋低值鱼类陆基加工新技术及设备开发"等 2 项成果市科学技术进步奖一等奖；授予"舟山海域钢筋混凝土结构海洋工程设施新型涂层防腐技术研究"等 10 项成果市科学技术进步奖二等奖；授予"全自动高速电阻焊罐机"等 23 项成果市科学技术进步奖三等奖；授予"高效节能单级高速风机研制开发"等 6 项成果市科学技术合作奖。

通过进行社会调查，我们看到了舟山市海洋经济的迅猛发展和科技带给人们生活的改变是同他们充分利用本地的山海资源、地理优势，积极推进自主创新能力提升等方面分不开的，但总体来说，自主创新能力与国家的整体发展战略要求还存在不小的差距，与发达地区的自主创新能力相比，还有很大的不足，差距也比较明显，自主创新能力整体上还不强，区域和企业的核心竞争力还没有完全形成，在整个经济社会发展中，自主创新能力还亟待进一步提升，思想观念落后、海洋科技人才缺乏、人才培养不足、缺乏专业素质等问题更为突出。据省统计局和省科技厅联合发布的《2011 年度设区市科技进步统计监测评价报告》显示，舟山市科技综合实力居全省后列，但规模变化和水平变化综合评价居全省前列，说明科技综合实力与其他地级市差距在逐步缩小。从科技监测指标分析，舟山市现在的科技进步水平和创新能力要支撑起新区建设的技术保障还有距离，需进一步加强和提高。

一、当前科技人员工作中存在的问题

当前舟山市海洋科技人员在工作中还存在一些很突出的困难和问题，主要表现为以下几点：

1.海洋科技人员思想观念落后

当前沿海各地普遍对海洋开发事业高度重视,例如辽宁提出了进一步整合海洋科技力量,坚持走科技兴海之路,创办十六个海洋工程技术中心的举措;江苏提出了要把发展海洋科技作为加快海洋经济发展的重大战略举措来抓的目标任务;上海提出优先发展海洋高科技产业,确立在国内领先地位的口号;山东提出依靠科技兴海,推进海洋科技开发创新,大力推进海洋科技产业化信息化进程的纲要。但舟山市一些部门单位对海洋科技还不够重视,思想观念更新较慢,对科技是第一生产力的重要作用认识不足。作为全国海洋大市,海洋开发和海洋科技成果运用,要起点高,跨越式发展,应根据海洋科技力量的分布和特点,优化整合现有的海洋科技资源,利用技术积累和技术优势,结合引进国内外先进技术和人才,打造一个使舟山海洋科技跃上一个新台阶的技术高地和技术平台,着重在船舶、海洋药物、海洋信息化、海洋工程与海水综合利用、海洋环境及防灾减灾等方面,集中主要力量,组织相关科技人才联合攻关,为产业化提供有力的技术支撑。

2.海洋科技人才缺乏,民营企业技术力量薄弱

舟山市海洋企业90%以上是民营企业,但这些占主体地位的企业的发展水平与海洋资源大市的地位还很不相称,科技人才缺乏,投入能力有限,技术水平不高,自主创新能力不强,其中人才问题最为突出,尽管这些民营企业通过引进和培养,以及借用外脑等形式,拥有了一些人才,但与企业的发展需求相比还是远远不够的。近年来,水产品出口更是受到严峻的挑战。加强民营企业家的素质培训教育,把海洋民营企业提升为海洋民营科技企业和高新技术企业,是舟山市面临的一个重大问题,关系到优化海洋经济结构,增强综合实力和国际竞争力,推动海洋现代化建设的全局。

缺乏高层次人才。统计表明,舟山市相当一部分人才学历偏低,知识更新慢,科技观念落后,业务素质跟不上日益加速的科技与经济发展的形势。现有高级职称人数占人才总数比重过小,分布不平衡的结构性矛盾仍比较突出。从经济发展对人才需求分析来看,现有人才专业构成与实际需求矛盾突出,结构不合理。集聚人才资源能力比较薄弱,从外地引进人才,往往难以留住。人才资源开发机制亟待加强和完善。激励机制乏力,尤其是鼓励人才特别是高层次人才来舟山创业的政策还不够优惠。

3.海洋科技人才培养不足,缺乏专业素质

舟山市现有省级海洋高校和省级海洋水产研究所各1所,国家级认证实

验室3个，省级海洋高新技术园区1个，国家级科技兴海示范基地和省级科技兴海示范基地各1个，市级海洋研究院校6个，但与浙江省沿海地区和山东、广东、上海等省市相比，舟山市存在海洋技术储备不足和人才总量不足，海洋科技力量分散，合力不强，科技教育资源有待进一步整合等问题。海洋科技人才断层严重，人才的培养目标与需求不尽一致，缺乏实际经验，海洋科技人才引进不力，流失严重，海洋高级技术人才及复合型的管理人才严重缺乏，急需的海洋生物、精细化工、计算机等专业人才也相对较短缺，特别是海洋科技人才拥有量及所占比例低，生产第一线的科技人员缺乏；广大养殖户的养殖技术又普遍较低，大多数还凭经验和传统技术进行养殖，尤其是因形势所需而被迫转产的大量渔民，更是缺少养殖技术，这在相当程度上严重困扰着我省传统海洋优势产业的结构调整和升级。现代渔业需要现代先进科技与渔业的结合，需要一大批科技型人才和能熟练运用先进技术的现代渔民。人才培训的功能是不可或缺的，它是从根本上提高渔民素质，加快传统渔业向现代渔业转变，促进渔业可持续发展的必由之路。

二、今后海洋科技人员工作的几点建议

舟山市"十二五"科技创新工作的总体目标是通过五年的努力，使全市科学素养普遍提高，科技创新环境条件明显优化，科技创新能力显著提升，科技进步对经济社会发展的支撑作用显著增强，使舟山成为浙江省海洋科研和教育中心，成为国内重要的海洋科技人才集聚高地，成为国内一流、国际上有重要影响的现代海洋科教基地。

1.改变海洋科技人员的思想观念

思想观念是行动的先导。人才思想和人才观念是人才机制改革的先导，随着科技、文化的发展，传统的人才观念和思想正在经历着社会的考验，当前舟山市海洋科技领域人才方面暴露出来的一些问题足以说明原有的海洋科技人才的培养、使用、引进等方面已经阻碍和制约了海洋科技的发展和进步。因此，首先要对思想和观念进行改革。否则，海洋科技的进步、海洋资源的开发、海洋经济的发展都是空谈，反过来又会影响海洋科技人才的培养和引进。

2.着力提升科技管理队伍素质

大力开展学习型机关建设。在舟山市科技管理系统中进一步强化政治理论学习、业务知识学习和现代科学技术知识学习，不断改进学习方法、丰

富学习内容,完善学习制度,方能有效提升全市科技管理者队伍精神面貌和科技管理业务水平。

深化科技管理队伍的作风建设。积极推进科技管理干部深入企业、高校、科研机构和农村等科技创新工作第一线开展调研,了解基层科技创新的需求,并围绕全市中心工作积极谋划,着力解决一批制约全市科技创新能力提升的重点、难点问题。

强化科技管理队伍的能力建设。利用现代信息传媒,以及请进来、走出去等方法,积极开拓科技管理干部的视野,不断吸收国内外科技管理的经验,促进科技管理创新。优化科技管理系统的内部考核制度,激发科技管理队伍的工作积极性。进一步理顺市和县(区)科技部门之间的工作关系,探索实施半垂直系统管理,推进科技管理队伍进一步形成合力。

3. 切实抓好海洋科技人才队伍建设

舟山市要进一步深入实施"新世纪海洋人才工程"和"111 人才工程",深化人才培育工作,大力开发科技人力资源。积极营造尊重知识、尊重人才的良好社会氛围,努力造就数量更多、层次更高、质量更好、结构更合理的人才保障体系。切实帮助企业与省内外大专院校、科研院所联合建设博士研究生实习基地、示范基地、转化基地等,推进全市海洋科技合作的不断发展。要充分发挥浙江海洋学院等海洋科研院所的作用,以发展海洋经济为重点,努力培养和造就一批具有海洋专业人才的队伍。要完善人才使用机制,打破地区、单位界限,通过兼职、咨询、技术入股等多种形式,积极吸纳外来高层次人才和智力成果;要实行以"公开、公平、公正"为核心的用人形式,改革专业技术人员职务评聘办法;要通过科技项目课题招标承包、竞争上岗等形式,建立起公平竞争、优胜劣汰的用人机制。努力创新海岛地区人才引进、培养、配置和使用的政策机制。积极组织用人单位赴内地高等院校招聘人才,大力借用引进国内外专家智力来海岛工作,重点做好博士后流动站的建立,有关科研院所、高等院校专家学者来我市机关、县区的挂职和重点企业的技术项目引进和担任顾问等引才引智工作。要合理配置好现有人才。针对海岛地区先前人才队伍的实际,从优化人才结构和人才合理配置实用的目的出发,进一步完善人才流动的有关政策,为加快开发利用整体性海洋人才资源创造更加优化、宽松的社会环境。积极培育人才市场体系,充分运用市场手段,在不断打破身份界限的基础上,加大人才社会所有的工作力度。加大对海洋科技人才工作的投入,人才资金主要用于人才引进、培训、住房补贴等。

三、结论

科技创新是推动经济和社会发展的决定因素，科技创新人才是实现浙江舟山群岛新区跨越式发展的中坚力量，而企业、科研部门和高校是科技创新人才开发的主体。因此，要提高主体意识，明确开发目标和重点，因地制宜，建立长效机制，并注重自身开发，积极主动与政府等相关利益者进行多方互动，才能推进科技创新人才开发的有效性，为舟山群岛新区的可持续发展提供新的动力和必要的智力支持。

经济的转型升级决定了科技创新人力资源管理服务模式。舟山市正在进入海洋经济发展的新时代，以海兴市，全面跨越，为舟山海洋经济发展理清了发展战略。推进浙江舟山群岛新区建设，是一项极具开创性的工作，要充分认识推进新区建设的艰巨性和复杂性。海洋事业是科学技术密集型和人才密集型事业，海洋人力资源是发展海洋事业的第一资源和根本保障。要实现浙江舟山群岛新区的跨越式发展，建设海上浙江，必须大力发展科技创新人力资源。我们相信，在国家海洋战略的背景下，通过舟山市和众多合作方的共同努力培育科技创新人力资源，舟山群岛新区建设一定会开创更加美好的未来，为国家海洋发展战略做出更大贡献！

[1] 全国海洋标准化技术委员会. 海洋国内外标准目录(2008)[M]. 北京：中国标准出版社，2008.

[2] 管华诗. 海洋管理概论[M]. 青岛：中国海洋大学出版社，2003.

舟山群岛新区港航物流人才服务平台建设研究

高单单

[摘　要]　舟山群岛新区港航物流业要实现大发展，需要建设适合舟山群岛特色的人才服务平台。本文首先对上海、宁波、四川、天津四地的人才服务平台建设进行了比较和分析，在借鉴相关经验的基础上，从舟山群岛新区实际出发，在就业服务平台、人才发展、教育培训能力、实习实训基地等方面对舟山群岛新区港航物流人才服务平台的建设提出了建议，并提出了具体的构想路线图。

[关键词]　舟山群岛新区；港航物流人才；人才服务平台建设

促进港航物流业大发展，人才是关键因素。舟山现代港航物流业的发展依托充足的人才资源，同时带来强劲的人才需求。《舟山市“十二五”港航物流人才发展规划》(下称《规划》)预测，未来舟山港航物流业人才需求呈现“量”的增长和“质”的突破同步发展态势。港航物流行业的人才发展路径与一般通用人才相比，有着自身的特殊性，套用通用人力资源管理模式难以达到最优的开发、配置、使用效果。因此，消除港航物流人才供需之间的信息不对称，加大港航物流人才资源开发力度，必须整合资源，针对人才引进、培养、使用、评价和激励等环节的突出问题，建立起各部门经常性协商渠道，实现各部门之间在重大项目实施、专业人才培养、优秀人才评选等方面政策的有效衔接，营造更加有利于培养人才、集聚人才、造就人才的政策环境。

一、人才服务平台建设的经验借鉴

港航物流人才建设是一个系统工程，涉及政府、企业、学校、市场多个要素，必须整合各方资源，针对人才引进、培养、使用、评价和激励等环节的突出问题，建立起各部门经常性协商渠道，以营造更加有利于培养人才、集聚人才、造就人才的环境。为此，应有效借鉴各方人才服务平台建设的经验，完善舟山群岛新区港航物流人才服务平台功能，为新区港航物流行业发展奠定人才和组织基础。

1. 相关省市的人才服务平台比较分析

(1)上海国际金融、航运物流人才服务中心。上海国际金融人才服务中心、国际航运物流人才服务中心，隶属于上海市人才服务中心，主管部门为上海市人力资源与社会保障局。该两大中心的主要服务项目有13项，主要包括：金融、航运物流人才集聚和创新团队配置；发布金融、航运物流行业专业人才需求信息和岗位薪酬信息；金融、航运物流优秀人才和高级技能人才的引进；金融、航运物流项目团队国际人才租赁与派遣服务；金融、航运物流领军人才专项服务；金融、航运物流人才综合素质测评；金融、航运物流企业HR管理咨询服务；金融、航运物流职业经理人培训等。另外，上海航运物流人才服务中心的主要服务项目有高端人才招募和航运物流人才团队配置等12项，并实施航运物流人才职业资格认证服务、航运物流企业博士后科研工作站服务、航运物流工程师训练基地服务等3个项目。其中，上海国际航运物流人才服务中心与上海组合港管理委员会办公室、上海海事局、上海国际航运仲裁院、上海国际航运物流人才服务中心、上海航运运价交易有限公司等联合入驻上海浦东国际航运服务中心大楼。海事局可以为浦东地区的海船与在浦东港区营运的内河船舶服务，同时为船员提供咨询、资格培训、考试、发证等服务；仲裁法院为船只间发生的事故、纠纷进行仲裁；人才服务中心，可以为航运人才提供子女上学、税费减免等全方位的咨询和服务，将这些机构“撮合”在一起，目的是提高航运服务中有关人、船问题的办事效率。

(2)上海棋硕国际物流人才服务中心。是中国物流行业协会上海中心指定的专业物流人才基地，成立于2002年，专门为中国知名物流、外贸企业提供专业人才服务。上海棋硕作为物流领域的专业服务提供商，提供的服务如下：提供初、中级国际物流人才的中介服务；提供中、高端国际物流人才的猎头服务；代理注册国际货运代理公司执照；外资注册国际物流(货运代理)；代理申请报关权；代理申请无船承运人NVOCC；国际物流人才培训等。

(3)宁波航运人才服务中心。隶属于宁波市航运交易所的一家专业从事航运人才服务的公司，公司成立于2012年7月，注册资本300万元，提供包括劳务派遣、人事代理、船员整船派遣、船员管理、船员培训、船员证书办理等业务。私营性质，专业性强，体现在其对工作人员的要求上：合伙人要求有5年以上海事服务经历。业务经理要求航运类专业大专以上学历，2—3年海事服务经历，从事船员劳务派遣2年以上，有一定专业特长。

(4)四川金融人才资源服务中心。系四川省人才交流中心金融人才分中心，由锦江区和西南财经大学签署金融战略合作协议，把西南财大的毕业生人才资源及大学生实践基地纳入“中心”交流服务范围，同时依托省人才交流中心全方位收集金融人才信息，致力于成为“西部规模最大、覆盖范围广泛、金融人才最全的金融人才库，服务最优的专业金融人才资源服务中心”。

中心采取市场化运作模式，由四川融金人才信息咨询服务有限公司运营管理，为金融机构和金融人才提供人才招聘、人才培训、人才派遣、人事代理、专业测评、人力资源管理咨询，人才供求信息的收集、整理、储存、发布等标准化、精细化、多样化、个性化的金融人才专业服务。

(5)天津港保税区人才交流服务中心。天津港保税区人才交流服务中心是天津港保税区管委会的下属事业单位。为促进区域人才合理流动，更好地为企业配置人力资源，保税区人才交流服务中心为用人单位提供下列服务：依据用人单位的需要，举办各种类型的人才交流洽谈会；为用人单位提供保存接转人事关系档案、出国政审、公证材料、职称评定、外省市调入、出具婚姻状况证明等人事代理服务；为保税区企业办理职工录用及失业登记手续。

2.优劣势比较分析

上述人才服务中心分别代表了四种不同的组织形式。

(1)舟山市人才服务中心形式，其主管部门为人力资源与社会保障局，如上海国际金融、航运物流人才服务中心。由劳动部门下属单位来组织、实施人才服务，其优点在于人才政策制定具有统一性和连贯性，具有强制性的法律效力，从而有效保障政策的可实施和可操作。但缺点在于航运市场变化莫测，且港航物流行业发展具有自身独特的特点和规律，这就限制了政策的针对性和及时性，无法及时有效地满足港航物流企业的需求。

(2)私营企业形式，如上海棋硕国际物流人才服务中心和宁波航运人才服务中心。企业的优点是与市场联系紧密，通过深刻把握行业发展状况，开展针对性的一对一专业人才服务，从而促进行业人才供求平衡。但人才成长是一个渐进的学习过程，需要通过不断的培训、交流达到知识、技能的提高和升华，而人才的培养具有外部性，大部分企业偏好成熟型人才，而忽略了对初级人才的培育，长久来看对整个行业的发展不利。另外，在应对全行业、大范围的市场风险中，私营企业抵御能力较低。

(3)人才交流中心下的国有企业单位，如四川金融人才资源服务中心。一方面，通过中心将高等院校的人才与企业相连接，另一方面，通过市场化运作方式，整合资源，为企业提供专业化服务。该模式连接了政府、企业、学校和市场四者之间的关系，但限于公司体制的影响，难以从全局出发制定促进人才发展的政策。

(4)事业单位性质的公共服务机构，如天津港保税区人才交流服务中心。公益性的社会组织可以有效配合地区的人才发展政策，为行业人才提供各种便利、价廉的服务。但职能比较单一，无法从人才的引进、培养、使用等的全过程为行业、企业的人才供需搭建平台，优化行业发展的政策环境。

在吸收借鉴上述组织形式的优点的基础上，结合舟山群岛新区现代港航物流业发展的要求，成立由舟山港航局领导下的舟山港航物流人才服务中心，形成以行业部门为牵头、人力资源主管部门为支撑、企业为主体、学校为基础的合作方式，搭建政府、企业、学校与人才之间的平台，整合各方资源，为港航物流业的发展提供智力支持和人才支撑。

二、就业服务平台建设

要确保港航物流业发展的人才需求，首先要完善就业服务网络，利用多种形式促进港航物流人才的优化配置。建立校企对接、职业培养与产业对话协作机制，充分利用公共实训基地和特色专业培养促进港航物流人才的发展。

1.港航网下的港航物流人才专栏

考虑到单独建立港航人才网，投入大，见效慢，社会认知度不高，可以选择在舟山港航网等权威平台的基础上，建立人才供求信息平台专栏，定向服务于港航物流企业。同时，专栏与舟山人才网、舟山就业网、舟山海员网、舟山高技能人才网等部分已经有较高知名度的网站建立合作关系，共享人才供求信息，建立港航物流行业通用技能型人才库和高端人才库，保障企业实时用工需求。人才专栏平台的设立，对内用于汇总和发布企业用人、用工信息，登记人才求职信息，登记和发布企业培训需求信息等，在学校、人才、企业、政府主管部门之间架设信息互通平台；对外连通国家和各兄弟省市的专业人才网站，广泛实现人才资源共享，积极推进人才资源开发的省际化乃至国际化。

2.人才供求信息集成与发布

通过企业自主上报、中心走访调研、人才网数据抓取等多种方式，建立高端和通用人才库。在高端人才方面，在全行业范围内，遴选一批全球公开招聘的岗位，明确岗位职责、素质能力要求和薪酬标准，向海内外公开发布招聘顶级专家人才，并按照项目要求合理配备运作团队。积极通过人才中介机构、猎头公司定向猎取港航物流产业高端人才。通过网络、现场招聘会、人才洽谈会等多种形式，搭建企业与人才的桥梁。建立人才信息定期发布制度，辅以特殊工种、紧缺型技能人才的实时、动态发布制度，同时，与舟山市就业管理服务局合作，开展定期、不定期的港航物流人才专场招聘会，满足企业用工需求。

3.校企对接计划

健全特色专业合作培养模式。学校方面成立专门的校企合作委员会，建立校企定期、不定期的会晤交流制度，方便企业在涉及人才合作培养方面重大项目的实施、变更信息时能与校方及时沟通，以及校方在招生计划、培养模式方面接受企业咨询的建议。针对特色专业实施“联合培养、共同考核、双向选择”，建立“学校教育教学＋企业教学实习＋顶岗实践＋就业”的校企全程合作培养模式。同时，加强教师参观、调研以及双师型教师的培养方面的合作；加强互派专业人员讲学、企业培训、职业技能培训等方面的合作。

健全基地培养模式。鼓励学校与相关企业合作，建立校外实训基地，组织学生到企业实训基地参与实习，提高实战技能，基地也可以从实习生中优先选拔优秀人才。同时，学校通过建立校内实训基地，邀请企业专业技术人员到教学现场指导实训教学工作，提出相关建议与意见。

4.定向培养计划

结合港航物流行业人才的往年需求情况、现阶段人才配置特点、未来发展规划，将企业的人才需要逐级分解为学校的人才培养计划，将重要行业战略性人才、新兴业态人才、紧缺型专业技术人才列入定向培养名单，从招生到培养使用完整的培养链条，实行定向培养计划，建立校企之间的合作培养关系，鼓励通过签订合作培养协议实现应用型人才和专业技术人才的培养。

三、人才发展问题

1.成立人才发展研究会

建立校、企、局共同参与的港航人才发展研究会，吸收相关企业的人力资源部门负责人加入，经常性地分析、研讨企业人才需求情况，通过经常性协商渠道，针对性解决企业人才引进、培养、使用、评价和激励等环节的突出问题，实现有关部门在专业人才培养、优秀人才评选等方面政策的有效衔接，营造更加有利于培养人才、集聚人才、造就人才的政策环境。

研究会构成可以由舟山高校、职业技术培训学校教学工作负责人、舟山港航物流产业重点企业及新兴产业企业代表和舟山市政府组织部、劳动局、港航物流人才服务中心三部分人员组成；研究会的主要议题包括行业人才的需求情况，人才引进、培养的对策建议，人才使用中遇到的问题对策，校企合作中遇到的问题对策，人才政策的反馈与促进，其他人才服务问题，等等。研究会运行机制为每4个月召开一次大会，每年3次，由中心人才发展研究处发出邀请，负责会议的组织和策划。会议地点第一次在中心举行，之后经商讨决定，轮流到企业、政府、高校举行。

2.发布人才紧缺指数及紧缺人才目录

根据《浙江舟山群岛新区人才需求白皮书》，结合港航物流产业发展情况，收集、整理人才供求信息，做好人才调研，定期发布港航物流业紧缺人才目录。经常性分析港航物流业发展对人才需求的状况与趋势，定期发布人才紧缺指数，每年年初和年终分两次编制、发布《舟山市港航物流业紧缺人才目录》。对连续两次以上列入《目录》，紧缺度比较高的岗位，启动猎头方式引才。

3.开展其他专项研究

首先是港航新兴业态发展及人才培养模式的研究。港航物流新兴业态是指在原有业态自我扩张和融合其他产业的基础上形成的衍生性产业业态，一般具有新兴、现代、高附加值等特点。港航物流新兴业态中主要以衍生服务业为主，包括大宗商品交易、港航物流金融服务、海事法律服务、港航物流咨询服务等行业，这些行业所需要的人才统称为港航物流新兴业态人才。舟山港航物流新兴业态还处于发展的初级阶段，相应的人才培养体系还没有建成，有必要引进国际化教育项目或教育资源，借鉴国外港航物流人才的类型和培养办法，创新性地开展新兴业态人才培养工作。

其次,可开展物流行业发展促进研究。舟山港航物流业仍处于中低发展水平阶段,主要以提供装卸、仓储和国内运输等服务为主,配送、贸易、信息、咨询、金融等一体化、高增值的现代港航物流衍生服务业尚处于发展的初级阶段。人才资源也主要以操作型、通用型人才为主,企业对高层次人才的需求和开发动力不足。因此,高层次人才总量偏少,新业态人才明显不足,这是制约舟山市港航物流业新一轮发展的突出矛盾之一。应着力研究港航物流行业发展的促进措施,开展广泛调研、专家研讨、管理咨询等多种形式,争取开展先行试点,为试点企业提供人才引进和培训支持。

四、教育培训能力建设

港航物流人才队伍建设要从源头抓起,贯彻人才成长的全过程,培养一批,造就一批,提升一批,形成成熟的人才培养模式,以人才成长来带动行业发展。为此,一方面要紧抓人才教育,另一方面,针对性地对企业人才进行培训、提升,促进港航物流产业的大发展。

1.重点建设专业布局及人才培养模式创新

(1)重点建设专业布局。根据新区港航物流产业发展现状和未来发展方向,协调各院校专业设置,对重点需求的人才进行重点专业培养。支持浙江海洋学院发展海事类学科,重点发展石化仓储、港航建设、港口物流管理、航运管理、海事法律等专业,培养港航物流企业经营管理人才和专业技术人才;支持浙江国际海运职业技术学院做强船舶驾驶、轮机技术等航海类专业;舟山技工学校重点发展港口机电一体化、港口电气等专业,为港航企业输送一线技能操作人员。选拔一批基础较好、特色较强的专业,重点建设,在这些专业师资队伍建设、实验室建设和实训基地建设上分批投入经费予以支持。

(2)人才培养模式创新。人才成长尤其是高端人才的成长有其特定的规律和路径,如何实现培养成果的可测性、可持续性,需要构建一套完整的人才成长跟踪方案,着眼于人才的引进、使用、培训、激励考核等全过程,通过建立人才成长档案库,设专人定期、不定期开展回访跟踪,既可以针对性地安排分类培训或交流活动,又可以促进人才梯队的形成和整体提升,从而建立起链条式人才培养模式。

全面提升港航物流人才综合素质,必须提高人才培养工作的针对性和有效性,构建一套多样化的人才培养途径,除了在学校中进行系统教育外,还可采取交流挂职、集中培训、自主培养、国际合作培养、脱产或不脱产的培训班、研讨班等形式，根据每种途径的培养目标和特点，有针对性地实施培养计划。

2.完善培训体系，提升培训实效

完善培训体系，针对港航物流人才培养，建立内部培训与外部专家培训相结合，请进来和送出去相结合的培训系统。在充分利用外部培训作用的同时，发掘内部培训潜力，提高内部培训能力。从已培训人员以及相关领域杰出贡献者当中，选送一批学习能力强、业务基础扎实的人才到相关院校、研究机构、培训机构学习，定向培养，定期跟踪，通过建立内部培训"蓄水库"，促进学员之间的相互交流学习，逐步打造一支能力突出、善于教学、与时俱进的培训队伍，做好舟山港航物流人才的培训保障(如图1)。

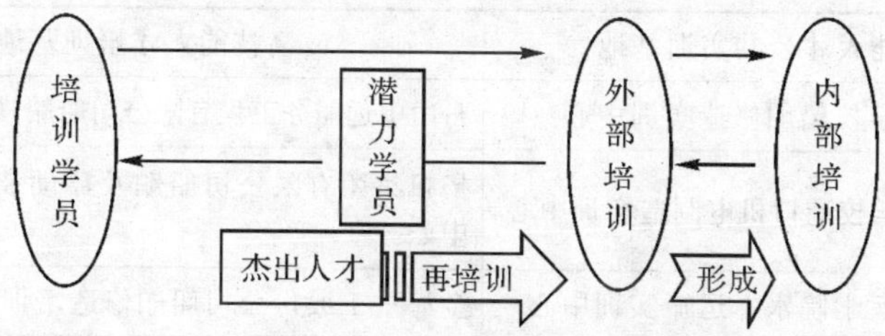

图1　舟山群岛新区港航物流人才培训体系构想图

提升培训实效，在分析培训需求的基础上，开展培训反馈，要建立结果导向、市场导向的培训模式，建立培训效果的考核机制，实行严进严出的培训标准，将培训与职称相挂钩，变培训对象的被动思维为主动要求，避免出现培训效果与预期大打折扣或产生对培训主体的依赖思想。整理已开展培训项目，根据产业发展需要，适当增强一批培训项目，进一步优化培训机制和培训政策。

3.规范、完善职业资格认证

理顺职业资格认证体系和行业部门上岗认证体系。在已有港航职业资格认证的基础上，开展企业调研，优化认证体系，针对企业人才需求和产业发展要求，适时开展新兴职业上岗证认证考试，先行先试船舶评估师、船舶经纪人执业制度，根据情况引进国外职业资格证书。

五、实训实习基地建设及人才孵化

高技能人才的成长一方面要靠实践的积累，另一方面要靠持续的学习、培训，达到技能的升华，因此，实训基地建设是实训基地理论和实践结合的平台，是提高技能型人才培养质量的关键环节。

1. 实训实习基地建设

为促进港航物流行业人才培养，充分利用现有实训基地（见表1），港航物流人才服务中心可通过与实训基地管理中心建立合作关系，将港航物流企业员工的培训需求进行收集、整合，集中申报，打包管理，简化办事手续，将员工直接输送到各个实训基地。同时，鼓励公共实训基地根据企业培训需求开展多种形式的培训课程，对公共实训基地采用购买培训成果的方法给予补助，员工在实训基地培训顺利结业并获得相应资格证书，可获得相应补贴。

表1　舟山群岛新区现有实训基地状况

高技能人才公共实训基地	高技能人才培训基地
舟山市技工学校船舶修造实训中心	舟山中远船务工程有限公司船舶修造培训中心
舟山市技工学校港口机电制造实训中心	扬帆集团有限公司船舶及浮动装置制造培训中心
浙江国际海运学院水上运输实训中心	金海重工股份公司船舶修造培训中心
浙江国际海运学院港口物流实训中心	
浙江海洋学院石油化工实训中心	

鼓励校企合作建立实训基地，实现实习就业、师资培养、顶岗实习等多方面的合作。鼓励企业专业技术人员到教学现场指导实训教学工作，提出相关建议与意见，改进教学方法，提高教学与实践结合能力，同时，组织学生到企业实训基地参与实习，提高实战技能（见图2）。

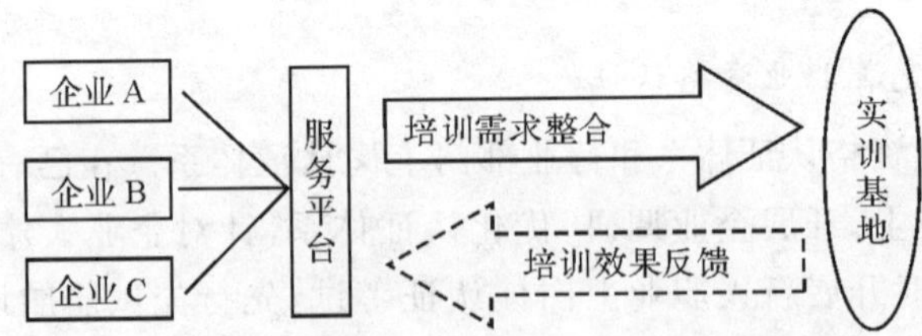

图2　舟山群岛新区港航物流人才实训实习基地构想图

2. 政策支持建议

（1）完善实训基地与港航物流人才服务中心的合作机制。由港航物流人才服务中心与实训基地建立合作关系，密切基地与企业、培训与使用的联系，企业在有新招入员工以及老员工技能提升培训的需求时，通过港航物流人才服务平台进行整合，打包输送到实训基地的方式，既省去了企业办理手续中的耗时耗力，又提高了实训基地的利用效率。

(2)完善实训基地资金投入机制、管理机制，促进实训人才孵化。实训基地建设是一个长远工程，根据《舟山市高技能人才公共实训基地和高技能人才培训基地认定管理办法(试行)》(舟人社发〔2011〕96号)，目前舟山群岛新区已经确认一批实训基地，并发放了基地建设补贴，但后续的实训基地的持续投入机制以及使用机制还未完善，关于承担社会培训、实训成果评估、实训费用标准、政府补贴标准、基地管理等，仍需要在借鉴的基础上进一步完善。

(3)建立企业、个人、政府之间合理的培训负担机制。确立合理的负担机制，有利于鼓励中小企业把学徒送到跨企业培训中心去学习，同时也利于促进实训基地的发展。为调动培训职工的积极性，可以参照培训成本部分政府负担40%，企业单位负担50%，个人负担10%的办法，组织中小企业的职工到实训基地去进行实训。对企业来讲，较小负担既可承受，同时也会带来较大的回报；对个人来讲，适当负担一点培训费用，也有利于增强参加培训的自觉性和责任性。

六、高端人才专项服务

1.高端人才引进

从舟山人才现状来看，单靠自我培养和自我挖掘还满足不了我市经济发展对人才的需要，还必须大力引进外地人才或智力。现阶段，在用足用好《舟山市人才引进实施办法(试行)》和中国海洋科技创新引智园区的相关政策的同时，根据《舟山新区人才需求白皮书》，建立人才引进分级制度，完善人才引进方式，拓宽引进渠道。

重点是面向海内外全力引进港航物流战略件人才，专门从事港航物流业发展的规划、战略策划和决策支持的政府部门、事业单位干部和舟山市市管大型企业高层经营管理者。对于企业高层次人才引进，要以引进智力为主要内容，以项目带动为主要手段，坚持引才与引智相结合，招商与招才相结合。要在引进紧缺人才的同时，树立“不求所有、但求所用”的理念，通过聘用、兼职、合作等多种方式吸引各方人才投身到我市港航物流业发展中来。

2.高端人才培养

设立港航物流人才培养专项基金，制订港航物流人才培养计划，发展港航物流高等教育，加强与国外优秀港航物流专业院校的交流，积极开展合作培养、交流学习等项目，建立由政府、航运物流企业、个人共同参与的分担机制，适当减免学费或提供在校学习生活费，吸引优秀青年参与到港航人才培养计划中来，不断扩大人才储备。

完善专业培训制度。一方面，完善港航物流人才在职学习培训制度，建立岗位资格性培训、适应性培训、继续教育和技术等级培训为主的培训格局；另一方面，有重点地资助港航物流高端人才培训项目，委托高等院校承担定向专业培训，有机会地派遣有关人才到国外研修和学习。同时，引导港航物流企业充分发挥自身优势，利用专业团体、国内外友好港航跨国公司等资源，采取内部岗位培训、联合办班、赴国外基地锻炼、访问学者互派等方式，不断拓宽培训渠道，提升培训层次。

3.关爱高端人才

对于高端人才，要利用项目引人，用事业留人，除此之外，还要给予适当的政策关爱，让人才愿意留，可以留，乐意留。

为高端人才提供居留和出入境、落户、子女就学、住房等方面的工作和生活便利，优化高端人才生活环境。利用财政补贴、税收政策、股权奖励等多种手段，吸引高端人才在新区就业、创业。建立人才收入分配机制和奖励机制，对关键岗位和有效人才实行报酬倾斜，建立人才资本产权激励机制，鼓励有条件的企业对做出重大贡献的高端人才实行股权、期权激励，鼓励人才以技术、专利、品牌等要素参与分配，创新多元化的分配方式。

[1] 海欣.上海国际航运物流人才中心揭牌[N].中国船舶报，2006-06-30(10).

[2] 宋争辉.关于普通高等院校校企对接模式的研究[J].职业，2012(09).

[3] 林海波，朱玲君，李云贵.公共实训基地建设若干问题研究[J].价值工程，2010(07).

[4] 真虹.上海国际航运高端人才发展策略[J].人才开发，2011(02).

舟山群岛新区建设港口物流人才问题研究

刘惠颖

[摘　要]　2011 年 6 月 30 日，国务院正式批复设立舟山群岛新区，作为我国首个海洋综合开发试验区，“十二五”舟山将努力建成世界著名的国际物流岛。本文阐述了港口物流人才的相关概念及现状研究，将舟山市港航物流业“人才”界定为除后勤外的所有从业人员，并将舟山市港航物流业划分为港航管理部门和港航物流企业两大部分。同时本文分析了当前舟山市港航物流业人才存在的问题，并基于舟山市港航物流人才发展战略及建设途径提出了发展舟山市港航物流人才相关的保障体系。

[关键词]　人才问题；港航物流人才；舟山群岛新区

在 2011 年 3 月 1 日，国务院批复的《浙江海洋经济发展示范区规划》中，用 1600 余字描述了舟山的未来定位，简单概括为：建设大宗商品国际物流基地，建设现代海洋产业基地，建设海洋科教基地，建设群岛型花园城市。然而这所有设想的实施都离不开人，更离不开人才。人才资源是第一资源，是产业发展的基础，舟山国际物流岛的建设，必须紧紧抓住人才这个“第一资源”。

一、港航物流人才相关概念及研究现状

人才、人才资源和人力资源是三个相互区别而又互相联系的概念，人力资源是从资源角度对人才的一个审视，人才资源是人力资源的重要组成部分。然而，在使用时人们往往将这三个概念基本通用，这可能导致在某些特定行业管理与研究中“人”信息失真，不利于产业人才需求和人才储备的评估。因此，要系统研究港航物流人才发展战略，必须首先明确人才与人力资源的概念。

1.人才、人力资源基本概念

人力资源最早的提出是在1954年,著名管理学家彼得·德鲁克在《管理的实践》中指出“人力资源”是经理们必须具有“特殊资产”的资源,“和其他所有资源相比较而言,唯一的区别就是他是人”。姚裕群认为人力资源是指一定范围内的人口总体所具备的能够从事社会经济活动的劳动能力的总和。这种劳动能力是社会生产、经营等各种经济活动以及相关研究、劳务等相关活动的条件,是构成社会经济活动的必要物质前提,是社会经济活动的重要推动力,是一种重要的、特殊的经济活动资源。一般而言,人才指人的群体中高于一般水平的出类拔萃者,这是一种比较宏观、笼统的人才概念。随着经济社会的发展,“出类拔萃者”的人才概念在某些特定的领域越来越凸显出局限性。为此,从广义上讲,对于某一特定的产业,所有行业从业人员都可称作人才。因此,广义的人才概念可以认为是人力资源或通俗地称从业人员。

2.舟山市港航物流人才

舟山市港航物流业包括港航物流管理部门和港航物流企业两部分。港航物流管理部门指为港航物流企业提供公共管理、公共服务的政府企事业单位和各类公共平台。舟山市对港航物流企业的划分既要立足于舟山现有业态和企业实际,又要结合舟山未来发展的目标业态。舟山市根据企业属性进行划分以确立其在港航物流业中所属类别,港航物流企业有5大类21小类,划分依据为人才类型、岗位结构和属性。为深入掌握舟山市港航物流人才现状,本文采用了比较宽泛的人才概念,即打破“学历论”和“身份论”等观念,将港航物流人才界定为港航党政机关、事业单位和舟山市港航管理企业中除了后勤保障等辅助性岗位的所有人员。国内关于港航物流人才的研究主要集中于针对特定地区或港口的现状,本文将从人才环境优化、人才的培养、高级人才的引进、政策优惠等方面提出诸多建设性意见。

二、舟山市港航物流人才建设的主要问题

舟山市的港航物流业务主要以提供装卸、国内运输、仓储等服务为主,其工作环境较差且危险性高。由于舟山是一个海岛城市,对外交流闭塞,所以还存在生活成本高,引进人才难的问题。低技术产业人才供过于求,港航物流高端人才却供不应求,不利于产业升级。

1.从业环境艰苦,危险性高,留住人才难

多数港航物流企业从业环境较为艰苦,如港口装卸、仓储企业一般都处

于城市边缘，生活条件差等地区；石化仓储企业还存在危险性高的问题；一些岗位工作需要操作各种可能造成危害的大型机器设备，危险性高；而船员长期海上作业，由于工作环境恶劣，生活条件艰苦，工作地点具有流动性，工作任务繁重、压力大。一旦缺乏相应的人文关怀和有效的激励机制，港航物流人才就极易流向工作、生活相对稳定的单位，留住人才比较困难。有关调查显示，航海类专业毕业生上船工作后，就开始发生下船转岗和转行到陆地工作的流动现象。本科层次的毕业生上船工作后的前三年特别是第一年的流动率较高（超过 10%），从第四年起流动率呈平稳趋势，随工作年限的增加流动率略有下降。在上船见习期间，转岗和转行的比例最高，占转岗和转行人数的 28%；在担任三副、三管轮期间，转岗和转行的比例次之，占转岗和转行人数的 25%。

2. 海岛城市较偏，生活成本高，引进人才难

舟山是一个海岛城市，地理位置偏僻。舟山跨海大桥的建成改善了与大陆的连通条件，但信息、对外交流仍比较闭塞。由于城市较小，人才引进中存在“三低”和“三高”问题。即“经济总量低，常住人口少，人口集聚度低”问题，人才容量不大，难以产生分工深化效应、学习激励效应、低成本效应、高生活质量效应和文明发展效应等；“土地成本高、生活成本高，人才流动成本高”，物质条件不具有吸引人才的足够比较优势。另外，从软环境上来说，人才与资本、技术一样总流向能够提供更加优越的公共服务的行政区域。在市场经济条件下，随着政策壁垒的消失，人是在选择能满足其偏好的公共产品与税负的组合后，“择木而栖”。而舟山市人才引进的政策优势尚不具备，环境有待优化。

3. 缺乏港航物流高端人才，不利于产业升级

调查中发现，舟山港航物流业内一般性技术工人总量较大。他们在劳动力市场上处于实际上的弱势地位，容易被替代，处于供过于求的状态。而当前，企业转型升级的动力不足，产业总体仍处于依赖资源优势，以廉价劳动力获取低利润的发展阶段。低技术产业对高端人才并无真实需求，如大专层次或以下的石油仓储专业学生即可满足石化仓储企业的岗位需要，其他专业进行适当培训也可以用作替代，专业对口的本科生并没有竞争力，他们流往外地具有客观必然性。港航高端人才需要特殊的专业知识，这类人才大多培养周期长、培养难度大，高级技工等尤其是与舟山群岛新区核心功能定位相适应的人才处于供不应求状态，但是由于思想观念、企业效益等诸

多因素的影响，他们的待遇也不高，从而导致人才的高消费、人才资源的浪费和人才新增需求量不足等一系列问题。

三、舟山市港航物流人才发展战略及建设途径

本研究根据《舟山市国民经济和社会发展"十二五"规划》《舟山市中长期人才发展规划纲要》《舟山港发展战略及"十二五"建设规划研究》《舟山市港口物流发展战略研究及"十二五"规划》和《舟山现代航运业发展战略及"十二五"规划研究》等相关政府文件，以舟山港航物流人才的发展现状为背景，对舟山市港航物流人才"十二五"发展战略进行了初步研究。

1.舟山市港航物流人才发展目标

舟山市港航物流人才的发展就是要"立足舟山，面向世界"，建设国际物流人才培养基地，开发特色人才，打造"港航物流人才新区"，将区域人才优势转化为产业优势，全面促进舟山市港航物流业及相关产业的发展。港航物流人才发展目标具体包括三点：一是港航物流管理部门人才队伍发展目标。加强港航行政能力建设，提高港航物流管理部门人才的质量，全面提升港航物流管理水平和服务能力。加强各级管理干部的培训，为现代港航物流业发展培养大批优秀的管理人才。二是港航物流企业经营管理和专业技术人才队伍发展目标。通过建立健全港航物流人才引进机制、出台人才管理政策措施、建设舟山港航物流专家智库以及加强对港航物流特色人才的培育等多方面的措施，培养能够代表舟山港航物流行业相关领域最高水平和在行业内有重大影响力的核心专家，来满足舟山港航物流快速发展对高层次人才的需要。三是高技能人才和海员队伍发展目标。加大对港航物流技能人才的培养力度，力争高级技师覆盖港航物流业主要技能岗位，使技师人数大幅增加。

2.舟山市港航物流人才建设途径

关于舟山市港航物流人才建设的途径。首先，应建设舟山港航物流业国家级智库。根据舟山市港航物流发展的需求，聘请港口、航运、物流、贸易、金融等港航物流业相关领域专家，组建舟山港航物流业国家级智库。其次，建设舟山港航物流业本地智库。建立临港产业发展战略研究中心，集聚高校、政府及企事业单位研究人员，并进一步吸收其他研究机构、行业协会、国际组织共同参与，采用学科分类与研究课题相结合的矩阵研究机制，形成多学科交叉的舟山港航物流业本地智库。最后，鼓励建设舟山港航物流企

业智库。引导和鼓励舟山港航物流企业以独立组建、合作组建、校企共建等形式建立企业智库，推动企业转型升级和科学发展。尤其是要帮助浙江舟山大宗商品交易有限公司等新兴、知识型高端港航物流企业建立企业智库，满足企业发展的需要。

四、建立舟山市港航物流人才发展相关保障体系

人才要素是港航物流业长远发展的核心要素之一。倪鹏飞等在关于如何提升城市竞争力的探讨中提出了“筑巢引凤，人人皆才”的理念，强调尊重人才并给予人才特殊的保障和提供优越的政策软环境。港航物流业人才要素的建设尤其需要注重人才的相关保障问题，做到完善的保障体系能吸引人才、留住人才并激励其创造价值，推动舟山市港航物流业又好又快的发展。

1.确保人才优先发展，加强人才工作的组织领导

牢固树立人才资源是第一资源的观念，将人才优先的理念作为贯穿港航物流事业发展的核心，将港航物流业的规划纲要建立在人才优先发展的定位上。用环境吸引人才，用事业凝聚人才，用感情留住人才，用待遇激活人才。解决好引进显在人才和开发潜在人才的关系，把引进人才与引进智力结合起来。做到善于发现人才，培养人才，集聚人才，服务人才。“不求所有，但求所用”，使人才由单位所有、单位管理、单位就业向社会所有、社会管理、社会就业转变。各级港航物流政府管理部门要进一步理顺人才工作职责，强化对人才工作的领导，确保人才工作主体到位、责任落实。针对人才引进、培养、使用、评价和激励等环节的突出问题，建立起各部门经常性协商渠道，实现各部门之间在重大项目实施、专业人才培养、优秀人才评选等方面政策的有效衔接，切实推动、逐步解决人才队伍建设的重大问题，共同营造更加有利于培养人才、集聚人才、造就人才的政策环境。着力搭建供求平台，充分显现舟山港航物流人才市场用人信号。

2.加大人才建设的经费保障，建立人才研究的长效机制

积极拓宽人才建设经费来源渠道，建立政府部门和社会相结合的多元化人才建设经费投入机制，积极向上争取对教育培训的引导性资金和奖励性资金，最大限度地争取政府投入资金，广泛吸纳社会其他渠道资金。要根据人才工作实际需要，加强与财政部门的协商和沟通，争取在政府财政预算中安排港航物流人才工作专项资金，同时，加强对港航物流人才投入资金使

用的监督管理,切实提高使用效益。由组织部牵头,在港航管理局成立港航物流人才研究会,吸收各企业的人力资源部负责人入会,及时交流人才队伍建设问题。研究会的运作以建立舟山市港航物流人才综合电子信息平台为核心,并将这一平台建设成融政府管理、企业引人、人才求职三项基本功能于一体的人才网站。对内,汇总和发布企业用人、用工信息,登记人才求职信息,登记和发布企业培训需求信息等,在学校、人才、企业、政府主管部门之间架设信息互通平台,真正将"以企业为主体、校企联合"的培养模式落实到位;对外,连通国家和各兄弟省市的专业人才网站,广泛实现人才资源共享,积极推进人才资源开发的省际化乃至国际化。

3.尝试人才开发的区域合作,启动人才发展的绩效评估

在经济、技术合作的基础上,寻求与其他沿海港口城市的人才开发合作,加强交流、互通,引导港航物流人才的合理流动,促进合作双方人才结构的优化。在引进项目的同时,优先考虑引进人才。在长三角港口一体化的基础上,大力开展港航物流人才开发合作,在人才对接、人才流动、人才服务、人才培训、人事研究等各个方面,开展多渠道、多层次、多形式、多方位的人才开发合作与交流,逐步形成区域化的人才合作联盟。尤其是在浦东—舟山两个新区之间港航物流人才引进、培育中开展专项合作。借道浦东,实施舟山港航物流业的海外引才和舟山海员的全球推荐;双方合力,进一步凸显新区的政策优势。把人才发展的重要指标列入管理部门经济社会发展规划和年度目标,把人才发展建设情况列为管理部门绩效考核的一项重要内容。建立港航物流人才工作定期检查与评估报告制度,定期发布港航物流人才紧缺指数,及时研究分析问题、制定政策措施。

[1] 姚裕群.人力资源开发与管理概论[M].北京:高等教育出版社,2003.

[2] 黄津孚.人才是高素质的人——关于人才的概念[J].中国人才,2001(11).

[3] 陈柳钦.港口物流园区现代构建[J].上海市经济管理干部学院学报,2010(8).

[4] 倪鹏飞,黄进,吕风勇,等.广州城市国际竞争力报告"一心三圈的战

略构想”[M]. 北京：社会科学文献出版社，2010.

[5] 蒲冠楠. 贵州省国土资源系统人力资源现状分析及开发研究[D]. 北京：中国地质大学，2011.

[6] 吴流. 东北亚航运中心呼唤物流人才港[N]. 大连日报，2007-05-28(B04).

[7] 石凡. 深航物流公司知识员工管理研究[D]. 武汉：华中科技大学，2007.

对我国无居民海岛开发法律的解读

曲婧璇

[摘　要]　专家认为，经过开发的无居民海岛变成了一个个社会单元，大陆上出现的治安问题、消防问题等都可能在海岛上出现。此外，加大海洋资源开发力度会给海洋环境带来直接或潜在的影响。

[关键词]　无人海岛；开发；意义；可行性

一、"无人岛"开发：海洋经济新增长点

根据国家海洋局近日公布的中国开发利用无居民海岛名录，沿海8省共计176个"无人岛"面向包括外资企业和人士在内的单位、个人公开招租。相关专家认为，开放"无人岛"投资将加速中国海洋经济发展步伐。但要将海岛经济开发利用好，还需要投资者、相关管理部门和科研机构共同发力。

二、海岛开发的意义

海岛是开展全国海洋经济发展试点的重要领域，是优化海洋经济发展布局的重要载体，是打造现代海洋产业体系的重要环节，是构建"三位一体"港航物流服务体系的重要支持，也是推进海洋生态文明建设的重要保障。加快海岛开发开放，以重要海岛为突破口，带动沿海和海岛地区的开发开放意义重大。要深入贯彻落实科学发展观，围绕实施"八八战略"和"创业富民、创新强国"总战略，按照海洋经济发展示范区建设总体要求，以培育重要海岛主导功能为方向，以港口物流、临港工业、清洁能源、滨海旅游、现代渔业、海洋科教和海洋保护等为重点，以推进海岛开发开放为动力，以维护海洋生态平衡为前提，立足海岛自然资源条件，实施重要海岛分类开发与保护，建立健全符合实际、科学规范的海岛开发与管理制度，推动海岛资源合

理利用与有效保护，促进海洋强国建设。

三、《海岛保护法》中对无居民海岛开发的相关规定

1. 国家对无居民海岛的法律法规

为全面加强海岛保护，进一步规范无居民海岛使用申请审批工作，依据《中华人民共和国海岛保护法》(以下简称《海岛保护法》)，制定本试行办法。

2. 无居民海岛使用申请审批办法

(1)审批权限划分。按照《海岛保护法》第三十条的规定，无居民海岛使用由国务院或者省、自治区、直辖市人民政府批准。其中，下列无居民海岛的使用，由国务院审批。

①造成海岛消失的用岛。

②实体填海连岛工程项目用岛。

③探矿、采矿及经营土石等开采活动用岛。

④涉及国家领海基点、国防用途和海洋权益的用岛。

⑤涉及国家级海洋自然保护区和特别保护区的用岛。

⑥国务院或者国务院投资主管部门审批、核准的建设项目用岛。

⑦外商投资项目使用海岛的用岛。

⑧国务院规定的其他用岛。

规定以外的无居民海岛的使用，由省、自治区、直辖市人民政府批准。

(2)申请审批程序。无居民海岛使用申请，可以由省、自治区、直辖市人民政府海洋主管部门直接受理，也可以委托县级、市级海洋主管部门受理。

委托受理程序如下：单位和个人使用无居民海岛，应向海岛所在地的县级海洋主管部门提出无居民海岛使用申请。县级不设海洋主管部门的地区，应向海岛所在地的市级海洋主管部门提出申请。向县级、市级海洋主管部门提出申请的，经县级、市级海洋主管部门审查，报省级海洋主管部门。

省级海洋主管部门受理用岛申请后，经审核按审批权限报省级人民政府批准，或经审查按审批权限报国家海洋局审核，由国家海洋局报国务院批准。

县级、市级、省级海洋主管部门提出的审查意见，应当报同级人民政府同意。

经省级人民政府批准的用岛，由省级海洋主管部门负责下发批准通知书、征收无居民海岛使用金、办理无居民海岛使用权登记和颁发无居民海岛

使用权证书。

经国务院批准的用岛，由国家海洋局负责下发批准通知书、征收无居民海岛使用金、办理无居民海岛使用权登记和颁发无居民海岛使用权证书。

无居民海岛开发利用具体方案中含有建筑工程的用岛，最高使用期限为五十年；其他类型的用岛可根据使用实际需要的期限确定，但最高使用期限不得超过三十年。

无居民海岛使用权转让、出租、抵押和继承应当到原审核机关依法办理相关手续。

(3)审理内容。单位或个人使用无居民海岛，应当向海洋主管部门提交下列材料。

①无居民海岛使用申请书。

②无居民海岛使用的坐标图。

③无居民海岛开发利用具体方案。

④无居民海岛使用项目论证报告。

⑤相关资信证明材料。

⑥存在利益相关者的，应当提交解决协议。

无居民海岛使用申请的审查和审核机关，应当依据《海岛保护法》、海岛保护规划、海洋功能区划、国家相关产业政策、海岛使用相关技术规范和标准，对无居民海岛使用申请进行审查和审核，重点审查和审核下列内容。

①申请、受理程序是否符合规定。

②界址、面积是否清楚，有无权属争议。

③是否符合县级(市级)无居民海岛保护和利用规划。

④无居民海岛开发利用具体方案的编制是否符合规定和技术标准。

⑤无居民海岛使用项目论证报告的编制是否符合规定和技术标准，结论是否可行。

⑥是否影响国家海洋权益、国防安全和海上航行安全。

(4)其他事项。

①审核机关审核无居民海岛使用申请，应当征求相关部门意见，并以适当方式进行公示。

②依据海岛保护规划，用于经营性开发利用的无居民海岛，应依法采取招标、拍卖或者挂牌方式出让无居民海岛使用权。

③国务院或者省级人民政府投资主管部门审批、核准的建设项目使用无居民海岛的，项目申请单位应当在立项申请前，提出无居民海岛使用申

请，由国家海洋局或省级海洋主管部门提出预审意见。

④《海岛保护法》实施前，已经获得批准的无居民海岛使用项目，凡符合海岛保护规划的，由县级（市级）政府补编无居民海岛保护和利用规划，并由国家海洋局或省级海洋主管部门补办无居民海岛使用手续，不再进行论证评审，但需提交无居民海岛使用申请书和无居民海岛开发利用具体方案，补缴无居民海岛使用金差价；不符合海岛保护规划的，不得办理无居民海岛使用手续。

⑤整体使用无居民海岛的，确权面积按整岛面积核定；局部使用无居民海岛的，确权面积按无居民海岛开发利用具体方案确定的面积核定。用岛面积按照海岛自然表面形态面积核算。

⑥海岛周边海域的生态系统保护和修复，按《海岛保护法》的规定进行管理。

⑦无居民海岛因自然或人为原因，面积或形态发生变化的，应按现状换领无居民海岛使用权证书。

⑧国家和省级海洋主管部门应当对本级批准用岛项目的建筑物和设施进行登记。

⑨对未按批准的开发利用具体方案使用海岛的，应当依法给予处罚；情节严重的，应当注销无居民海岛使用权。

⑩无居民海岛使用权证书和临时证书，由国家海洋局统一印制和编号；无居民海岛使用申请书和无居民海岛使用权登记表样式由国家海洋局制定。

四、怎么申请做岛主

1. 准备方案

按规定，有意愿开发利用无人岛的个人或单位，在向海洋主管部门提出用岛申请的同时，必须一并提交《无居民海岛开发利用具体方案》。

“这是希望能把无人岛的开发纳入到有序和保护的范围内，以避免项目开发对海岛生态的破坏。”浙江省海洋与渔业局海洋利用规划处有关人员说。

这个《方案》是申请利用无人岛的法定文件，也是各级政府审批使用权的主要依据。这个方案只有国家海洋第一、第二、第三研究所以及国家海洋环境监测中心才有资格出具。也就是说，在准备好现金买岛之前，你必须得先找这些单位做规划方案。

《方案》除要求写清你在海岛上建设项目的性质、功能、资金来源、计划使用年限和建设时序外，还要求你在开发前就制定好开发过程中对海岛的保护措施。包括“如何建设项目的高度、结构和色彩等形态与无居民海岛的地形地貌等要素相协调”“如何保护和修复开发利用无居民海岛的形态与生态系统”和“开发利用无居民海岛建设项目采取何种节能减排、低碳环保等措施”等。

方案制订的费用，根据岛屿的复杂情况，大概在几十万元不等。

2. 怎么付费

个人和单位申请无人岛使用时，均为“无门槛”申请，即外资企业、外籍人士均可申请。单位和个人在获得使用权后，使用年限最多不超过50年。

根据规定，海岛使用权可以通过申请审批方式出让，也可以通过招标、拍卖、挂牌的方式出让。如果你没有竞争者，就可以以最低价租借这个岛。

目前出让最低价具体计算方式为：无居民海岛使用权出让最低价＝无居民海岛使用权出让面积×使用年限×无居民海岛使用权出让最低价标准。

而“无居民海岛使用权出让最低价标准”，由国务院财政部门会同国务院海洋主管部门，根据无居民海岛的等别、用岛类型和方式、离岸距离等因素，适当考虑生态补偿因素加以确定，并适时调整。

如同为离岸距离小于0.3公里的一等岛，“填海连岛用岛”费用为24万元/公顷·年，而“林业用岛”仅1000元/公顷·年；同为一等岛“观光旅游用岛”，离岸小于0.3公里的费用为3000元/公顷·年，而大于25公里的为250元/公顷·年。

据规定，使用金将按照批准的使用年限，实行一次性计征。但使用金总额超过1亿元时，经相关部门同意，使用金可在3年时间内分次缴纳，不过首次额度不得低于总额度的50%。

当你按照规定，付完这些资金之后，接下来，无人岛开发阶段涉及费用更大。

无人岛上的各类建筑，其建设成本是陆地同类建筑的3—5倍。同时，还要考虑到岛上的供水、供电等情况，所涉及的费用也不菲。如果岛上此前没有码头，必须新建码头，还要添置必要的交通工具。

“如舟山的担峙岛，岛主私人用，可能会搞好绿化，建几幢别墅，通水通电，估计需要5000万元以上。”舟山海洋与渔业局海域管理处副处长倪定康说，这还不包括运营管理费用，因为不少海岛受台风影响大，后期管理维修费用也是一笔不小的开支。

五、无居民海岛开发设施、资源、环境的可行性分析

海洋渔业：保护生态环境及渔业资源的可持续利用；海岛农业：地形地貌类型多样，保护海岛景观的异质性，此外，因农业受人类的影响和干扰较大，要依生产开展相适应的保护行动；海岛航运业：保护生态系统稳定性，保护港湾资源可持续利用；生态旅游业：在生态系统环境承载力的范围内，保护旅游资源的可持续利用和生态系统的完整性；海洋能产业：保护波浪能、风能等可再生资源的可持续利用。

自然保护区：保护物种多样性和生态系统多样性、保护典型生态系统和濒危物种，严格保护，禁止开发；自然或人文历史遗迹：保护生态系统及生态的完整性，保护历史文化价值，适当进行景观生态设计与建设，包括功能区的划分，水、土、气环境净化等。

增大海岛林业中薪炭林面积比例，并适当投入资金，解决海岛能源不足的问题。如加大海岛居民生活用电、用煤供应力度，或推广应用太阳能灶、沼气发电等新型能源，防止因居民生活燃料缺乏而导致防护林和红树林等资源的破坏；提供便宜的替代性建筑材料以及替代性收入来源，以减少海岛居民对珊瑚礁的破坏。

严格控制居民、游客生活污水和工业污水的排放，加强对农业废水、养殖污染的控制和处理，加强新技术、新工艺的开发应用，加大对海上污染的防治，建立海上溢油事故应急系统，制订适合海岛区域的废物、污染物的处理及排放方法。

六、发展"海岛经济"尚需多方联手

专家认为，经过开发的无居民海岛变成了一个个社会单元，大陆上出现的治安问题、消防问题等都可能在海岛上出现。此外，加大海洋资源开发力度会给海洋环境带来直接或潜在的影响。

不久前完成的国家"908专项"海岛调查成果显示，我国共有海岛10100多个，其中大约9600个是无居民海岛。专家认为，我国无居民海岛的开发潜力很大，如果第一批集中开发收效好，投资海岛的热情将被进一步激发出来，投资者、相关管理部门和科研机构都应做好准备。

国家海洋局第二海洋研究所研究员夏小明说，经过开发的无居民海岛变成了一个个社会单元，大陆上出现的治安问题、消防问题等都可能在海岛

上出现，海岛交通不便，个人和企业应对危机的能力比较单薄，分别该由哪些部门来负责管理，建议在相关细则中明确。此外，近期国内外部分地区地震等自然灾害频发，在前期规划建设时应注意建立预警体系，避免无居民海岛在灾害来临时成为信息孤岛，造成财产损失和人员伤亡。

加大海洋资源开发力度也加剧了公众对海洋环境保护的担忧。顾子江在接受采访时坦言："不论怎样强调保护，只要是开发行为，就会给海洋带来直接或潜在的影响。"根据国家"908 专项"海岛调查成果，我国海岛正以惊人的速度消失。自 20 世纪 90 年代以来，我国已消失的海岛共计 805 个，其中由于围填海、炸岛挖沙而消失的海岛占了 701 个。

专家认为，尽管此次推出的无居民海岛开发细则已经从使用金标准上收取"生态补偿费"，体现了中国对海岛"保护优先、适度利用"的原则。但在实际操作过程中，相关部门仍应加强审批监管，个人和企业在开发过程中也应当严格遵守前期规划。一旦海岛及周边海域生态系统遭受破坏，将很难逆转。

专家同时提出，海岛相关的科学研究能力亟待加强。"否则既不知道每个海岛的承载能力究竟有多少，很难将海岛资源利用到最好，对海岛上可能出现的危险也难以防范。"中国工程院院士金翔龙说。

据悉，新的《全国海洋功能区划》正在修编之中。金翔龙建议，一旦无居民海岛开发规模化、常态化，在设定每个海岛的主导功能时应该充分尊重海洋功能区划，确保将海岛开发纳入海洋经济的有序发展。

关于舟山群岛海洋环境问题的若干思考

李　松

［摘　要］　世界上的任何国家都有海洋利益，越是大国，越是发达国家，海洋利益越大。人类历史进入21世纪，作为人类生存依赖的海洋更加受到人们的关注，世界各国为维护本国海洋权益，争夺海洋资源而占有海洋空间的争端时有发生。强国维护既得利益，后来的弱国也争取更多未来的利益，对海洋利益争夺的实质是开发利用海洋、发展海洋经济、提高国民生活水平，从而保障本国社会可持续发展的基础。海洋环境监测的基本目的是全面、及时、准确掌握人类活动对海洋环境影响的水平、效应及趋势，海洋环境监测是海洋环境保护的重要基础性工作。本文通过对舟山群岛的海洋监测现状分析，指出舟山群岛海洋监测工作中存在的主要问题，并在最后提出完善舟山群岛海洋环境监测问题的解决对策。

［关键词］　海洋环境；现状；问题；对策；舟山群岛

我国是一个海洋大国，有着18000多公里的大陆岸线和14000多公里的岛屿岸线，如此幅员辽阔的海疆，是中华民族的资源宝库，也是未来可持续发展的强大基础，事实上，海洋也是资源的宝库，在海洋中蕴藏着丰富的生物资源、化学资源、矿产资源、动力资源和水资源。根据当时的生产能力和科学技术水平，人们将海洋中对人有用或有使用价值的成分叫作海洋资源。广义的生态是一个涉及范围十分广泛的概念，在内容上，生态可以指生态系统、生态圈或生态环境；在范围上，生态必然涉及环境和资源。生态系统是由生物群落及其生存环境共同组成的动态平衡系统。海洋生态环境是海洋生物生存和发展的基本条件，生态环境的任何改变，都有可能导致生态系统和生物资源的变化。能量和信息的交换构成的特定边界中的统一整体就是生态系统，在生态系统中，任何环境因子的变化都会影响生态关系，但并非环境的任何所谓破坏都必然导致生态失调。我国海洋地理区位比较优越，为沿海乃至中西部地区带来了有利的发展基础和条件，使沿海地区成为我国经济与社会最发达、人口最集中的地区。海洋在我国国民经济和社会发展中占有重要的战略地位，特别是改革开放以来，海洋开发利用取得了巨大成就。毋庸置疑，要建设海洋强国，有效开发海洋资源，发展海洋经济和保护海洋环境，必须首先认识并掌握海洋自身所具有的环境特点和变化规律。而海洋环境监测作为人类了解海洋的主要手段之一，已成为监督管理海洋环境和促进经济发展、保障人体健康、维护国家安全的重要基础性工作。从某种意义上说，海洋环境监测的能力水平，直接影响着海洋资源开发和海洋环境保护的结果。

一、海洋环境问题及其表现

环境问题是指由于自然界或者人类活动，使环境质量下降或者生态破坏，对人类的社会经济发展、身体健康乃至生命安全及其他生物产生有害影响的现象。和其他领域的环境问题一样，根据引起环境问题的原因不同，海洋环境问题也可以分为两种：一是由自然界的活动引起的海洋环境问题，如台风、地震、火山爆发、海啸、海岸坍塌等自然灾害，称原生或者第一类海洋环境问题；二是由人类活动引起的海洋环境问题，这类环境问题大体上可分为两大类：环境破坏与环境污染。由自然灾害引发的海洋环境问题，现阶段人类还无法控制，甚至无法预测和防范，更无法从人类行为的角度予以规范，因此，在海洋环境保护领域，人们关注的主要是人类活动引起的环境问题，主要是环境污染、资源破坏和外来生物引入对海洋生物多样性的破坏。

二、舟山群岛的海洋监测现状分析

自20世纪80年代起，我国海洋经济得以飞速发展，一些新的海洋产业如海洋石油天然气、海洋盐化工、海水养殖、海水淡化与综合利用、滨海旅游等迅速形成，依赖舟山群岛海洋或部分依托海洋的沿海工业急速增长，陆源污染物排海数量显著增加，由此引起了一系列环境、资源问题。舟山群岛海洋环境质量下降，污染损害事件不断发生，在这种严峻的形势下，舟山海洋环境保护与管理亟待加强，而作为其基础和依据的舟山海洋环境监测必须与之相适应。

1.入海污染增加

舟山海洋环境污染来源于陆上污染、海上工程以及海水养殖等方面。了解、掌握其污染源入海状况十分必要，在污染源治理方面具有重要的意义。当前，陆源污染是造成舟山海域污染的主要原因，据调查统计，2000—2008年，舟山沿海各工业污水的直接入海排污量呈明显的上升趋势，2008年工业污水的直接入海排污量为2000年的2.1倍，增长迅速。工业快速发展的同时，舟山海域纳污能力也经历着严峻的考验，特别是给工业废水直排口附近海域生态系统带来了巨大压力。同时也可以看出陆源污染仍然是水域环境污染的最主要污染源。

2.海洋环境质量状况恶化

自然资源，一般指自然界中对人类有用的一切物质和能量，土、水、气、森林、草原、野生动植物等海洋资源是海洋中存在的可供人类利用的一切物质和能量的统称，包括经过人们改造的那部分自然因素。资源是环境的重要组成部分，资源体现了自然的经济属性，而环境体现了自然的生态属性。但是陆源和海上的污染，严重影响了舟山群岛海洋生态环境，进而带来一系列环境灾难。长期的调查、监测、监视和研究结果表明舟山群岛的海洋环境日趋恶化，前景令人担忧。

3.海洋生态环境面临压力增大

海洋资源是指赋存于海洋环境中可以被人类利用的物质和能量以及与海洋开发有关的海洋空间，按其属性可分为海洋生物资源、海底矿产资源、海水资源、海洋能与海洋空间资源。国家海洋局在2006年组织开展了全国典型海洋生态系统调查，其中对舟山群岛的监测结果表明，舟山群岛海洋生态环境面临的压力日益增加，生态环境恶化，产卵区、育幼区、养殖区、旅游区、纳污区、海岸防护区、湿地等破坏严重，海洋生态系统结构失衡，典型生态系统遭到严重破坏，生物栖息地丧失严重，主要传统经济鱼类资源衰退，海水养殖品种种质退化严重。

三、舟山群岛海洋监测工作中存在的主要问题

经过近半个世纪的建设和发展，舟山的海洋环境监测工作已经具备了一定的基础和能力，在海洋环境保护和海洋经济建设中发挥着越来越重要的作用。但是，舟山海洋环境监测工作与我国其他海域发展仍存在一定的差距，主要体现在以下几个方面。

1.管理体制的局限

目前，舟山涉及海洋监测的部门、单位、机构较多，除国家海洋局外，环保局、农业部、水利部、科技部、中科院、交通部、气象局、海军、一些大专院校、地方政府有关部门以及海洋工程部门都或多或少地开展着与海洋相关的监测、调查或探究活动。各部门从监测计划的制订、监测任务的设置到监测资料的使用，均按照分块管理模式和各自的需求由各部门自行运作组织实施。由于部门间缺乏有机联络和合作，造成重复建设、资金分散，甚至相互制约，无法合理配置已有监测能力和资源，多种监测手段没能做到充分发挥作用，使得监测方法和评价方法不统一，降低了所获资料的兼容性，难以充分发挥海洋环境监测在保护海洋环境方面的作用。

2.方法体系不健全，监测质量有待提高

监测技术方法体系和质量标准是目前我国及各个海洋环境监测工作中的薄弱环节，当前舟山海洋环境监测依据的主要技术体系是水体、生物和沉积物中污染物或指标的监测技术，属于化学监测技术类型，尽管开展了细菌和赤潮方面的监测，但采取的是化学监测的基本模式，未能全面客观地阐述和评价海洋环境中存在各种因子。同时，由于方法和标准的不统一，使得舟山各部门间海洋监测方法、资料分析和评价结论存在差异，降低了资料的可比性，也难以与国际接轨。另一方面，包括监测设计质量、现场测量质量、仪器设备质量、采样质量、实验室分析测试质量、数据质量、评价模型的质量、数据产品加工质量及服务质量等在内的监测质量管理体系尚未健全，尚难以保证海洋环境监测数据的质量。

3.我国海洋政策的不足，亟待优化与完善

由于历史、地理、文化、军事、能源结构及地区和国际关系等诸多因素，海洋对我国有着特殊重要性。我国对管辖海域和全球海洋拥有广泛的权力和利益。可以说，作为一个快速崛起的海洋大国，对海洋的合理利用，对我国经济和社会的可持续发展具有至关重要的意义。1996年，我国在国际上率先制定了《中国海洋21世纪议程》及其行动计划。1998年，发表了《中国海洋事业的发展》白皮书，200海里专属经济区和大陆架勘测专项计划和海洋科技规划，以维护海洋权益、保护海洋环境、防止海洋灾害计划等。虽然海洋开发和保护涉及国务院约20个部门和沿海各级政府，但在海洋政策的形成和确立方面，缺陷很多，政策的不足还是亟待优化与完善。

四、完善舟山群岛海洋环境监测问题的解决对策

1.改革海洋环境监测管理体制

所谓管理体制，是指一定社会经济与政治制度下的行政管理的组织形态，是关于国家机关、企事业单位或其他组织的机构设置、管理权限划分和工作活动运转机制等的制度。海洋监测管理体制，即由海洋环境监测管理行政主体的组织制度和监督管理权限划分及分工运行机制。管理体制的确定是保证海洋监测得以顺利有效实施的重要基础。因此，新形势下的海洋环境监测工作，应在国家宏观政策和法律法规制度调控下，根据我国资源和环境政策及国家安全的需要，结合我国海洋环境监测的现状和问题，吸取美国等发达国家跨部门建设和运行综合立体海洋监测网络的经验，由国家海洋行政主管部门负责，按照统筹规划、统一标准、自愿参加、协商一致、资源共享的原则，构建一个符合中国国情和发展需求的，布局合理、装备先进、功能齐全、全覆盖、立体化、全天候的海洋环境监测网。形成中央与地方结合、多部门参与合作的管理体制，将全国所有从事海洋环境监测活动的机构和个人全部纳入该网进行规划和管理，扩大海洋环境监测的有效覆盖范围，增强海洋环境监测的服务功能，实现管理有序、资源共享、协调互补。促进海洋环境监测工作的健康协调发展，最大限度地实现海洋环境监测资源的优化配置。

2.优化海洋环境监测布局和功能

强化监测网络功能。在现有的污染监测和自然要素监测能力基础上，进一步加强由岸基监测站、船舶、海基自动监测站（平台、锚泊浮标、潜标、海床基等）、航天航空遥感组成的全天候、立体化数据采集系统的能力建设。使污染监测、生态监测、灾害监测及海洋自然环境监测结合为一体，建立多层次、多功能的监测结构，形成由卫星传送、无线传输、地面网络传输等多种技术和专业数据库组成的监测数据传输和监测信息整合系统。

3.加强质量监督和管理

监测的主要目的之一是评价海洋环境的变化，这种变化可能来自海洋自身，也可能来自采样技术。因此，海洋环境监测的代表性和真实性问题决定了评价海洋变化的可信度。对于海洋环境监测的代表性，我们在监测站位和项目的确定加以控制；而对于监测的真实性，目前的途径主要是通过质量保证加以控制，质量保证主要由质量控制和质量评价两部分组成。必须将质量控制与质量保证制度化。尽快建立监测全程质量控制和质量保证体

系，开展监测方案设计质量评价、采样质量保证、现场测量质量控制、实验室分析质量控制与保质监测数据评价、监测报告质量评价等。

4. 完善政策上的规定与普及

海洋政策对海洋环境保护具有重要影响，首先，政策本身就是在更宏大、更基础的范围内对整个社会或特定事项发展目标、路线、方针的表述，某种政策往往就是处理某个特殊事项的战略规划，是进行各类活动的出发点和行动纲领。以环境保护为例，各国的环境政策是对环境保护基本问题的总概括，政策反映社会共识，确立共同目标，决定着国家在什么程度和范围动员多少社会资源、采取何种社会措施以及具体行动进行环境保护等基本问题。其次，从更直接的角度讲，关于环境的社会政策也是环境保护权力秩序和法律的直接来源和依据。如国家在什么层级确定处理海洋事务的领导和职能部门，法律对主管机构授权的海洋环境保护若干基本问题研究程度，以及采取何种海洋立法政策等都取决于国家的海洋政策，而这些问题对海洋环境保护来说，都是重大而不可回避的。由于环境问题的特点，无论在各国国内还是在国际社会，充斥着大量的政策性文件，这些政策虽然不具有法律规则那样的执行力和约束力，但对法律的形成、实施具有至关重要的作用。所以在一定程度上，法律活动是政策施行的一种手段，而强制性法律规则的适用是以政策作为灵魂，只有与政策紧密结合，才具有活力和长久的生命力，才能真正取得实效。最后，各国海洋政策的差异，是海洋法公约在各缔约国实施呈现差异的主要原因，而各国海洋环境政策的完备与否，是海洋法公约关于海洋环境保护内容以及其他国际海洋环境保护努力能否得到有效执行的关键所在。

[1] 鹿守木，艾万铸，等. 海岸带综合管理理论与方法[M]. 海洋出版社，2005.

[2] 国家海洋局监测服务司. 中国海洋环境监测十五年[M]. 北京：海洋出版社，2007.

海洋文化篇

新时期舟山海洋文化的振兴之路

冯晓晨

[摘　要]　我国是一个历史文化悠久的大国，也是一个海洋大国，在这广阔的海洋里，中华民族在五千年的历史长河中孕育了古老的文明，开创了独具民族特色的海洋文化，海洋历史文化发展底蕴深厚。舟山海洋文化原属河姆渡文化，历史悠久、源远流长。今天，随着改革开放的深入和社会主义市场经济体制的建立，以及海洋经济的发展，给舟山的海洋文化赋予了新的时代特征，呈现出新的发展态势。

[关键词]　海洋历史文化；发展战略；舟山

21世纪是海洋的世纪，自20世纪80年代起，人们就发现陆上资源紧缺，环境污染、人口激增又使人类的生存发展空间逐渐变得狭小。随着社会的发展，科技的进步，越来越多的国家把未来发展的目光转向蓝色的海洋，一场向海洋要食物、要淡水、要能源、要生存空间的"海洋之争"浪潮迅速席卷全球。不难发现，世界各海洋国之间在经济、科技、能源、海权等方面都存在着摩擦与竞争，使得海洋事务的发展日趋错综复杂。然而，种种激烈的竞争背后是各海洋国家在海洋文化带领下的不同民族之间不同海洋意识、观念、文化的竞争。海洋文化的竞争成败决定着未来海洋国家的格局和态势，也将决定着各海洋国家未来发展的命运。

一、我国历史上海洋文化发展及没落

文化是人类智慧的结晶，文化是沉淀于人类历史长河中的瑰宝。每一个历史时期的每一个国家和民族都有着不同的文化模式。所谓海洋文化是指一个国家、地区或民族在开发利用和维护海洋过程中所体现的精神、价值、理念的总和。我国是一个历史文化悠久的大国，也是一个海洋大国，我们有 18000 公里长的大陆海岸线和 14000 公里长的海岛海岸线,6500 多个岛礁分布在 300 万平方公里的海洋管辖区域内(高潮位时出露水面 500 平方米以上面积称为岛)。在这广阔的海洋里,中华民族在五千年的历史长河中孕育了古老的文明,开创了独具民族特色的海洋文化。

据史料记载,中国自先秦时期就出现了吴、越、燕、齐等海洋诸侯强国,到秦王朝建立后就逐渐开始了海洋科学的探索,海外世界的发现,以"徐福东渡"为代表的海外交通与移民以及东亚文化传播的出现揭开了中华民族海洋文化建立探索的序幕。到两汉时期,中国南北沿海地区逐渐开辟了通向外部世界的海上丝绸之路,形成了颇具影响力的海外东亚、东南亚汉文化国。唐宋时期我国对海洋政策更加开放,以海上"丝绸—瓷器"等为主导的海运业快速发展,促进了当时海洋经济的大繁荣,为海洋文化、海洋科技发展奠定了物质基础。特别到了宋末元初,政府对海洋经济建设发展更为重视,其中"听海商贸易,归征其税"的政策为当时海洋的建设和发展提供了政策支持。一些沿海地区也逐渐形成"海神文化""造船科技文化""航海文化"的海洋文化基础。以"妈祖神话"为代表的经典海洋文化至今是华人海洋文化史中最重要的一部分。到明朝永乐年间,中华民族的海洋事业到达了顶峰时期,也是海洋文化发展的鼎盛时期。以郑和七下西洋的典例就可以说明当时中国海洋文化的完善和成熟、先进和具有东方特色。当时中国海洋文化形成了集渔业文化、经济文化、科技文化、文学艺术文化和宗教风格文化于一体的海洋文化,这时期的中国海洋文化引领着世纪的潮流,影响着世界海洋文化的发展。

海洋总是风雨难测,一条"禁海令"就如巨大的风暴摧垮了当时海上庞大的舰队,吞噬了中国一千多年来的海洋文化,使东方极盛的海洋文化转向没落。时间过了四百多年,时光的流逝冲刷了人们对海洋的记忆,岁月的蹉跎也抹去了海洋文化的影响。四百多年的"海禁"使中华民族的海洋文化落后了,在 19 世纪中叶终于被西方强势的海洋文化压迫所垮塌,致使我国四百年的海洋文化出现断层;百年近代屈辱史中我们的海洋文化及意识又屡屡受挫,在强悍、野蛮、武夫式的西方海洋文化中我们低下了头,在西方海洋文化面前我们显得麻木、茫然、不知所措,在西方文化界对中国传统海洋文化的蔑视、无视中我们一代代国人丧失了海洋意识,弱化了海洋观念,没落了海洋文化。

新中国成立以来,我们在不断地反思和教训中寻找自己富强的道路,在百年的屈辱史中,我们认识到了海洋的重要性,尤其是近 30 年来,我们越来越清晰地认识到海洋对我们国家、民族发展的重要性,认识到了国家的发展、民族的复兴将源于海上。改革开放为中国海洋文化的振兴创造了难得的机遇和提供了强大的动力,我国新一代领导人在新历史条件下也多次指出了弘扬民族海洋文化,加快海洋文化事业的建设的重要性,为未来的发展提供理论基础。文化是人类精神的支柱、是人类灵魂的统一,缺失了统一的海洋文化即导致了人民群众对海洋意识、海洋主权的支持力不够。海洋文化的缺失就是导致这一现象的原因。相比之下,西方各海洋大国及我们的近邻韩国和日本在弘扬民族海洋文化,提高全民海洋意识方面做得很好。就拿日韩两国来说,两国的历史和国情都与我国相似,但是基于自身国地狭小、资源匮乏,他们把海洋看得更为重要。日韩两国历来就有海洋岛屿之争,在“独岛”之争中,韩国之所以获胜是因为在长久的海洋文化和危机的影响下,人们的海洋意识提高而迸发出的保护海洋的全民行动意识,从而在面对海洋危机时他们能从容面对取得胜利。

二、舟山海洋文化发展态势

海洋文化是人类在认识海洋、利用海洋过程中创造出来的物质的、行为的和精神的文化,它是海域文明的标志,主要包括与海洋相关的教育科技、文学艺术以及民俗习惯与旅游等等。舟山群岛特定的自然环境与悠久的历史文明,孕育了具有鲜明特色的海洋文化。

舟山群岛区域总面积2.22万平方公里,有大小岛屿1390个。依陆面洋的区位特点和星罗棋布的岛屿分布,对史前时期以来的舟山先民生活方式和海洋观念产生了深刻的影响,也决定了千百年来舟山的海洋开发以开发鱼类资源为主,海洋经济以渔业经济为主的基本格局,海洋文化也与海洋经济、渔业经济结下了不解之缘,形成了“以海为田”的传统海洋文化发展模式。

舟山海洋文化原属河姆渡文化,历史悠久、源远流长。今天,改革开放的深入和社会主义市场经济体制的建立,海洋经济的发展,给舟山的海洋文化赋予了新的时代特征,呈现出新的发展态势。第一,舟山海洋文化由“以海为田”逐渐向“以海为途”转变。近年来,随着海洋水产资源的衰退,舟山群岛的深水港口资源优势逐渐被发现、认识,并把港口商贸、港口运输作为舟山潜在的支柱产业,人们已经逐步将海洋看作是进行贸易、开辟市场、探索和认识世界的通道,“以海为途”的现代海洋文化观念逐步形成。第二,舟山海洋文化由大陆内聚型逐渐向内外兼蓄型转变。在历史上,舟山群岛与大陆进行文化交流是主要的形式，舟山海洋文化也呈现出了对内陆文明的依赖，形成了大陆内聚型的文化特点。随着交通工具的更新，对外开放的深入，舟山逐渐把眼光投向了世界的各个角落，与世界各地的经济、文化交流日益频繁，舟山海洋文化形成了内外兼蓄的开放格局。第三，勇于开拓的精神得到了发扬。由于历史上舟山海洋文化受到浙江内陆移民文化的影响，而移民文化本身具有一定的冒险和开拓务实的进取精神，这种精神在改革开放的进程中被赋予了新的内容。

总的来看，舟山海洋文化特征鲜明，在省内外有一定的地位和影响，但与沿海发达城市相比，整体发展水平还不高，存在许多问题和不足，主要表现在：一是从文化与经济的关系看，海洋文化建设落后于经济建设，重物质轻文明、重经济轻文化的现象屡有出现。二是从文化与城市的关系看，城市缺少海洋特色，文化品位低。舟山城市规划、设计、建设起点不高，不太规范，城市文化意识不强、海洋色彩不浓，缺乏代表舟山城市特色和水平的标志性文化设施。三是从文化自身的发展看，创新意识不足。用时代赋予我们的历史使命来衡量，当代舟山海洋文化发展中独创性、开创性东西不多。这种局面急需改变。

三、舟山海洋文化发展战略

1.加大立法，提高政策保障

海洋文化的建设涉及面广，难度大。首先，作为为人民服务的政府应当在法律上和政策上予以保护，提供保障，以便海洋文化事业合法有序地进行；其次，从政策上加大对海洋文化事业的投入，包括基础研究设施，专业人才的投入，政策上的优先和重视，建立健全的海洋文化法律保障体系和政策，对研究海洋文化建设有着巨大的推动作用。

2.海洋旅游工程，体现海洋文化与海洋旅游的结合

旅游业被公认为“永远的朝阳产业”，是一种“无烟工业”，当经济社会发展到一定阶段，旅游就会成为一种大众消费方式。现代旅游业已发展成为全球最庞大、最有前景的行业之一。旅游业是经济与文化高度交融、整合的产业，海洋旅游业既是海洋产业的新兴行业，也是旅游经济的新增长点，它十分鲜明地体现了海洋产业中文化与经济的结合。在21世纪，旅游业的发展呈现三大趋势：一是回归自然走向大海是一种时尚，这更是舟山的优势所在；二是向往文化，文化在旅游经济中的贡献率越来越高，海洋文化与佛教

文化的有机融合，将使普陀山金三角旅游热长年不衰；三是与节庆会展相结合，借此提高城市文化品位，扩大城市知名度，促进旅游经济乃至全市经济的发展。

3.发展具有舟山特色的海洋文化产业

文化产业也是新兴产业，其含义是对物质文化与非物质文化进行工业化、信息化、商业化加工与运作，其范围涉及文学艺术、影视音像、新闻出版、体育娱乐、信息咨询、设计策划、文物工艺等领域。发展海洋文化产业不但可以满足前来舟山旅游、经商者及当地居民日益增长的文化消费要求，而且可以引导许多海洋文化行业走上产业化经营之路。随着市民收入的增加，节假日时间的增多，在人们的消费支出中，文化消费比重将逐年增大。

总之，舟山作为海洋大市，不仅包括海洋经济大市，也包括海洋文化大市，在长三角地区，海洋文化最具特色的就是舟山市。要发展具有时代特征、舟山特色的海洋文化，打响舟山海洋文化名城品牌，目标是要使舟山成为海洋文化的品牌标志，达到“看中国海洋文化，舟山是必看之地、首看之地”的效应。目前，海洋文化已逐渐成为舟山对外交流的魅力使者。

跨入“海洋世纪”以来，国家海洋战略和海洋文化建设都进入新的历史发展时期。2002年，党的十六大报告和国务院政府工作报告都正式提出“实施海洋开发”，将其作为重要的战略部署和战略决策，大力推动新时期的中国海洋事业和海洋文化建设大发展、大繁荣。2003年5月9日，国务院发布了《全国海洋经济发展规划纲要》，我国第一个指导全国海洋经济发展的宏伟蓝图和纲领性文件正式出台，中国政府顺应国际海洋开发大势、贯彻国家海洋战略的政策举措得到积极落实。随着沿海地区经济社会的高速发展，许多沿海地区的市县也把开拓和营造海洋文化氛围作为提升城市文化品牌的重要手段，定期举办各种类型的海洋文化节，着力打造海洋文化名城、名县，有力地促进了地区经济的发展。党的十七大报告中进一步明确提出，“提升高新技术产业，发展信息、生物、新材料、航空航天、海洋等产业”，把海洋产业作为高新技术产业的一项重要内容加以强调。2008年，我国海洋战略实现“划时代飞跃”，在人民海军建设、海洋科技、海洋经济、海洋文化、国际海上活动等众多领域取得重要突破。2009年4月，中国正式进入“海洋战略”时代。

诚然，中国海洋文化发展曾有过光辉的历程。然而，在“海洋战略”时代的当今中国，文化发展仍存在诸多问题，面临许多障碍，主要体现在中华民族的海洋意识还很淡薄，海洋在中国文化中远没有成为人民群众普遍的关注点，海洋文化的发展水平和程度与我国进入“海洋战略”时代、实施海洋开发战略、建设海洋强国和现代文明强国的宏伟目标不相适应，也与人民群众日益增长的精神文化需求不相适应。

具体而言，如何在新时期的现阶段引导全体国民正确认识中国“海洋战略”的时代背景，树立新型的海权观、国土观，如何从国家总体战略的高度来看待中国海洋战略和文化发展问题，如何确定和实施符合时代形势、发展趋势、国情民意的中国文化发展方向和方略，如何界定和处理海洋文化与中国文化发展之间的关系，如何促使中国文化整体转型而有利于、服务于国家进一步制定与推进海洋战略，如何在“和谐海洋”理念中深度挖掘文化内涵保障和拓展国家核心利益与国际利益，如何有效发挥中国文化在国家利益不可调和、局部战争无法避免情况下的适当角色和积极作用，以及目前“海洋战略”时代中国海洋文化发展研究较为滞后、海洋战略与海洋文化人才严重缺乏、中国海洋文化产业发展缓慢、对“海洋战略”时代背景下中国文化发展的战略和规划重视不够等这一系列问题都在较大程度上制约了海洋文化的建设和发展，都是海洋战略时代中国文化发展问题与障碍的具体体现。

文化是一个民族的根本，是一个民族的灵魂，它深深地熔铸在民族的生命力、创造力和凝聚力之中。人类社会的发展史表明，文化对新制度和新体制的建立和发展有着十分明显的导向作用。在世界跨入“海洋世纪”和中国进入“海洋战略”时代的大背景下，大力建设和弘扬海洋文化，全面构建海洋战略时代，中国文化发展方略显得尤为必要。

参考文献

[1] 宋宜昌. 决战海洋：帝国是怎样炼成的[M]. 上海：科学普及出版社，2006.

[2] 曲金良. 海洋文化概论[M]. 青岛：青岛海洋大学出版社，1999.

[3] 曲金良. 中国海洋文化研究：第4—5合卷[M]. 北京：海洋出版社，2005.

[4] 刘中民，赵成国. 关于中国海权发展战略问题的若干思考[J]. 中国海洋大学学报：社会科学版，2004(6).

[5] 张文木. 论中国海权[J]. 世界经济与政治，2003(10).

普陀山佛教文化和修身养性旅游

韩宇星

[摘　要]　近年来，随着社会经济的不断发展以及旅游需求的转变，修身养性旅游俨然成为旅游业的新趋势，佛教文化的修身养性旅游更是由于我国“宗教信仰自由”政策的恢复和国内旅游的兴起而得到迅速发展，并在推动我国旅游业发展中发挥着重要作用。浙江普陀山作为我国佛教四大名山之一以供奉观世音菩萨而闻名于世，是唯一兼山海之胜的佛山，其文化底蕴深厚，有着发展佛教文化修身养性旅游得天独厚的优势。然而由于某些行业发展不当和错位，导致景区内人工化、商业化和城市化等问题越来越突出。为此，本文通过对普陀山佛教文化旅游资源的评价，指出开发中存在的问题，并提出普陀山佛教文化修身养性旅游可持续发展的相关对策和建议。

[关键词]　普陀山；佛教文化；修身养性旅游；主要问题；对策

当今社会，旅游已经成为人们开阔视野、增长见识、放松心情的一种常用途径，而在多种多样的旅游形式当中，宗教旅游渐渐被越来越多的人所喜欢。佛教作为一种外来文化，从两汉时期传入我国，至隋唐时期便基本完成了中国化的历程。在佛教从印度传入东土的过程中，它逐渐与中国传统的儒、道等本土文化融合，形成了独特的汉传佛教。佛教的影响遍布中国大地，更是深入到了老白姓的日常生活之中。佛教文化，已经成为中国传统文化的重要组成部分。在竞争加剧、工作压力加大的今天，修身养性旅游已经成为旅游业的新的增长点。如何开发有文化底蕴的修身养性旅游成了业内人士所研究和探讨的对象，而丰富的佛教资源则可以成为一个新的切入点。以供奉观世音菩萨而闻名于世的普陀山是我国佛教四大名山之一，面积12.5平方公里，孤悬海上，素来享有“海天佛国”“人间第一清净地”的美誉，其历史沿革、地域环境、自然风光、气候物产以及灵异传说、观音道场等丰富的地理人文条件都决定了普陀山是进行修身养性旅游的上佳去处。

一、普陀山佛教文化和修身养性旅游概述

1.普陀山佛教文化的产生及其发展历程

佛教传入中国已有两千多年的历史，在漫长的历史发展过程中，外来佛教在与中华传统文化和社会习俗的不断碰撞、冲突和融合中，创造出了丰富而灿烂的文化成果，为中国传统文化宝库增添了大量的珍品，其中也包括了丰富的非物质文化遗产。普陀山是中国佛教四大名山之一，同时也是大乘佛教里四大菩萨中的观音菩萨的道场。普陀山佛教道场形成距今已有1200多年的历史，它与观音结缘还有个神奇的故事。在公元863年的时候，有一个叫慧锷的日本和尚，从五台山请了一尊菩萨到日本去，结果在海上遇到了大风，当时慧锷和尚感悟到，这是菩萨不愿东渡去日本，于是就将这尊菩萨供奉在普陀山上，从此普陀山便成了观音的道场。观音道场形成以后，普陀山对日本、韩国的佛教文化的影响也就由此开始。另外，普陀山还是古代海上丝绸之路的一个中转点，也正是由于海上丝绸之路的影响，观音道场迅速发展，汉传佛教也随之向韩国、日本及东南亚地区输出。普陀山作为佛教名山，是观音菩萨选择了普陀山。普陀山位于浙江省杭州湾以东约100海里，是舟山群岛中的一个小岛，全岛面积12.5平方公里，呈狭长形，南北最长处为8.6公里，东西最宽为3.5公里，全山最高处是佛顶山，主峰海拔为291.3米。山上包含三大寺、八大庵堂、128茅篷，过去曾有3000多名僧众。

普陀山的风景名胜、游览地点非常多，主要有普济寺、法雨寺和慧济寺三大寺，这是现今保存的二十多所寺庵中最大的。普济禅寺始建于宋代，为山中供奉观音的主刹，建筑总面积约11000多平方米。法雨禅寺始建于明代，依山凭险，层层叠建，周围古木参天，极为幽静。慧济禅寺建于佛顶山上，又名佛顶山寺。曾经有一句话如此形容普陀山的佛教兴盛期，叫作“山逢曲处皆藏寺，路欲穷时又遇僧”，这是非常壮观的景象，几乎一步就是一景。普陀山海天壮阔，山林深邃。登山览胜，眺望碧海金沙，一座座海岛浮于海面之上，一条条白色航线穿梭其间，景色极为动人。前人还把普陀山与素有“人间天堂”美誉的西湖作了对比：“以山而兼湖之胜，则推西湖；以山而兼海之胜，当推普陀。”

2.普陀山佛教文化旅游资源概述

佛教文化旅游资源是一种特殊的旅游资源，具备对旅游者产生吸引力，

能为旅游业利用和能够产生三大效益等基本性征。普陀山与山西五台山、四川峨眉山、安徽九华山并称为中国佛教四大名山，是观世音菩萨教化众生的道场。普陀山是舟山群岛1390个岛屿中的一个小岛，形似苍龙卧海，与舟山群岛的沈家门隔海相望，素有“海天佛国”“南海圣境”之称，是首批国家重点风景名胜区。2007年5月8日，舟山市普陀山风景名胜区，经国家旅游局正式批准，为国家AAAAA级旅游风景区，浙江省唯一的ISO 14000国家示范区。“海上有仙山，山在虚无缥缈间”，普陀山以其神奇、神圣、神秘，成为驰誉中外的旅游胜地。

浙江沿海渔民早就来此捕鱼，最早寺庙建于858年，由日僧慧锷主持其事。现有普济寺、法雨寺、慧济寺、盘陀庵、灵石庵等寺庙和多宝塔、杨枝观音碑、九龙藻井、磐陀石、心字石、二龟听法石、朝阳洞、潮音洞、梵音洞等名胜，形成十大景区。另有普陀山十二景：莲洋午渡、短姑圣迹、梅湾春晓、磐陀夕照、莲池夜月、法华灵洞、古洞潮声、朝阳涌日、千步金沙、光熙雪霁、茶山夙雾、天门清梵。普陀山四面环海，风光秀丽，幽幻独特，被誉为“人间第一清净地”。山峰岭沙、岩石洞门、泉井池涧、塔亭阙坊、洋礁湾岙，皆充满佛国神秘色彩。岛上树木丰茂，古樟遍野，素有“海岛植物园”之称。全山共有66种百年以上的树木1221株。除千年古樟，还有被列为国家一级保护植物，我国特有的珍稀濒危物种普陀鹅耳枥。岛四周金沙绵亘、白浪环绕，渔帆竞发，青峰翠峦环绕着大批古刹梵宇，构成了一幅幅绚丽多姿的画卷。入眼处处是碑刻石雕、摩崖石刻、照壁题刻。大多名胜古迹，都与观音结下了不解之缘，流传着美妙动人的传说，给人以无限遐想。

3.修身养性旅游概述

(1)修身养性旅游的概念。修身就是使自己的心灵得到净化、纯洁，身体健康；而养性就是使自己的心智本性不受损害，通过自我反省体察，使身心达到完美的境界。个人修身不仅饱含了为人、修身、处世的智慧，还包含着始终要有一颗平常心去应对日常的烦恼和不幸。中国古代封建社会所谓的个人修养，主要是灌输儒家的修身思想，所谓“三纲五常”就是个人修身的核心内容。“三纲”指“君为臣纲，父为子纲，夫为妻纲”；“五常”指“仁、义、礼、智、信”，“三纲五常”实际上就是古代个人修身养性的衡量标准。修身养性有六道，第一使自己心胸开阔，第二要有高远的志向，第三要有一颗善良的心，第四要学会坦然，第五使自己能控制自己，第六是使自己净心。所以综合以上信息，本文概括出了所谓的修身养性的旅游的概念就是，在旅游中保持一颗善良的心，远离闹市去寻找安静并且赋有文化意蕴的所在，忘却烦恼和压力，陶冶情操，培养高远的志向，开阔心胸接纳周围的人和事物，学会如何控制自己的情绪，坦然面对一切，最终达到使自己净心的目的。

(2)修身养性旅游的意义。旅游并不仅仅存在于繁华都市，同时也存在于名山大川，在旅游名山大川中，体会到大自然的魅力，也锻炼了身体，吸纳更多的灵感，洗涤了自己的灵魂，也同时是一种修身养性。而这种修身养性同时也为旅游带来了快乐和健康。

旅，就是旅行，是走路，乘坐交通工具，同时，也是心灵在空间中得到自由和清静；游，是游览，观光，同时，也是体会自己人生的意义的一种深刻体悟和理解。

北京大学宗教研究所所长楼宇烈曾经讲过这样一段话："近代有一位很著名的佛教大师，叫太虚大师，他曾经在福建的厦门南普陀寺大碑阁，题了一个对联，其中有两句话'清静为心皆普陀，慈悲济物即观音'，你能够做到清静，那就到了普陀山了，如果你能够慈悲济物的话，就是观音。所以观音并不是在外面，而是在心里。到普陀山你要领会的就是这样一种境界。"旅游需要的是放松，释放出工作中紧张的压力，而由佛教文化衍生出来的修身养性的理念，借由佛教的思想与精神，来调节现代人因紧张生活而造成的焦虑不安。

修身养性旅游，从狭义来讲，一个人经过这样一个旅行，真正体会到人生的意义和价值；从广义来讲，通过众多的人旅行，可以让更多人放松心灵，生活愉快。

4.普陀山修身养性旅游的类型

(1)瑜伽旅游。瑜伽可以算是佛教文化中极具魅力的一部分，虽说如今所说的瑜伽不算是纯粹的佛教教义，但是由于印度密宗和西藏密宗对瑜伽术的传承和发展，以及以瑜伽为健康美容之道的各种传承的作用，使得瑜伽成为风行世界的一种健身方式。而事实上瑜伽是一种混合了运动和禅定的特殊的健身方式，它是禅定的补充和准备，是禅定的一个分支，在弥勒菩萨传授的《瑜伽师地论》中，瑜伽师其实就是指禅师，在佛教中，瑜伽也就是禅定。但是在现代流行的瑜伽中，包含了很多种入定的方法，不只是静坐，甚至在例如经行等的运动中也能入禅。普陀山是一个进行沙滩瑜伽的好地方，在这一个美丽的月牙形海湾，面临万顷碧海的莲花洋，坐在千步沙或百步沙滩上练习瑜伽，深深呼吸着富含氧离子的空气，任凭海风吹拂，忘却了烦恼，还能细细品味大自然的广博。

(2)静坐与禅定旅游。人们在不知不觉中对佛教充满了错误的认识，如人们经常提到的打坐，几乎是普通人们对于禅定的代称，其实这两个字本身就是对佛教禅定的一种否定，因为打坐只是行住坐卧4种姿态中的其中一种，其本身与禅定并无关联。静，就是使飞扬纷乱的思想静止下来，而不仅仅是身体不动了，静坐可以澄清思考，使心的力量聚集、显现，最终发生作用，自动调节人的生理机能，增进人的健康。佛教意义上静坐的静主要是寂静思维，放下执着。静坐时的静思维就是使得人们的心从混乱的、感性的负面思维方式中解脱出来，能够专一并且认真地思考。简单一点来说，静坐禅定就是一种高度集中自己注意力的行为。当人们静下心来使自身放松，从而抛弃人体器官对于外界的感知能力和头脑中的混乱意识时，人们自然而然地就感觉不到病痛的存在了。静坐禅定也是一种对于缓解病痛或是工作压力的精神疗法，在庙宇庵堂里随出家师父们静坐禅定，暂时忘却尘世间的烦扰，用最简单的方法向身体注入能量，便是养生。

(3)素食文化旅游。素食是大乘佛教慈悲精神的具体表现。佛家的"素食"包括不吃荤腥两类食物，即葱、蒜、薤、韭与肉食等。佛教认为，人类的饮食和疾病有着不可分割的联系，很多疾病都是由于饮食结构太复杂或者量太多而引起的，而适当的饮食则可治疗疾病。中医认为，饮食不洁，没有节制过多进食，或饥饿劳累都可引起疾病。而现代医学认为，饮食可以在人体内分解成为各种营养成分，机体就能利用这些食物的营养促进生长从而进行修补，并维持各个系统的功能，所以只有饮食得当才能保持健康。佛教把古代中医的食疗方法吸收了进来，通过调整饮食进行治病。《摩诃止观辅行》第三十二卷有记载说："酸味对肝脏有益，却会损脾脏；咸味对肾脏有益，却会损心脏；辛味对肺脏有益，却会损肝脏；苦味对心脏有益，却会损肺脏；甘味对脾脏有益，却会损肾脏。"并且认为调整这"五味"就可以治病，另外，中医古籍《备急千金要方》里也有相关的记载。佛教饮食观对人类饮食产生过许多重要的影响，如吃素、饮茶、戒酒等。"揽天下珍馐，飨人间五味"，普陀山上的普济寺、法雨寺、慧济寺、紫竹林四座寺院都供应素斋，虽然价格便宜但是颇具特色。

(4)僧茶文化旅游。在佛家中，有参禅饮茶的风习，饮茶被发展为僧人的一种生活制度。僧人把饮茶从日常的饮用提高到了具有审美价值的茶艺，再提高到一个具有禅境意蕴的茶道，从中发展出了一种僧茶文化。有些佛家僧人与茶结缘颇深，例如对中国茶史有着巨大贡献的，出自佛寺的茶学家茶圣陆羽，他所著的《茶经》至今仍有很高的科学价值。中国茶的发现、培植、传播和名茶的研制，佛家僧人都立下了大功，许多寺院都产名茶，如普陀佛茶、君山银针、屯溪绿茶、庐山云雾茶、龙井、武夷岩茶、黄山毛峰、铁观音等。茶有“三德”：静心、提神、集思。饮茶是僧人生活方式中的一部分，坐禅修行均以茶为饮，与佛教的静坐静虑相结合。饮茶在寺院中不仅有助于坐禅、拜佛祭祖的功效，还有联络僧众感情、团结合作的作用。佛教寺院持续不断的茶事活动，对提高茗饮技法，规范茗饮礼仪等都有很大的帮助。百步沙浪漫风情，莲花洋踏浪戏沙，香华街赏珍品宝，白华楼禅茶悟心。此条旅游线路环境幽美清静，生活节奏舒缓，特别适合精神压力较大的都市人去放松身心，寻求暂时的精神解脱。闲暇之时，白华楼小坐，品上一杯佛茶，细细感悟佛学禅礼，总让人不由生成出世的渴望，入世的恍惚。

二、普陀山佛教文化对修身养性旅游的作用与促进

1. 佛教文化对于修身养性的作用与体现

(1)满足现代人修身养性、感知礼佛的需要。如今人们的工作密度大，生活节奏紧凑，时常会使人感到身累、心累。到普济寺、法雨寺、慧济寺进香、紫竹林参拜、菩萨前许愿、佛顶山顶礼、西天祈祷、洛迦山朝圣则有助于缓解压力。普陀山是“五朝恩赐无双地，四海尊崇第一山”。气势宏伟的琳宫梵宇，妙相庄严的毗卢观音。不肯去观音院的美妙传说以及难以言述的神秘力量，感召了众多海内外信徒航海爬山前来朝圣，也确实是寻求静谧生活的最佳去处。若是在夜晚登山，更是别有一番滋味。一轮明月高悬头顶，让人愈发心驰神往这即将涉足的海天佛国。油然产生一种此行前去并不是为了旅游观光，而是要用虔诚去求得深藏于内心的一种宁静和平衡。普陀山的山能生水，水能养山，山水撞击中涌起的泡沫如寺庙前祈福的转经筒般，给人一种醍醐灌顶的感觉，让都市人丢开各种烦心事，真正融入这山山水水之中，享受这放松休息的过程。南方的寺院多为黄色调，苍松翠柏相映交错，香烟缭绕期间。天有五行，地有五岳，那种原始的最为灵动的悠扬沁人心脾，能够让忙碌的都市人顿觉全身疲惫全消。

(2)宣扬素食文化对现代人身体的益处。吃素，能够让人内心感到平静安详；吃素，能够让人处在最好的关注自我、关注内在的状态。真正的出家师父们都戒杀生，吃斋食素，其实就是为了让自己的内心时刻保持一种修炼的状态。而且素食的饱和脂肪含量很低，可以降低血压和胆固醇含量。德国科学家做过一次研究，偶尔才吃肉的素食者，得心脏病的概率是一般人的三分之一，癌症的罹患率是一般人的一半。另外，素食还是减肥的好方法。现在不仅是女性，连很多男性也都开始关注自身的身材保持，特别是时常有

应酬的人，各种鱼肉菜肴使他们的身体越来越臃肿。而素食可以使血液变成微碱性，促进新陈代谢，从而把体内多余的脂肪和糖分分解掉，最终达到减肥的目的，这样的减肥是最科学、最不伤身体的。

(3)澄净心灵，缓解压力。佛教里有很多方法可以用来引导和化解人们内心的压力和恐惧，佛教的教义和修行方法能够为人们解除心灵上的痛苦，使人得到安慰和自在。每一种宗教都有自己的修行方法，目的都是为了净化人们的身心，让人们在心灵上得到安宁，在精神上得到升华，达到物我一体的境界，不再因外境的好坏而诱导人们心理上的变化。佛教教人通过诵经、念佛、持咒、坐禅来抑制人们对物质无穷无尽的追求，提高人们的心理素质，完善思想品德。并且通过佛教的方式来祈祷和忏悔，洗涤被名利所熏的心灵，解除贪、嗔、痴带给人们的烦恼。佛教自传入东土以来都是倡导和谐、友爱、善良、平等的理念，教育和引导世人惩恶扬善，要怀有慈悲精神。当人们在心灵上得到满足时，物质上的匮乏就显得微不足道了，因此，佛教的理念能够缓解人们在心理上的种种压力和恐惧。

2.普陀山佛教文化对于修身养性旅游的促进与推动

(1)带动普陀山各行业的发展。佛教文化与旅游互相渗透互相促进，它作为一种意识形态和文化现象，不仅影响人们的旅游消费行为，也使人们的审美特点渐渐渗透在旅游过程之中。旅游业是关联性很强的产业，所以它对交通、住宿等基础设施的要求很高，从而使交通、住宿等行业在旅游业的不断刺激下提高自身的相关品质。交通条件改善，可以方便游客们在岛内进行各种游览活动，住宿条件改善，可以让游客在旅游途中感到更加舒心、惬意，以期真正达到修身和养性的目的。例如普陀山现有一个五星级的酒店，两个四星级的酒店，在基础设施方面，可以把现有的资源整合起来，把普陀山建成一个有地位、有资源、有观赏价值的文化性的国际旅游景区。

(2)有助于形成特色旅游产品，开发新的旅游市场。佛教文化旅游资源不具有物理形态，在使用过程中不会发生物理性的损耗，也没有特定的生命周期，只要它对人们有持续的吸引力并且传播不中断，它的价值就不会因使用而减少，反而还会因为频繁地利用而更具魅力。普陀山佛教文化旅游资源具有深厚的文化内涵，通过开发其内在的文化价值，增添普陀山旅游产品的特色，丰富旅游产品的类型，从而吸引更多的游客。对于舟山市来说，增添旅游产品、开发旅游市场不仅提供了更多的就业岗位，解决了社会的一部分就业问题，而且还能带动整个舟山市的旅游经济发展，提高旅游收入。

三、普陀山修身养性旅游的现存主要问题分析

1.景点开发过度现代化

普陀山一直在不断开发当中，许多宾馆、酒店都陆续搬入普陀山，这些现代化的摩登建筑，使得普陀山的古朴气息荡然无存。道路两旁的一些参天古树，因为道路扩建或是设施建设的问题而遭到破坏，新竖立起来的广告牌和招揽灯箱等让人目不暇接。普陀山最初的寺庙庵堂都是允许香客随意进入上香礼佛的，而如今却是要在游客已购买了普陀山进山门票的基础上还有另行收费，有些地方甚至还有专人向游客兜售“天价香”。普陀山现今这种浓重的商业氛围，完全掩盖了佛山原本应有的清静气息。

2.岛内旅游设施与佛教修身思想不够契合

(1)建筑修建与佛教文化相去甚远。普陀山的寺庙庵堂等佛教建筑会不定期扩建整改，而这些整改非但未能延续佛教文化的精髓，反而破坏了它的意境。在普陀山，小而精致的庙宇越来越少，取而代之的是气势恢宏的大型寺院。譬如潮音洞景点里的“不肯去观音院”，可以算是普陀山上最早的一处供奉观音的地方。原先，那里只是山上一户普通渔民的家，可想而知，它的面积是小而又小的。可现如今，不肯去观音院和紫竹林庵越扩越大，虽然方便了游客参观、香客进香，可是也使它本身存在的文化色彩消失殆尽。“林荫树下见寺庙”的情形正在渐渐消失——因为没有任何一片林荫能够遮挡住如今这种规模的寺院。

(2)服务接待等基础设施布局规模不合理。普陀山目前的接待设施里，以三星及以下宾馆偏多，四星酒店较少，导致了普陀山的整体接待能力不高。普陀山虽然每日游客众多，但是因为岛上宾馆、酒店林立，实际上的床位数很明显是供大于求，只有在“十一”黄金周和普陀山三个香会的时候才会迎来入住高峰。相当一部分的建筑设施在设计上缺乏经济性，造成了资源的浪费。这些宾馆、酒店门面装修豪华，占地较多，利用率却不高，不仅占据了岛上的风景用地，也破坏了岛上的人文和自然景观。

(3)岛内交通秩序管理力度不够。鲁迅先生曾经说过：“世上本没有路，走的人多了，也便成了路。”普陀山的香林古道是自古有之，是普陀山历代山民们走出来的，一条条雕刻着莲花图案的石板小道蜿蜒在山中林间，连接着所有的寺庙庵堂，也算是普陀山的一道特殊的风景线。如今普陀山虽然实行了车辆管制，外岛车辆一律不准入内，但普陀山的环山主公路只有一条，

且是两车道,没有分出机动车和非机动车道,来往的机动车和非机动车都在同一条道路上行驶。而且普陀山地势高低起伏,有些地方坡度较陡,普陀山的驾驶员个个都是“车技娴熟”,车速很快,这对走在路边的游客来说非常的不安全。

3.岛内环境治理力度有待加强

普陀山本是一座环境优美、干净清新的佛山,佛教的缘起论、生命观及其理想境界都决定了佛教的生态伦理观,历史上的佛教寺庙等建筑也都会与其周围的生态环境相适应。随着社会的发展,交通等条件的便利和人们的各种需求的增长,普陀山开始接待越来越多的香客和游客。而普陀山本身是一座孤岛独处海中央,进出岛只有轮船这一种交通工具,所以致使了岛上的生活垃圾未能得到及时处理。有些垃圾桶外表肮脏不堪,甚至是臭气熏天,地上也随处可见烟蒂和果皮纸屑。还有汽车排放的尾气污染和噪音污染,都需要有关部门进行整改。

4.导游人员的服务素质普遍较低

普陀山上的导游人员大多是本地人,文化水平不高,多数是靠讲一些神话传说来吸引游客,反而忽略了佛教文化的真正内涵,误导游客对于佛教文化的理解,某种程度上也阻碍了普陀山佛教文化的传播和发扬。有些导游为了自身利益,甚至还会做出欺诈游客的行为,破坏了普陀山的整体形象,影响十分恶劣。

四、普陀山修身养性旅游开发的对策

1.开发原则

(1)以人为本原则。佛教属于非物质文化旅游资源,非物质文化旅游资源的开发就是把非物质文化的内容对象化和内化的过程。游客是旅游资源的主要享用者,通过旅游不仅能对所游览的文化资源有所认知,体会其内涵,还能吸收其中的精神,加以利用,使之成为自己的一部分。所以在开发途中,一定要做到取其精华,去其糟粕,去伪存真。由于佛教文化是一种特殊的精神文化,其带有一定的封建迷信色彩,所以在开发过程中更要仔细筛选,对于那些会诱使人们走精神迷幻道路的愚昧的文化形态,即使市场潜力巨大,也要坚决摒弃。也就是说,在评价非物质文化旅游资源(特别是佛教文化旅游资源)的价值时还要从它对当今社会的有益程度去考量,以引导人类健康生活为基本目的。在对佛教文化修身养性旅游进行开发的同时,要凸显人性化和个性化，不仅要尊重每个游客的生活习惯和特殊情感，根据不同游客的不同要求给予相应的优质服务，还要特别注意对专业人才进行选用和培养，使佛教文化的旅游资源可以得到持续、健康的发展。

(2)整体性原则。在非物质旅游资源的开发过程中，要注意各部门之间的合作和区域之间的联系。要提高普陀山佛教文化的资源整合、环境保护、和管理服务的水平，就要对基础设施、接待设施等进行全面改善，因为普陀山是人文风景和自然风景完美结合的佛山，所以还要保持普陀山的生态多样性。佛教文化旅游资源是一种活化资源，一直处于发展和流动的状态，这就使得它在形式和内涵上没有绝对意义上的原生态，而是始终存在于“原生”和“再生”两个端口之间。开发修身养性旅游不仅要结合普陀山的佛教文化特色，运用普陀山整体资源条件，还要考虑到它的创造者和传承者——人民大众所赋予它的意义，不能将其从所生活的背景中分割出来孤立开发，这样不仅不能反映其丰富的文化内涵，还会失去对游客的吸引力。普陀山不是只有寺庙庵堂，还有海、山、林，来普陀山进行修身养性旅游并不仅仅是去庙里进香参拜，还有许多其他的方式，例如，海滩瑜伽、禅师讲经、打坐禅定、紫竹林静思等等，而普陀山四面环海，也非常适合开发海钓、游艇等项目，这些配套项目的开发也有利于修身养性旅游的整体发展。

(3)特色性原则。特色性原则可谓是旅游资源开发中不可或缺的重要部分。旅游者之所以会产生旅游动机就是因为想要寻找与自身生活环境不同的地方或者是领略平时看不到的新奇风光。富有个性的旅游景点能够对游客产生很大的旅游吸引力，这能够使其在同样条件下比其他单一的旅游景点获得更多的经济效益和社会效益。在开发旅游资源时，一定要注意突出地方特色，发挥地方优势，整合地方文化，将时代特色与历史特色完美结合，依靠普陀山佛教文化独特的艺术内涵和文化底蕴来占有市场。另一方面，在进行旅游资源开发时，不光要突出其特色，还要做到从形式到内容的多样性，突出修身养性旅游的种种优势。

(4)可行性原则。经过近十年的开发建设，普陀山已经拥有了可持续开发的良好基础，交通日趋便利，可进入性不断增强，旅游基础设施已经基本完备，接待服务条件大大提升，具备了打造文化旅游目的地的基本条件。普陀山本身具有悠久的佛教历史文化，为修身养性旅游提供了许多特色服务，海滩瑜伽、禅师讲经、打坐禅定、紫竹林静思等等，是发展修身养性旅游必不可少的项目，而随着观音文化节、印象普陀等节庆活动的深入开展，更是吸引了大批游客前来观光和参拜。另外，普陀山的旅游景观正在逐步恢复和更新，景区生态环境得到了有效保护，清幽的旅游环境，带给游客更多的是放松心情、舒缓压力的作用。

2. 开发对策

(1)深入挖掘普陀山佛教文化修身思想。

①与佛教协会合作，充分挖掘普陀山佛教文化修身思想的内涵。原普陀山管理局书记蒋宝华曾说："普陀山作为旅游目的地，作为佛教圣地，我们把发展的方向确定为'建设成为世界佛教圣地和国际旅游胜地'，我们提出四个中心：一个是信仰中心，第二是弘法中心，第三是佛教佛法的研究中心，第四是僧才培养中心。"普陀山可以跟佛教协会合作，通过成立佛学院和僧才培养中心，举办各种世界佛教论坛等方式对普陀山佛教文化进行深入发掘和研究，正视佛教对于当今社会的意义，彻底将佛教文化融入旅游中去。这不仅能促进普陀山佛教文化资源的整合和保护，也能带动普陀山佛教文化旅游的发展。

②重视佛教文化修身知识普及和正确引导，发挥其积极的社会效用。作为佛教圣地的普陀山，拥有观音的信仰、观音的文化，"一方山水养一方人"，经过近千年观音文化大慈大悲的熏陶，形成了当地老百姓朴实善良的个性。前来旅游的游客也是文化传播的一种途径，但是这种传播途径存在着一定的风险，即游客不清楚佛教文化真正的内涵和精神，而是被带有迷信色彩的神话故事所误导，这样对普陀山佛教文化的传播毫无益处。所以应该提高普陀山导游和景点讲解员的文化知识，通过讲解，宣传佛教文化的修身意义和养生精神，破除迷信，倡导佛教文化中的生态理念和道德观。

③将佛教文化修身思想具体化，营造浓郁的修身养性文化氛围。佛教修身思想是一种无形的文化，要使它得到更好的传播就要将无形的文化添加在有形的事物上。例如，在景区、景点的售票处或宣传栏前放置可供游人自主取用的宣传册；在轮船上播放宣传佛教修身思想和养性精神的纪录片；对景区、景点导游进行统一培训，着重介绍佛教文化的内涵及真谛；对普陀山的广告牌、灯箱和路牌等进行改造，添加佛教偈语和名言，使人在阅读之余产生一种静心的效果。另外普陀山上的宾馆、酒店不宜过于奢华，要与周围环境相适宜；利用山里土特产烹饪精致素斋，与周围的佛教气息相呼应。

(2)建立健全政府监管体制和政策体系。近年来旅游业日趋红火，以致有些地方对非物质文化资源进行了不恰当的开发，不少文化空间为了迎合游客的某种口味而扭曲变态，以至于有许多人将旅游抨击为非物质文化的摧毁者和贬低者，甚至认为“如果旅游获得成功，那会是一个文化悲剧”。所以为了尽量避免旅游开发和非物质文化保护的冲突，政府应该制定一系列科学有效的措施进行合理适度的开发，并利用有关法律和制度形成一套完善的操作和管理体系。

(3)加强旅游市场营销，丰富并创新普陀山修身养性旅游纪念品。普陀山的旅游市场营销工作主要可以分成以下几个部分：第一，细分市场。根据不同游客的不同需要开发旅游产品，如进香游、观光游、修身游、学习游等。第二，举办各种佛教活动。如各种佛学研讨会、佛教论坛、南海观音文化节和印象普陀等，以吸引不同层次的游客前来参观游览，为普陀山观音文化的传播和发展助力。第三，与其他三大佛教名山合作。普陀山虽然是四大佛教名山中香火最旺，拥有最多海外市场的佛山，但不能居高自傲，佛教教义讲究众生平等，所以四大佛教名山应该互相扶持合作，如2004年四大佛教名山联合举办的“朝圣之旅系列文化节”，旨在弘扬佛教文化，同时也加强了四大名山的知名度和美誉度。

(4)完善岛内旅游设施，营造修身养性旅游氛围。首先，普陀山岛上宾馆、酒店众多，占地多，但是利用率却不高，实在无须再增加新的住宿设施，建议将一些设施齐全，硬件达标的宾馆、酒店进行部分整改，提高服务接待水平，突显佛教文化氛围，减少商业化气息。其次，要对普陀山上的旅游商店进行整合，统一明码标价，杜绝出现欺诈消费者的现象，建立普陀山的良好形象。再次，改善交通状况，实行人车分流，限制车速，在转弯角设置凸面镜，给旅游者一个安心的旅游环境。最后，重视岛上环境卫生问题，派专人定期收理、分类垃圾，清洁垃圾桶，实行区域包干制，另外要竖立必要的宣传广告牌，提醒游客要爱护环境，不随地乱扔垃圾，为普陀山的环境建设出一份力，使普陀山成为名副其实的东海清静地。

中国的佛教文化经过一千多年的传承和发展，积淀了深厚的文化意蕴。修身养性旅游属于新兴的一种旅游形式，有很大的发展空间，市场前景良好。它会有固定的对象群，即现在的都市高压人群，相信修身养性的文化之旅可以使他们抛弃杂念，放松身心，带给他们意想不到的收获。所以在修身养性旅游的发展过程中要充分体现修身养性旅游的作用和功能，利用其特色来加大对游客的吸引力，从而扩大客源。综上所述，提炼普陀山佛教文化中的修身养性内涵来发展休闲旅游，是一个切实可行的办法。

[1] 方牧.慈航慧炬化丝路[M].北京：中国文联出版社,2004.
[2] 蒋宝华.禅意普陀山[M].上海：上海世纪出版集团,2009.
[3] 颜亚玉.旅游资源开发[M].厦门：厦门大学出版社,2001.

舟山群岛海洋文化发展轨迹及内涵初探

刘晓彤

[摘　要]　舟山群岛是中国最大的群岛，具有独特的海洋自然条件、优厚的海洋资源和悠久的地域文化传统，是我国海洋文化最丰富的地域。它具有海洋特色的“渔港景”，孕育了内涵丰富的舟山海洋文化，它不仅是舟山市经济和社会发展的精神动力，还是祖国灿烂的文化宝库中的一个重要组成部分。舟山海洋文化的精神是千古“海中洲”，悠久历史与灿烂文化的结晶，是舟山海洋文化的精华和内核。我们要推动舟山更好更快地发展，必须进一步弘扬海洋文化精神，并不断注入现代意识，使其不断得到扬弃和升华，为舟山的改革发展提供精神动力和文化支撑。

[关键词]　海洋文化；舟山群岛；发展轨迹；文化内涵

一、舟山群岛概况

舟山是中国第一个以群岛建制的地级市，地处中国东部黄金海岸线与长江黄金水道的交汇处，是东部沿海和长江流域走向世界的主要海上之门。而舟山群岛则是中国沿海最大的群岛，位于长江口以南、杭州湾以东的浙江省北部海域，古称海中洲。隶属于浙江省舟山市的普陀、定海、岱山、嵊泗4县管辖，总面积2.22万平方公里。其中陆地面积占1440平方公里，大小岛屿共有1390个，呈东北至西南排列，东北部以小岛为主，大岛大多集中在西南部，主要岛屿有舟山岛、岱山岛、衢山岛、朱家尖岛、六横岛、金塘岛等，其中舟山本岛最大，面积为4720公顷，占陆地总面积的38%，为我国第四大岛。

5000多年前就有人类在舟山群岛繁衍生息。唐代开始建县，至今已有1200多年的历史。1950年设舟山专区，1987年1月设舟山市。舟山群岛素有千岛之乡的美称,也是我国沿海航线中途的必经之地。现在的舟山群岛港口发展迅速,已成为上海、宁波水运中转的卫星港。1962 年下辖五县,定海县、岱山县、大衢县、嵊泗县、普陀县。2011 年 7 月 7 日,国务院正式批准设立浙江舟山群岛新区。这是继上海浦东新区、天津滨海新区和重庆两江新区后,党中央、国务院决定设立的又一个国家级新区,也是国务院批准的中国首个以海洋经济为主题的国家战略层面新区。舟山群岛新区将建成中国大宗商品储运中转加工交易中心、东部地区重要的海上开放门户、中国海洋海岛科学保护开发示范区、中国重要的现代海洋产业基地、中国陆海统筹发展先行区。

二、舟山群岛海洋文化的发展轨迹

随着国际社会将 21 世纪看作"海洋世纪"的蓝色浪潮的兴起,海洋意识、海洋观念在国际社会中已经日益强化,海洋文化问题越来越受到关注和重视。舟山市作为一个充满活力与魅力的海岛城市,具有海洋特色的"渔港景",孕育了内涵丰富的舟山海洋文化,不仅是舟山市经济和社会发展的精神动力的源泉,也是祖国灿烂的文化宝库中较具特色的一个重要组成部分。舟山海洋文化的发展轨迹主要表现为以下几个方面。

1."以海为田"向"以海为途"的转变

所谓"以海为田"是指把海洋当作渔民耕种的土地,即渔业和盐业;所谓"以海为途"是把海洋当作对外交往的途径,即舟船和航海。随着海洋水产资源的减少,舟山群岛的深水港口资源优势被发现、被认识,并把港口商贸、港口物流作为舟山的支柱产业。近几年,舟山市委市政府提出的"以港兴市、全面跨越"战略思路,就是要把港口作为舟山的现实优势加以发展。舟山人已逐步将海洋看作是进行贸易,开辟市场,探索和认识世界的通道,"以海为途"的现代海洋文化观念逐步形成。

2.大陆内聚型向内外兼蓄型的转变

随着交通方式的发展,对外开放的深入,舟山紧跟内陆文化发展的步伐,逐渐把眼光投向了世界的各个角落,与世界各地的经济、文化交流日趋增加,舟山海洋文化形成了内外兼蓄的开放格局。借助港口,舟山可以同世界各地进行广泛的文化交流,以海为途让"四海来泊"。

3.海洋农业文化向海洋商业文化的转变

从历史上看,舟山在明清时期遭两次海禁,17 世纪 80 年代(康熙年间)才重新从浙江宁波及其附近地区移民,其间荒芜了 300 余年,因此舟山传统海洋文化受到浙江内陆吴越文化的影响，在观念上受到中国传统农业文化重农抑商、封闭保守的思维方式的制约。随着岁月的流逝、生产的发展、科技的进步，尤其是适航船舶的发明和运用，海洋商业文化逐步形成。改革开放以来，舟山沐浴到市场经济的春风，重新认识海洋的价值和作用，舟山正在从封闭的海岛时代走向开放的海洋新时代。

4. 海洋渔业文化向海洋交流文化的转变

从文化上看，在近六千年的舟山文明史中，渔业文化是舟山海洋文化的一个主要组成部分。舟山渔业发展的历史，是我国渔业发展史上的一个缩影，见证了清代以来东海渔业发展的兴衰。目前舟山港已发展成为上海国际航运中心和宁波——舟山港的重要组成部分，年货物吞吐量在全国沿海港口中位居第九位，与上海港、宁波港一起被称为“东方大港”。

三、舟山群岛海洋文化内涵

海洋文化是人类在认识海洋、利用海洋过程中创造出来的物质的、行为的和精神的文化，它是海域文明的标志，主要包括与海洋相关的教育科技、文学艺术以及民俗习惯与旅游等等。舟山群岛特定的自然环境与悠久的历史文明，孕育了具有鲜明特色的海洋文化。在数千年的历史发展过程中，舟山与海洋结下了不解之缘，从而锤炼、形成了一种“海魂”，也就是舟山海洋文化的内涵。舟山海洋文化精神是千古“海中洲”悠久历史与灿烂文化的结晶，是舟山海洋文化的内核和精华。

1. 古朴粗犷的舟山渔俗文化

出门见海，以海为家的舟山人，无论其生产、生活、礼仪、岁时、游艺等习俗，处处显示出“海派”风格，既古老又豪迈粗犷。如起源于明代的民间娱乐习俗“舟山锣鼓”和古老的信仰民俗中“祭海”的场面，其气势磅礴，像大海一样汹涌澎湃、波澜壮阔。可以说，舟山渔民的生、学、婚、寿、丧等整个人生历程，都有约定俗成的独特礼仪习俗。如过去新生婴儿满月时，其父将他放在红脚桶内，在海边漂泊，并让他洗海水浴、弄潮戏水，使之与大海结缘，预示一生要以四海为家。

2. 异彩纷呈的舟山海洋艺术

海洋民歌是舟山最早形成的海洋艺术形式，品种多样，内容丰富，大致可以分为《渔民号子》《渔歌》《田歌》《叙事歌》《风俗歌》等。舟山曲艺主要有《翁州走书》《舟山新闻》和渔鼓等。舟山海洋性舞蹈大多来自浙江沿海，主要有跳蚤舞、打莲湘、马灯舞等。舟山海洋工艺美术有刺绣、剪纸、花漆、木雕、石刻等，后起的舟山贝雕如今已是一枝独秀，多次在国内获奖，并打入了国际市场。

3.蓬勃发展的舟山海洋教育

新中国成立以来，特别是改革开放以来，舟山的海洋教育得到蓬勃发展。现有浙江水产学院等四所大专院校、舟山航海学校等九所中专和舟山水产技校等八所技校以及水产养殖学校等十九所职业中学。几十年来，它们为开发海洋，振兴舟山，培养了大批人才。此外，市里很重视青少年爱岛爱海爱国教育，市教委先后编印了各种有关海岛、海洋的乡土教材，并在地理教育中进行舟山地理知识教育，在历史课中加入了舟山人民抗英事迹教育，在生物课中加入了舟山生物知识教育等，从小培养海岛为家热爱海洋的观念。

4.成绩卓著的舟山海洋科技

舟山海洋科技围绕开发海洋做出了重要贡献。在海洋捕捞方面，20 世纪 50 年代完成了机帆化，20 世纪 60 年代实现捕捞作业机械化，20 世纪 70 年代为发展外海生产，20 世纪 80 年代以后为发展远洋和过洋性生产提供了技术支持。在养殖方面，20 世纪 50 年代海带南移成功，1985 年“中国对虾工厂化全人工育苗技术及推广”获国家科技进步一等奖。目前以巩固和发展对虾养殖为主，同时积极成功地推广了鲍鱼、扇贝、石斑鱼、刺海参等海珍品养殖。在水产品加工技术方面，近年来在冷保鲜、活蟹暂养、育肥、出口和低什鱼类深加工以及海洋药物研制、开发方面有了重大进展和新的突破。舟渔公司的明珠牌鱼干片，海力生集团公司生产的多烯康、角鲨烯、鲨烯营养乳，舟山精工仪器厂的脉冲惊虾仪等享誉全国的产品，无不凝结着舟山海洋科技人员的心血。

5.独具特色的舟山海岛精神

海岛精神既是历代舟山人特有气质的延续，又是新的时代精神的集中反映，具有丰富的内涵和鲜明的特色。第一，是扎根海岛热爱海洋的爱国精神，这是海岛精神的基础。舟山海岛分散，海洋阻隔，交通不便，生活条件较为艰苦。千百年来，舟山人民为开发海洋、保卫祖国，付出了巨大代价，做出了重大贡献，涌现了许多英雄人物和爱国志士，如明代的抗倭名将戚继光、清代抗英英雄葛云飞、近代抗日英雄杨静娟、现代女革命家金维映、战斗英雄林茂成等等，其爱国主义精神令人钦佩。第二，战风斗浪勇于拼搏的创业精神，这是海岛精神内在的生命力。海洋是勇敢者的世界，为了生存、为了发展，舟山人四海为家，战恶风顶巨浪，其勇敢精神为世人所称道。第三，团结协作、助人为乐的奉献精神。舟山人民在与海洋搏击的过程中，深刻感受到大海无情人有情，只有团结协作才能夺取胜利，只有乐于助人才能化险为夷。海岛精神是一种无形的巨大财富，是舟山人民的传世之宝。在以往艰苦的岁月里，它鼓舞舟山人民知难而进，创造了光辉的业绩；在今后"开发海洋、振兴舟山"的大业中，它将是舟山人民奋勇前进、迈向新世纪的伟大动力。

四、大力拓展舟山群岛海洋文化

现阶段，"文化与经济和政治相互交融，在综合国力竞争中的地位和作用越来越突出。文化的力量，深深熔铸在民族的生命力、创造力和凝聚力之中"。这里的"文化"，在现代意义上，更多地体现为海洋文化。我们必须把建设有中国先进文化和发展舟山海洋文化有机地统一起来，寻找拓展海洋文化的新路径，体现新的地域特征。

1.发展舟山海洋文化新路径

发展舟山海洋文化的新路径，应具有时代的、地域的、历史的、开放的鲜明特征。所谓时代的，就是说发展舟山海洋文化应具有鲜明的时代特点。发展舟山海洋文化必须建构在当代改革开放和现代化建设的现实基础之上，围绕并服务于建立社会主义市场经济体制，服务于海洋经济发展。要加快舟山海洋经济与海洋文化的融合，在海洋经济活动中注入海洋文化内涵，在海洋文化发展中融入海洋经济要素，使两者协调发展。所谓地域的，是因为舟山海洋文化存于以海岛、海洋为主体的特殊区域，具有强烈的地域个性。所以，发展舟山海洋文化必须始终坚持自己的特色。所谓历史的，就是舟山海洋文化不是一种空穴来风，割断历史而杜撰的文化结构。舟山海洋文化的发展是对过去传统海洋文化的继承、发扬，是植根于历代海岛人民创造的传统文化，同时又是在对传统海洋文化进行"扬弃"基础上的重新建构，剔除了其中的糟粕，特别是阻碍经济增长的一切糟粕。所谓开放的，就是说舟山海洋文化具有海纳百川的胸怀和气度，在内容和形式上是开放的体系，善于吸纳，特别是吸纳国内外一切优秀的文化成果，为我所用，使舟山海洋文化不断丰富和发展。

2.发展舟山海洋文化的体系

发展舟山海洋文化应是一个丰富多彩的体系，为此要大力倡导和弘扬开放性、开拓性、协作性的共同价值理念，这是发展舟山海洋文化的内核。

海洋社会的生产活动方式决定社会心理必须是开放的，所以，要在全社会弘扬开拓精神与团结协作、求真务实的精神，摆脱封闭、保守、僵化的社会心理，冲破陈规陋习，使舟山海洋经济的增长有着深层次的精神依托。要积极推进科技进步、技术创新，这是发展舟山海洋文化的关键。舟山海洋文化离开科技这一关键内容，是不完全的、是无法支撑起海洋经济的增长的。要大力发展海岛、海洋教育，这是发展舟山海洋文化的基础。21世纪是海洋世纪，要加强海洋教育，普及海洋及其开发保护的知识技能，增强民众海洋意识。要精心设计海岛地区形象，这是发展舟山海洋文化的外化。海岛地区形象要设计成具有海洋文化的环境。它既是开放的，又是正气的；既是活跃的，又是有序的；既是豪放的，又是温婉的；既是科学的，又是大众的。其内涵的核心则是舟山民众良好的精神道德风貌。此外，还应该努力发展海洋文化产业。这是海洋文化谋求与海洋经济一体化，直接推动海岛经济增长的一个重要手段。例如发展旅游娱乐产业，尤其节庆会展文化产业，提升品位，扩大规模，并充分发挥海洋文化特色，发展海岛体育运动与产业，如艺术培训和健身休闲产业等等，从而使舟山海洋文化在新时期具有新的时代气息，呈现出新的光彩。

总之，文化的力量，深深熔铸在民族的生命力、创造力和凝聚力之中，是经济社会发展的重要精神动力。海洋文化作为一种强大的“文化力”，作为“海洋世纪”综合国力的重要构成部分，与民族兴旺、国家繁荣紧紧连在一起。海洋文化是舟山最宝贵的文化资源，改革开放的伟大实践，全面激活了舟山人身上的“文化基因”，强化了他们适应市场经济的思想观念和行为方式，从而创造了经济快速发展的新局面。辉煌的物质成就背后支撑的是厚重博大的文化底蕴，是千百年来在舟山群岛上薪火相传、生生不息的海洋精神。在新世纪新阶段，我们要推动舟山更好更快地发展，必须进一步弘扬海洋文化，为舟山的改革发展提供精神动力和文化支撑。

[1] 曲金良. 中国海洋文化观的重建[M]. 北京：中国社会科学出版社，2009.

岱山岛东沙古镇旅游文化存在的问题与对策

孟庆友

［摘　要］　岱山岛东沙镇是舟山群岛中历史文化浓厚的古镇，3000—4000多年前就进入了北畚斗新石器时期，2000多年前的徐福东渡给古镇留下了浓重的历史文化。自古以来的渔业重镇，随着舟山渔业资源的匮乏，当年的繁荣虽已凋谢，但留了一座有着清末民初风貌的古镇。这些文化资源的存在使古镇的旅游自发性形成，但古镇的旅游发展存在着诸多问题，本文从古镇文化资源的保护性开发，对古镇旅游产业发展的问题与对策方面进行了分析。

［关键词］　东沙古镇；旅游文化；问题；对策

东沙镇位于舟山群岛新区的第二大岛岱山岛的北端，这个昔日以渔港而繁华的古镇，随着舟山海域渔业资源的枯竭而被人们淡淡地遗忘，隐没于历史的长河之中，但镌刻在那片土地的岁月古迹，时刻向人民展示着它的沧桑和底蕴。从文化旅游的角度去挖掘、修复、审视那些被岁月湮没的文化，带来的不仅仅是海洋经济的收益，更重要的是，对我国海洋社会和海洋文化发展的展示具有客观的、原生态的现实意义。

一、东沙古镇历史追溯与旅游文化底蕴的挖掘

东沙是我国的古老渔镇，也是舟山群岛历史上的著名渔港，以渔、盐著称，其位于舟山群岛的岱山岛西北端，由西沙角、念母岙、沙河口三个小海湾自西而东环列成大海湾，至山渚头岬角形成半圈状，镇区坐落于大海湾东角——故史称“东沙角”。

1. 东沙古镇历史追溯

东沙古镇的文化可以追溯到距今3000—4000年前，1983年9月在东沙

镇境内的北畚斗发现并出土了新石器时期的石斧、石锛、器盖、鼎足、石犁、夹沙陶、泥质红灰陶等原始人遗物，据考证，该文物属新石器时代——商周时期，北畚斗新石器文化遗址由此确认。相传2000多年前，秦始皇派徐福去东海寻找长生不老药，徐福曾由东沙角山渚头登上岱山岛，并在岱山岛长期生活。元大德《昌国州图志》载，吴越钱忠懿王曾置铁堵坡两具于山渚头泗州堂普明院中(世传此铁堵坡由阿育王所铸)。

东沙镇的建置可上溯到唐宋时期。宋元丰元年(1078)，岱山为蓬莱乡，东沙属之，元沿宋制，明洪武二十年(1387)废昌国县为乡，东沙属昌国乡。清康熙二十七年(1688)建置定海县，乡以下设图、岙，东沙属蓬莱乡念母涂岙。唐至清岱山以蓬莱名乡，东沙为蓬莱一隅。

2.东沙旅游文化的挖掘点

东沙古镇文化底蕴深厚，可挖掘的旅游文化丰富，从历史的角度，东沙古镇的文化可以从新石器时期的原始文化到现代化的休闲鱼庄，都可以作为东沙旅游文化的挖掘点，深入挖掘其文化点，系统修复后可以作为非物质文化遗产的一部分。其历史文化的主要挖掘点如下。

(1)北畚斗新石器文化遗址。北畚斗新石器文化遗址发现时面积约3400平方米，现存的有200多平方米，文化层厚1.8米，可以保护性地在200多平方米遗址上建遗址公园，如：搭建简易的展览室和园址文化墙，既可以陈列出土的石斧、石锛、器盖、鼎足、石犁、夹沙陶、泥质红灰陶等原始人遗物，又可以在园址文化墙上做文化遗址的介绍，公园再植入一定的原始风貌，将该遗址建设成为具有原始风貌的自然气息文化公园，既可以保护该文化遗址，又可供游人对这一文化遗址纪念和游览。

(2)徐福东渡文化。徐福东渡作为中国、日本、韩国民间广泛流传的记事，虽因年代久远无法做出科学的考证，但是我国、日本的相关史书对此均有一定的记载，岱山的“徐福东渡传说”在《史记》《岱山镇志》《康熙定海县志》《定海厅志》《岱山县志》等志书均有相关记载。东沙角山嘴头海埠是徐福东渡的首站，在埠口路上的“海天一览亭”(原亭已被毁，仅存遗址，应该尽快修复该亭)有徐福的雕像，亭口有楹联，亭内有碑文，碑文记载了徐福东渡的故事。在东沙和岱山区域内还有多处关于徐福东渡到岱山的遗址，有的已经进行了保护性的修复，比如徐福公园，有的还处于荒废中，从东沙、岱山、舟山文化发展的角度，应该对徐福东渡文化进行深度的挖掘和研究，东沙作为徐福东渡的首站，应该尽快进行深度挖掘。

(3)饮食文化。东沙有丰富的饮食文化，东沙横街素有“鱼市”之称，堪称“海鲜街”,各种海鲜品应季上市,著名的有黄鱼、带鱼、鳓鱼、鲳鱼、目鱼(乌贼)、鳗、蟹、虾、文蛤、海瓜子、海蜇等,皆鲜味可口,名闻遐迩。传统海味品主要有:三鲍鳓鱼、醉鳓鱼(又名“香鱼”)、糟白鳓鱼、三矾海蜇(又名凉拌海蜇)、大黄鱼鲞、大黄鱼胶(清时列为贡品)、风鳗、枪蟹、蟹糊、虾米、鱼片、鳗鲞、蟹旺饼等。其他传统食品还有香干油豆腐、阳春面、三洋泰薄脆、“三里香”大饼等。以上食品随着近海渔业的枯竭,海鲜产品和海味品已经很难在东沙见到,东沙的传统饮食文化已经随着资源的枯竭而发生着改变。现代化的休闲渔村和渔业养殖可以作为海产品饮食的一种拟补。

(4)民俗文化。东沙民间俗文化源远流长,对于某些民俗文化可以进行深度的挖掘,作为重要旅游时间节点的重大活动。东沙民俗主要有“调龙灯”“狮子舞”“迎神赛会”“庙会戏”“舞花灯”“荡花船”等活动。其中“调龙灯”“狮子舞”自东沙成市集以来就已存在,一般每年正月初至元宵节,东沙就有人在横街组织“调龙灯”和“舞狮”,后集各民间文艺于一体,发展为“迎神赛会”民间习俗。该民俗活动自民国初至解放初最为流行,一般定在每年元宵节举行,场面之大,叹为观止。依次出场的是:仪仗、旗幡、对锣、长号(唢呐)、台阁、高跷、鼓船、大刀会、矮凳会(俗称“长命会”)、跳蚤会、大小龙灯、十番、地戏、罗汉会、大头娃娃、舞狮、杂要、三百六十行等。

“迎神赛会”是一项集祭神和娱乐于一体,融各种表演艺术和造型艺术于一炉的有组织、有计划的社会性活动。其规模之宏大,组织之周密,内容之丰富,影响之深广,足以反映出东沙乃至整个岱山的经济、文化和社会发展之情况,而且,明显地体现出我国南方区域性文化——“吴文化”的某些特点。

(5)商业文化。商业作为文化不可或缺的元素在东沙文化的挖掘中尤为重要,古镇中古街两边的店铺依然保留着原始的风貌,这充分展现了东沙商业文化深深的底蕴。东沙的商业文化主要形成于清末民初,东沙作为舟山渔场的鱼市,在每年的鱼汛季节,沿海山东、江苏、浙江、福建等地渔船云集,“船过数千,人过数万”,清代文人王希程有诗曰:“海滨生长足生涯,出水鲜鳞处处皆。才见喧阗朝市散,晚潮争集又横街。”可见横街摊位上海鲜产品之多,鱼货买卖之活跃。据民国22年(1933)《申报》记载:“东沙角一隅,居民三千,大小店铺四百余号,其商业密度实为罕见。”其鼎盛时期著名的店铺有“严永顺米店”“三阳泰南货”“鼎和园香干”“王茂兴老酒”“高元春饼店”“聚泰祥棉布”等具有浓郁的海岛特色。邮政金融等行业在兴盛商贸的带动下也随之发展起来。清同治七年(1868),东沙设岱山邮政之始的民信分局,开创了海岛邮政业务。东沙的金融业始于清光绪年间，有永和成、永利、福润3家当铺。民国16年(1928)，开设东升钱庄，次年大生钱庄开业。民国23年(1934)后，有中国银行定海支行、宁波支行，中国通商银行定海支行等多家金融机构纷纷来东沙角横街设立分行。东沙的银楼业(又称金银业)，以制造和出售金银饰品为主，兼营金银兑换业务。民国2年(1913)，银匠林聚宝开设岱山第一家永和银店，民国9年(1920)，陈小寅开设宝成银店，另有宁波人也于东沙角开设"万华银店"。

同时，东沙的木材、柴炭、毛竹、铁器、绳索等商店，还有修船、补网、打钉、制锚、做篷、酿酒、编织、花边、皮革、铁器制作等手工业，皆兴旺发达。

(6)祭海文化。祭海在岱山历史上主要有"官祭"与"民祭"两种形态。最早有迹可循的"官祭"是徐福祭海。据传公元前219年和公元前210年，秦始皇曾先后两次派遣徐福出海采长生不老药，徐福抵岱山后，在后沙洋泥螺山搭起简陋的小祭台，祭祀大海和龙王，祈望保护远航安宁。隋时的骠骑将军陈棱，奉命伐琉球国，海上遇雾，漂泊至岱山东北，杀白马祭海。宋建炎三年(1129)，南宋皇帝宋高宗搭乘御舟赴岱避难，当他抵蓬莱后沙洋，觅见泥螺山上的古祭台，立即祭告天地、大海，祈求社稷安宁；是日又去白峰寺(今超果寺)驻跸，宋朝著名词人李清照为此而留下了千古绝句——《渔家傲》。据舟山古志书记载，早在南宋时期，就有官方公祭龙王庙的活动。宋乾道五年(1169)宋孝帝下诏在舟山公祭东海龙王，嗣后，地方官每年六月初一为公祭龙王日。至清康熙、雍正年间，祭海活动日趋频繁，海龙王信仰渐至高峰。在官方祭海同时，岱山民间也盛行祭海之风。目前岱山境内有龙王庙、龙王殿、龙宫8处，龙潭5处，以龙为名的山、礁等地名10余处，可见岱山渔民对龙崇拜之风尤盛，传承未断。每逢新船下水、渔船开洋、拢洋、鱼汛结束谢洋等重大节日，通常在农历立夏大黄鱼汛、乌贼汛、鳓鱼汛、鲳鱼汛，渔船第一水出洋或农历六月初鱼汛结束转汛拢洋，举行祭海仪式并相沿成俗，村村岙岙，相传相承。目前，岱山部分渔村仍沿袭着这一传统的民间习俗，保留了祭海的粗犷、纯朴的原生态文化风貌，展示着东海海域渔民龙信仰的独特传统文化与深厚的民俗内涵。

岱山县政府组织并编印了《谢洋大典》连环画，以岱山渔民谢洋为主题，从渔民归港、收获、鱼市、祭海、乐舞、休渔、出洋等几方面，表达岱山渔民的感恩海洋之心。说明了在岱山所处的舟山群岛诸多渔家习俗中具有代表性。该《谢洋大典》连环画不仅可以作为出版物发行至世界各地，还可以在岱山或东沙的某个区域进行实景模拟建设，作为东沙和岱山祭海文化的一个基地场所。

(7)建筑文化。建筑是古镇的主体，古镇的风貌主要体现在街区店铺的建筑上，东沙的建筑风格主要受吴越文化和清末民初欧式建筑的影响，晚清时期建造的大多是二层木结构建筑，以三五间铺面为一连体楼房单位，虽然楼层较低，但几十间店铺一字排开，相当整齐；在这些楼房中，又穿插少数平屋店铺，整条街面显得远近高低、错落有致。民国时期建造的以横街的红祥棉布店、人民路的聚泰祥绸缎庄为代表，其铺面装饰吸收了西欧的建筑风格：红祥棉布店的铺面采用青砖错缝叠嵌白灰线条，门户上方呈半圆，中开方窗，两旁塑本店铺商标浮雕“小孩抱鲤鱼”，整个立面用白色花卉浮雕配饰；聚泰祥绸缎庄则采用青绿黑的细石磨制来装修门面，门窗上部呈半圆，正门上阳刻中式字号牌，字号牌上也塑本店铺商标浮雕“福禄寿三星”，这些装饰中西合璧，简洁大气，十分得体，至今总体格局未变，古街的风韵犹存。但这些建筑随着商业的凋零，大多已经弃用，有的甚至面临年久失修的困境。

(8)渔业文化。东沙被誉为大黄鱼的故乡。现今，东沙的渔业文化主要体现在坐落于东沙古镇解放路203号的《中国海洋渔业博物馆》，该馆是一座民国初期建造的二层楼四合院木结构建筑，占地900平方米，建筑面积1200平方米，古朴而典雅。它的创建填补了中国海洋渔业文化专题史博物馆的空白。陈列的展品以赵行法先生近30年收藏的舟山渔文化实物、史料为基础，一期集中展出了自清道光年间至今的各种船具船模、网具、生活用具、渔民服饰、助渔导航设备、渔民画等近1000件，并配以照片、文字说明，使整个陈列既是一部海洋文化演变史，更是一部鲜活生动的近现代渔业发展史，二期修复后共有展品1600余件，分海洋资源、海洋捕捞、贝壳博览展、旧的生产关系和渔民生活习俗等四大部分陈列。第一，海洋资源陈列，分“海洋是生命的摇篮”“富饶的舟山渔场”“舟山海鲜享誉全球”三方面内容。第二，海洋捕捞陈列，分“生产工具——渔船与网具”“渔港”“捕捞作业方式”“资源保护与安全生产”四方面内容。第三，贝壳博览展，分贝类知识和日本常石造船株式会社社长神原真人赠送的贝类标本二大块。第四，旧的生产关系和渔民生活，独特风情习俗陈列。运用人物雕塑，实物场景，展示了清末民初渔行栈以“放行头”形式介入渔业生产领域。该博物馆使这座已衰落半个世纪无人问津的东沙古镇重新获得了人民的瞩目，是东沙古镇旅游文化中唯一一个颇具特色的、靓丽的景观。

二、东沙古镇旅游文化存在的问题分析

东沙古镇旅游文化存在着严重的问题，既有战略层面的，又有战术层面的。主要体现在四个方面：一是古镇的建设发展缺乏系统规划和战略目标；二是对古镇存在的历史文化渊源挖掘度不够深入，古镇建设不够完善，特色风貌未完全形成；三是古镇的基础建设、推广宣传力度不够；四是古镇旅游接待的基础条件不够完善，缺乏基本的住宿、餐饮、娱乐、商业购物等设施；五是古镇的旅游开发面临资金短缺的困境。下面将从这五个方面对古镇旅游文化建设发展存在的问题进行分析。

1. 东沙古镇文化旅游的建设发展缺乏系统规划与发展战略

东沙古镇昔日的繁荣随着渔业资源的枯竭而逐渐褪去，近几十年来的发展可以用凋零来形容，没有现代化的工业和商业，整个古镇的基础设施建设比较落后，比起大陆区域的飞速发展，古镇显得寂静与破落。根据区域经济发展理论，一个区域的发展与其资源、区位和发展策略有直接的关系，发展的直接驱动力就是区域内的支柱产业。东沙古镇近几年社会经济发展缓慢的一个重要因素就是没有确立支柱产业和重点产业，对产业的规划和发展战略不够明确。

当前东沙古镇的发展面临着舟山群岛新区建设的历史机遇，从舟山群岛新区的发展规划来看，岱山面临着自由港和自由贸易区的建设机会，东沙作为岱山文化底蕴浓郁的区域，将东沙古镇的建设从文化旅游的角度去布局区域内的重点产业，从内部资源和外部环境来看都有极大的可行性。围绕这一产业发展目标对东沙古镇的文化建设和文化挖掘进行系统规划，并制定相应的发展战略，将极大地促进东沙古镇的社会经济发展和区域文化建设。

2. 对古镇的历史文化挖掘不够深入，旅游景点建设不够完善，特色风貌未完全形成

前文已将东沙古镇历史文化的可挖掘点进行了基本的梳理，从古镇当前的经济发展水平、社会面貌、旅游环境和文化景点来看，都不足以支撑文化旅游的发展。比如：北畚斗新石器文化遗址的荒芜；老区商业街商铺的衰落（整个商业街仅有 3 个小的商品店）；商业街中餐饮酒店奇缺，在饮食中已经看不出古镇能够盛产海鲜；徐福东渡的首站的“海天一览亭”也仅有一块残留的碑舫；商业街中那些曾经门庭若市的钱庄和商号有的也都已经年久

失修,甚至有的仅剩下残垣断壁,这一切都说明,我们对东沙文化的流失已经显得习以为常,古镇的风貌正在遭遇着不断的蚕食,甚至会出现坍塌的可能,其实这流失的不仅是古镇的风貌,更是古镇文化资源载体的消失,这种资源的消失无法承载文化旅游的重任,慢慢地会和旅游经济发展与文化旅游没落形成恶性循环,因此要遏制此现象的进一步演化,使古镇的风貌恢复其应有的活力。

3. 总体旅游策划体系不完整,推广宣传力度不够,游客相对较少

古镇总体的旅游策划体系不够完整。古镇的旅游基本属于自然发展状态,未形成有效的旅游体系,古镇及其文化遗产既要进行保护性开发,又要作为旅游的主要景区。发展旅游产业,古镇的管理当局就应该进行关于古镇文化旅游的总体策划,从古镇景区建设体系化、古镇文化品牌化、古镇发展策略化等几个方面进行规划和设计,这一切保护性的开发应该由政府主导进行,而不是任由古镇自发性地发展。古镇的推广宣传力度不够,未形成有效的市场效应,古镇景点建设的不够完善也影响着其推广宣传,比如,不能和国内主流旅游公司签约进行宣传,不能进行打包化的市场化推广,在公共宣传方面也没有进行相应的外围宣传,因此现在的游客数量很少,基本是在自然的状态下自发形成。

4.相关基础建设不够完善,缺乏住宿、餐饮、娱乐、商业购物等旅游的基础设施

古镇的基础设施建设不够发达。古镇在住宿、餐饮、娱乐、购物等方面的基础设施建设非常少,古镇在住宿方面就一家酒店,并且各方面的设施也非常不完善,基本没有家庭旅馆和星级的酒店,对于游客的住宿不能满足。在餐饮方面,古镇内没有特色的风味小吃和商业化的酒店,有的只是一些简单的小吃店,并且卫生环境比较差,饮食品种也很少,餐饮的总体状况比较差。在商业购物和娱乐方面,基本是空白,原来古街的商铺已经基本关闭,有的也是部分居民开的小商店,并且商品数量非常少,镇上基本没有娱乐项目,综合以上的旅游设施来看,古镇还完全处于封闭状态,游客在衣食住行等方面所需的基本设施基本是空白。

5. 古镇的开发面临资金的缺乏

古镇的开发面临资金的短缺。古镇当前的开发进程缓慢,对于文化景点的挖掘力度不够,以及古镇内店铺和主要建筑的失修,有很大的原因是开发资金困乏,作为文化景点旅游基础设施的前期投入比较大,政府的财政比

较薄弱，在没有其他的投资主体和融资渠道的情况下，古镇的开发资金比较短缺，无法进行大规模的开发发展。

三、振兴东沙古镇旅游文化的对策

古镇的发展要打破这种自然缓慢的节奏，要根据古镇的内部条件和舟山发展的外部机遇，有规划、有计划、有步骤地将古镇的旅游尽快发展起来。对此的对策有：一是尽快制定古镇的旅游产业发展规划和开发发展计划；二是要完善古镇的景点及风貌；三是扩大对古镇的宣传；四是打造宜居的旅游环境；五是多方面筹措资金，突破资金瓶颈。

1. 抓住舟山群岛新区建设的历史机遇，制定古镇旅游文化的发展战略，努力形成舟山群岛新区旅游经济中休闲渔业古镇的旅游特色

舟山群岛新区的建设将迎来舟山历史性发展的新篇章，东沙古镇作为群岛中第二大岛——岱山岛的“渔文化”古镇，在旅游发展方面有其重要特色，要将这种特色完全地挖掘出来，并融合到舟山群岛旅游的产业链中，争取在舟山群岛旅游产业中占有一席之地。政府要成为古镇振兴的主要推动者，在古镇开发的初期和一定阶段，组织和调动各方面的要素和积极性，在以市场为基础资源配置的前提下，实现旅游资源的配置向着最优化的状态发展。具体可以以镇政府或岱山县政府牵头制定发展规划，将其文化旅游纳入到当地的发展计划当中，成立古镇旅游开发公司，制定古镇的旅游发展战略，进行全面的规划、设计和实施，找准市场定位，振兴古城风貌，以旅游带动古城的保护性开发和发展，努力形成舟山群岛新区旅游经济中休闲渔业的古镇特色旅游。

2. 挖掘历史文化渊源，拓建重要文化景点，修复并完善古镇风貌

古镇旅游产业的发展，离不开古镇景点的建设和完善，以及古镇整体风貌的完整。古镇的形成、开发和保护都离不开历史文化这个主题，要解决古镇风貌残缺、景点不足的问题，必须要进行古镇文化景点的大力开发和挖掘，根据规划有计划、有步骤地挖掘和建设一批重点的文化景点，在现有渔业文化博物馆、徐福文化园等景点基础上，进一步建设北畚斗新石器文化遗址公园、徐福东渡“海天一览亭”和徐福东渡遗址公园、古镇民俗文化节和民俗文化街、古镇历史商业景观文化园，对古街商铺进行修缮和低廉租赁商业优先使用等景点和人文景观，并且要合理地规划和修葺古镇的古建筑和街道，使古镇的整体形象更加完整和原生态化，形成浓浓的文化气息。

3. 宣传古镇形象,弘扬古镇文化,凝聚人文气息

古镇的宣传是发展古镇旅游的前提,旅游人数的多少和宣传的力度有直接的正相关性,宣传古镇的途径有很多,较为有效和普遍的方法有:一是将古镇的旅游资源打包、定价、产品化,并以旅游开发公司为主制定宣传方案;二是与国内主流的旅游公司合作,将古镇的旅游资源推荐给国内的旅游公司,通过旅游公司将古镇的旅游资源展现给终端客户;三是通过开展重大的文化活动,宣传、扩大、弘扬、提升古镇的文化影响力和品牌知名度,凝聚古镇的人文气息;四是通过网络、平面和影视等媒体对古镇的文化和旅游资源直接介绍和宣传给大众。

4.打造休闲宜居的餐饮住宿环境,适度拓展具有古镇传统特色的商业购物

特色的餐饮、舒适的住宿既是接待游客旅游必不可少的基本条件,又是旅游产业必不可少的消费项目,也是旅游经济的主要收入来源,因此建设符合市场需求和区域特色餐饮住宿设施是古镇旅游经济发展的基础。这方面的建设基本可以由市场自主配置完成,关键是政府要将其引导形成地方特色。对于古镇商业文化的形成,这个可以伴随着区域特产商品的丰富而不断形成,政府应积极地引导和促进,促使商业购物街的形成。

5. 多方面筹措资金,突破资金瓶颈

古镇开发资金的筹措可以多渠道进行,对于基础设施的建设,政府可以适当地进行财政投入。对于景点开发性的投入,可以以财政为辅,市场为主的原则进行,既可以银行贷款也可以采取谁投资谁受益的市场化原则,最佳的方法是形成产业链的自我发展,即以旅游的收益投入到旅游资源的开发和建设中。古镇的前期开发投资,可以是财政和银行贷款,后期的开发和完善,可以以旅游的收益进行滚动式的投入。

[1] 岱山县志编纂委员会. 岱山县志[M]. 杭州:浙江人民出版社,1994.

[2] 孔德科,陈少非. 徐福东渡[M]. 北京:海洋出版社,2011.

金塘岛民间信仰初探

张 莉

[摘 要] 21世纪,我们进入了海洋时代。中国幅员辽阔,既有着广袤的大陆疆域,也有着辽阔的海域。大海的神秘诱惑着一代代人走向海洋,海洋神灵信仰就是在探索海洋的过程中创造出来的,他们的存在,给了探海人莫大的信心和勇气。

[关键词] 舟山;金塘岛;海神;民间信仰

神灵信仰是一定地区民众精神与当地制度文化结合之后孕育而生的,具有浓重的区域特点。虽说全国各地都有,但海岛居民的海神信仰与内地呈现出巨大的差别。在广袤的东海水域中,可以毫不夸张地说,几乎岛岛有庙,处处有神,并且与碧蓝的大海总是有着千丝万缕的联系,他们的信仰程度与内地相比,也是强烈得多,狂热得多。作为舟山群岛中的第四大岛金塘岛,亦有着属于它自己的历史文化、人文精神以及民间信仰。在其源源不断、不折不挠的演绎和衍生过程中,不断地传承着。

一、地理位置

位于定海城关西20.9公里处,东与舟山本岛最近岸距6.25公里,南与宁波北仑港相隔仅3.5公里。面积77.35平方公里,岛屿东、北、南三面环山,耕地大部集中于岛中部的大丰、柳行和山潭一带,地形特点与其他岛屿不同,故俗语称:"舟山田包山,唯有金塘山包田。"最高点位于东部的仙人山,海拔455.9米,与迤南三潭头山、老鹰岩和大坪岗连成高峻山脉。山地有松、杉等用材林,遍植李树。

二、历史变迁

760余年前的南宋海上十二铺之一,700年前的元朝漕粮直运港,400年前的明朝抗倭战场……金塘也首先吹起了解放舟山的号角。金塘沥港的“平倭碑”，多多少少向我们记录了一些金塘的历史轨迹。史载：嘉靖三十五年(1556)，倭寇数千入侵金塘，在当时总督胡宗宪的指挥和其他将领的围击下，经激战倭寇溃散，获得沥港大捷。嘉靖四十二年(1563)，立碑以志。踏入金塘岛，总是会有一种人文气息，因为除去“平倭碑”，还有一些寺庙、宫院等也记载着金塘的历史，诉说着百姓对历史英雄的赞美和崇拜。

三、金塘岛宗教与民俗信仰情况

1. 佛教寺院——普济寺

金塘的佛教文化历史渊源由来已久，普济寺，便是金塘岛上的一座千年古刹。这让人会很自然地联想起普陀山的普济寺，然而，金塘岛上的这座普济寺的历史却更久远。早在宋治平二年(1065)，当朝皇帝赐名“普济寺”。其实，江南的寺院，以“普”和“济”字为名的寺院也很多，把两字合在一起为寺名的也不在少数。“普济”二字充满了普度众生的佛教含义，播撒了一种抚慰众生的精神力量，但对帝王而言，是否真的愿意发扬善心“普济”众生，这得打上一个重重的问号。终归只是想利用佛教驾驭天下，让佛教感化人心，化解恩怨，便于帝王的统治。而虔诚的求佛祈福，也成为善男信女们的一种精神皈依，一种从内而外的信仰力量。

金塘的普济寺，建于五代后周广顺元年(951)，名山门院。宋治平二年被赐名为“普济寺”，当时普济寺有常住田1317亩，地360亩，山110亩，可见当时普济寺的规模。以后的普济寺也是几经变迁，几经改建，明洪武十九年(1386)，朝廷发布命令金塘全岛居民迁移大陆生活，普济寺因长期无人供奉而废。时隔三百年，清康熙二十七年(1688)又重建普济寺，落址于柳行纱罗山下。据《昌国典咏》载：“雍正元年八月十五，夜见门前池中现五色莲花、千手金身，明日掘地得骸骨甚多。又有石刻，其文漫漶不可读。”在所有的佛教文化中，类似的记载很多，我们姑且不去考究它的真实性，但其无疑为佛教文化蒙上了一层神秘的色彩。1955年，普济寺被移建于万荣村西佛岭下。如今的普济寺琉璃黄墙，熠熠生辉。普济寺与高僧果如也有着不解之缘。果如(1854—1917)，柳行南石弄村人，俗姓薛，同治元年(1862)出家于普济寺。果如主持时，修葺殿宇，广建精舍，使寺院焕然一新。

蒋介石也曾结缘于普济寺。蒋介石全家有信佛的传统，祖父蒋玉表虔诚信佛，乐善好施，母亲王采玉亦茹素礼佛。蒋介石虽在不惑之年皈依基督教，但实际上在自己的祖父和母亲的影响下，骨子里早就和佛教结下了不解之缘。1949 年 5 月 16 日下午，蒋介石为了却母亲嘱托遗愿，偕子经国，特来金塘柳行，礼佛普济寺，拜谒果如塑像。5 月 24 日，蒋氏父子再访普济寺，参拜果如神像，与果如弟子交谈，并期望来年能再来拜祭。6 月 1 日，蒋介石退居中国台湾，从此一道浅浅的海峡让蒋介石与他的江南故土天各一方，遥遥相望，再拜普济寺，也终究成为永远的遗憾。

2. 民间宫庙——干大圣庙

对于干文传，《舟山市志》《金塘志》等均有介绍。清光绪《定海厅志》介绍较为详细：干文传，字寿道，平江人。登延祐二年乙科进士，授同知昌国州事，累迁长洲、乌程两县尹。文传长于吏治，所至有声。自始至昌国，置儒学书籍，建翁州书院礼殿，以振兴文教为己任。其有纨绔不率教者，柔之以恩信，亦为之丕变。初，长官刚愎自恣，文传推以诚待之，久乃自屈服。盐场官方倚转运司事，虐使州民，家业破荡，文传语同列曰："吾属受天子命以牧此民，可坐视而弗之救乎！"乃亟为陈理，上官莫能夺，民赖以安。在任六载，政声显著。将去，民遮道攀车，如失父母，至今城中与紫微庄天童、金塘乡柳巷俱有干大圣庙。

据"海山风物"描述，干大圣庙为祭祀元代昌国州同知干文传而建，原址在金塘岛。明永乐初年迁至定海城区现址，主体建筑为清代所建，坐西朝东由前殿、后殿、戏台和厢房组成，前殿面阔五间。

干文传在昌国任同知，为什么初建庙祭祀在金塘，后又迁址到定海？《金塘志》是这样介绍的：干大圣庙遗址，元代建筑。祀元昌国州同知干文传。据古志记载："传知昌国，颇具惠政，恩泽州民，迁任新安，州民航海远送，舟至金塘，登岸稍停，乡民感恩，立庙以祀。庙址大场。明代，因金塘岛民久迁内陆，岛屿荒废，迭遭倭乱，庙祀倾圮，而神灵不可亵渎，传荆棘中常现烛光，山人逼视，得一香炉，铭刻庙名，遂又重建庙于此。清道光十五年(1835)，里人钟世揆再次筹资扩新之。"庙已废，基乃存。现干大圣庙是 1989 年当地村民集资在钟家岙购置三间旧房重建起来的，坐落在青山绿水之间，前面是一片沟渠纵横的稻田。

在舟山祭祀一个或同时祭祀几个好官的庙祠很多，但干大圣庙一地三庙，在舟山地区可能少之又少，干文传为官几年，政绩显赫，临走时，岛民泪流满面地相送于金塘并建庙于此，怕的就是失去好官，同时也是对好官的肯定与不舍，期望好官永留。

3. 无为教信仰

明清两代多民间宗教信仰组织，早已为众人咸知。从白莲教、青莲教、天地会、小刀会等，一度成为中国地下社会涌动不已的暗流。他们不可避免地与当时社会的主流对立，但更多是下层民众的互助性结社组织，对内施行互济互助，对外自卫抗暴，在社会矛盾激化时，他们往往会利用反对贪官污吏或“反清复明”等口号，反对清廷的压迫，反抗外国的侵略。在金塘，也有这样的民间宗教组织——无为教：嘉庆年间(1796—1820)，无为教开始从宁波传入金塘，先在千金岙设德兴堂，继在大鹏岛设进信堂，柳巷村设吉善堂。

无为教创立于明正德、嘉靖年间，宗旨近于禅宗南派，不立文字，否定佛像、寺庙，故亦称悟空教。又以绝对、永恒的真空作为宇庙之根本，而创“真空家乡、生无父母”八字真决。其思想基于金刚般若经，主张无为解脱之无为法。无为教的出现，改变了中国民间宗教的格局。在无为教的影响下，众多民间宗教家或者从无为教中吸取养分，或者借重无为教的名号，纷纷创宗立教，形成明清时代蔚为大观的民间宗教气象。

无为教的创始人是罗梦鸿(1442—1527)，号无为居士，俗称罗祖，原籍山东莱州府即墨县。罗梦鸿14岁代叔父从军，退伍后开始参师访道，并于明成化十八年(1482)“悟道明心”，参悟出“无为法”，创立无为教。他在密云卫古北口司马台建造经堂，传法布道吐经，并将家眷移居附近石匣城。罗梦鸿死后，教内发生分裂，形成多类教派。其中，罗祖无为教正宗由其子佛正所传。

那么，无为教在金塘的活动轨迹如何寻得，沥港的义火祠可佐证无为教在金塘的活动。金塘沥港自1312年开始开辟为直航天津大沽口的漕粮海运港口，元明清三朝涌现了大量的舵工水手。这些舵工水手，有时以民间的劳役承担，有时以运粮军人承担，运粮军人的组织沿袭着明清时代的卫所制，由各省的卫军负责。根据乾隆四十八年(1783)直隶总督刘峨等给乾隆的奏折所反映的数据看，清代整个国家的漕运数额每年基本保持在四百万石左右，运粮船只大概有一万二千只，水手约有十万户，二三十万人以上。

出于漕运水手们共同的利益需求，开始拉帮结派。例如，水手们携带朝廷允许的土特产和非法携带的私货，以及偷盗漕粮等集体活动，需要形成一种集体力量。船帮之间为了本帮的利益，常常互相格斗以致仇杀，也需要团结本帮成员，共同对付其他船帮。更重要的是，漕运是一项艰辛繁重的危险劳动，因风涛不测，常遭受漂覆之苦，生死不定，促使水手们渴望从精神上寻求慰藉，渴望有一尊行业神能保佑他们平安。这为无为教在金塘岛、大鹏岛等地漕运水手中的流传留下了空间。在金塘，有一块“义火祠”青碑，还有一块残破的墨地金字“奉尘刹”木匾，些许记载着无为教在金塘的历史活动轨迹。

4.西方教会

郭士立，中文名又叫郭实腊、郭甲利，德国传教士，曾用笔名爱汉者、深德者。1823年加入荷兰布道会，同时被派往东方荷属殖民地传教。1927年开始在爪哇传教，并学习福建话，后又继续学习汉语和中国文化。1833年，他到达浙江乍浦，1月17日来到金塘，并在当地传教。得知郭士立在金塘成功传教，两年后，又一位传教士沿着郭士立的足迹踏上了去金塘的道路。1835年，英国伦敦会传教士麦都思也来金塘开始传教。麦都思到金塘岛的任务之一就是进行传教活动，散发传教手册，他的任务之二就是考察当地的地理环境和民俗风情。

西方传教士在近代中国历史上是一批很奇特的人群。他们一方面充当了西方列强对华侵略的重要力量，另一方面也是东西文化交流的主要媒介，他们为中国人治病，宣传教义，客观上也为中国带来新的文化，为腐朽的大清带来新的活力，同时也是中国社会近代化的驱动力之一，其地位和作用很难定性，而且至今对他们的评价和分析也是各家纷纭，极为复杂。

1843年，伦敦会派遣麦都思到上海宣教，在今山东路一带建立了伦敦会的总部，麦都思遂成为最早来到上海的新教宣教士。所以，西方传教士来中国传教，与鸦片一起输入中国，是英国发动鸦片战争的前哨，而金塘则是他们的前哨站。

四、金塘岛民间信仰特点

1.佛教为主，又不独尊佛教

金塘虽为舟山群岛第四大海岛，农耕文化的痕迹却远胜于海洋文化。80余平方公里的土地上，完结了舟山附近岛屿中第一个粮食自给岛的使命。所谓，定海是门，镇海是室，金塘则是厅堂。金塘岛是海洋蓝色文明与土地黄色文明的一种交会，岛上有许多佛教寺院，例如普济寺、广福寺、化成寺等，但与此同时，其他教派也欣欣向荣地生长着，并且互不干涉，相处得十分融洽。

2.宗教群众性不断加强

近几年舟山市各宗教发展迅速。除了伊斯兰教、道教外，佛教和基督教各派都有很大的发展。寺院和教堂的规模越来越大，收入也年年增长，居民的宗教消费在收入中的比例逐年增长。据调查了解，定海金塘某村，该村不参加任何宗教活动的村民不到3%。这种情况在渔、农村具有普遍性。在偶尔参加宗教活动的人群中有几种类型：一种是信仰程度实际较高，但没有时间，比如渔民；大多数人信仰程度一般；最后一种是似信似不信者，为讨个吉利拜佛。

3.宗教行为的年龄性别差异

在经常参加宗教活动的人群中，老年人的相对比例最大，其次是中年人。在老年人中，妇女占了绝大多数。随处走进一间寺庙，可以明显感觉到信教的大都是老年人，老年妇女居多，在举行各种祭祀活动的时候，也是妇女们表现得最为积极。近几年，随着民众宗教意识和社会的关注，信教群体在不断扩大，许多中青年妇女也慢慢加入到了队伍当中。由于对未来的不确定或者是祈求来世，更多的人，尤其是老年人更乐意加入其中。

金塘富有地域性的人文历史底蕴就是金塘最生动最美丽的文化生态，要对金塘文化历史拯救挖掘，继承创新，并且加以弘扬，便需要在群岛新区建设中，结合自身实际，打好历史品牌，做好文化创意，为金塘的建设，乃至整个舟山群岛的建设贡献自己的力量。

[1] 上海海事大学，岱山县人民政府. 中国民间海洋信仰与祭海文化研究[M]. 北京：海洋出版社，2011.

[2] 王琳琳，瞿明刚. 舟山群岛俗神信仰田野调查[J]. 文学界，2012(6).

舟山海岛文化旅游产业开发的思考

赵 妤

［摘　要］ 海岛是一种重要的旅游地类型，有其自身的特殊性，所以开发方式及其发展思路上都应注重其特点。本文研究海岛文化旅游，揭示海岛文化旅游的特点，探寻具有海岛文化特点的舟山旅游发展之路，使文化作为一种无形资产的经济价值产生明显的经济效益，更重要的是让人们在领略大自然奇特风光的同时，增长知识、启迪智慧，丰富大众生活，满足旅游者求知、求美、求新等文化方面的追求。

［关键词］ 海岛旅游资源；文化旅游；旅游产业；开发思考

一、舟山旅游与旅游资源

舟山地处当今世界最具生机的泛太平洋区域经济圈，背靠沪、杭、甬等大中型城市群，洋山国际大港的开通，使舟山与上海的经济融合进程加快，这一独特的经济区位优势，决定了舟山旅游产业，具有巨大的发展潜力。舟山是中国唯一的地级海岛城市，其旅游具有海岛、海洋资源优势：舟山具有丰富的海洋渔业资源，舟山渔场是世界四大渔场之一，是全国最大的渔场，素有“中国渔都”之称，共有鱼、虾、蟹、贝四大类500多个品种，海水养殖的自然条件十分优越，是发展海珍品和贝藻类养殖的理想之地，是都市人开展海钓和海鲜美食之旅的首选地。舟山地处东海的天然优势，具有天然能源，可发展风能、波浪能、太阳能、海水温差能、海水淡化等，具备实施循环经济、和谐社会建设的优势。舟山还具有提供海洋旅游经济基础的保障的实力。如：舟山路、水、电、气、通信的超前发展，香港国际航空包机开通，游艇俱乐部项目纷纷落户，高星级酒店、渔家客栈发展迅速，旅游接待能力日益提高，生态市和精品工程的全面建设，为群岛型国际化海洋休闲度假旅游目的地建设奠定了坚实的基础。舟山具有得天独厚的海岛自然、人文旅游资源，集自然资源和文化资源于一体，明显的海岛风光、海洋文化、佛教文化和隐逸文化等特点，目前舟山旅游资源主类覆盖率100%，亚类覆盖率83.87%，基本类型覆盖率64.52%。现有旅游单体858个，有219个优良级旅游单体。其中有地文景观单体227个，水域风光类单体200个，生物类16个，天景气候景观12个，遗址遗迹45个，建筑与设施类416个，旅游商品类旅游单体49个，人文活动类65个。其中2个国家级、2个省级景区。其丰富的旅游资源、优良的旅游产品，提供游客舒适的旅游活动。舟山已建休闲渔业项目15个，总投资近5000万元，吸纳渔区劳动力300余人，年接待游客20余万人次，年创产值4000万元。正在筹建项目6个，计划总投资4579万元。部分项目在舟山内外已有一定的知名度，并受到游客的欢迎。其生态休闲渔业旅游，在舟山的主要类型是休闲养殖垂钓型、涉渔运动观光型、渔区生产体验型和旅游综合配套型。是集海上各种类型、形态的休闲渔业和岸上休闲度假观光旅游于一体的，多功能、配套设备齐全、活动种类多样、服务内容丰富、规模性的休闲渔业。2009年1—5月实现旅游接待人数616.77万人次，增长18.9%，增幅比去年同期还提高8.6个百分点，主要风景旅游区普陀山、朱家尖、桃花岛分别增长18.0%、14.1%和15.5%。另外生态旅游也保持较强的势头。舟山旅游接待人数逐年增长，2001年接待旅游人数550.16万人次，2010年接待旅游人数2139万人次，比2009年提高6.4个百分点；旅游收入的增加，2001年旅游总收入29.32亿元，2010年旅游总收入142.04亿元，比2009年提高5.8个百分点；舟山海岛旅游收入占第三产业比重，1979年为2.11%，1989年为6.72%，1999年为40.91%，从1999年到2010年一直在40%以上。

二、文化与文化旅游

“文化”是指文学、艺术等，广义文化还可以涵盖科学、教育、报纸杂志，甚至道德、信仰、宗教、风俗、习惯等。一个民族的传统文化按其存在形式通常可以分为有形文化和无形文化。体现民族传统文化特征的属于有形文化。如：文物古迹、名人故居、重大历史事件发生地等实物形态。人们世代相传的方式保存下来的非实物形态的文化属于无形文化。如：民俗风情、民间节日、传统礼仪、民族歌舞等。

旅游属于文化范畴，是整个旅游事业的基础，是一种文明所形成的生活方式，一种文化现象。旅游业与其他产业的本质区别在于它是文化型的产业，没有文化的旅游是野蛮的旅游。旅游是孕育文化的媒体，是文化的一项内容，旅游创始了中国文化，文化为旅游的一个内容，从大文化的角度来看，各种形式的旅游实际上都是不同层次的文化的反映。文化旅游的含义一般定义为：是人类过去和现在创造的与旅游关系密切的物质财富与精神财富的总和，凡在旅游活动过程中能使旅游者舒适、愉快、受到教育，能使旅游服务者提高文化素质和技能的物质财富和精神财富，都属于文化旅游的范畴。海岛文化旅游的含义在国内外有关资料中，很少提及。我们理解文化旅游的含义应在海岛自然环境、生态环境的基础上，本人赞同刘宏明对海岛文化旅游的界定，海岛文化旅游是指在海岛自然环境中，人们以海岛环境、海岛生态环境、海岛人文为基础所采取的或所创造的，具有海岛、文化、旅游于一体的符号及行为方式。海岛文化旅游是对旅游者产生吸引力，为旅游业所利用，并能产生经济、社会和生态效益的传统的、民俗的文化进行开发，来满足旅游者需求的形式。即把海岛文化包装成旅游商品，以满足旅游者的消费需求，是以文化为特色的观赏、娱乐、商品及服务，有其自身的发展方向和运行机制，沿着历史所提供的特定条件和环境发展、演变，它是人文、民俗、风情、休闲等各种文化综合的最高体现。海岛文化旅游，是以海岛生态环境作为其存在条件的。人们在这样的生态环境中，创造着独特的文化情境和模式。海岛文化旅游活动涉及了现代社会生活的众多层面，它是社会环境中多种现象的综合体现。

三、海岛文化旅游的特点

旅游是人们出于为追求或实现个人在某一或某些方面得到发展的需要而亲自前往异国他乡的活动。虽然人们的活动目的不尽相同，活动动机隐蔽而复杂，活动形式和活动内容也多种多样，但这些活动都有一共同点，即都属闲暇活动，都是使人们从日常生活中解脱出来的一种手段，都属于一种暂时或短期性的特殊生活方式，隶属于社会文化的范畴。因此，在这个意义上说，海岛文化旅游活动是一项以不同地域间的人员流动为特征，涉及经济和政治等许多方面的社会文化活动。其海岛文化旅游除具备综合性、继承性、区域性、民族性、新奇性、文化性旅游的一般特点，还具有以下特点。

1. 知识信息性

文化旅游产品蕴含着大量的知识信息，是一种知识密集型旅游产品。是海岛、海洋、文化、科学等融于一体，其中囊括众多科学知识，有丰富的知识内涵。海岛文化旅游能为旅游者提供大量丰富的科普知识、历史知识，会让游客接受艺术熏陶、提高文化修养,从中得到某些感悟与升华。因此说,海岛既是旅游热土,又是一种特殊的科普基地和爱国主义的教育基地。

2. 丰富的文化内涵

海岛文化旅游,特别是古代人文景观,具有丰富的历史、经济、地域等文化内涵。旅游的建设和发展,常常伴随着社会历史的发展和变迁,围绕文化的变迁,留下了许多文化古迹,如:民情风俗、宗教礼仪、山海建筑、文学艺术等,这些旅游产品大都是历史文化的沉淀或人类思想精华的凝聚,以坚固实物、知识技能或信息意念等形式存在,使这些旅游景点更具有知识性,更具有吸引力。文化旅游与其他旅游形式相比,对已有旅游资源的破坏力较小,一定程度上反而更利于现有资源的传播和保存。人们吸收了文化旅游产品的丰富内涵,再通过自己的思维加工变成更加丰润的形式传承于后人,因此可以满足一代又一代的旅游需求,进行持续性开发与利用。

3. 生态自然性

海岛的大自然景观和辽阔的海洋与人文景观交相辉映,互为衬托,既能使旅游者可以获得精神上的享受,赏心悦目地度过旅游与休闲时光,也能启迪旅游者的创新灵感与思维。

4. 观光休闲性

当今旅游项目越来越多,内容也越来越丰富,可以充分利用海岛、海洋、海岸、绿荫蔽日的岸边林带、起伏曲折的岛屿以及各种服务设施等条件,组织开展各项活动,如奖励旅游、会议旅游、商务旅游、度假休闲旅游等,可组织参观考察、举办会议、乘船观光、划船垂钓、漂流探险等等,使海岛旅游资源发挥最大效益。

四、结论和舟山文化旅游产品开发的建议

1. 突出舟山特色,开发海洋文化旅游产品

文化旅游是旅游发展的主旋律。舟山的优秀文化,源远流长,远在5000多年前的新石器时代,就有人类在舟山生息繁衍。浩瀚大海,辽阔渔场,是海洋渔文化的发源地。5000多年的历史变迁中,舟山沉淀了古代的隐逸文化、佛教文化、海洋文化和龙文化、妈祖文化及中西方文化的交会等都为舟山文化旅游做出了巨大的贡献。近年来,海岛文化旅游显示出极强的生命力,海岛民风民俗也备受游客们的关注。因此,我们要积极实施精品战略,突出重点,精心设计旅游产品,积极开发旅游景点,挖掘海洋文化,尽快开发

具有海洋文化内涵和符合现代海洋生态旅游的旅游产品，形成海洋文化旅游、渔乡风情旅游、民俗采风旅游、民间节日旅游、宗教文化旅游、体育休闲旅游和创造渔文化精品等，走海洋文化旅游之路，给自然景观赋予文化特色。

2.提高旅游质量，设计开发极具吸引力的旅游产品

旅游的动因是游客的好奇心，来源于旅游地的吸引力，差异性，是产生吸引力的重要方面，实际上有差异，就会产生吸引力。海岛具有独特的自然景观、丰富的海洋文化、港口旅游等资源。我们要充分利用其海岛独特的优势，设计海岛旅游的差异，如：设计自然环境的特色差，海洋文化的创新差，文化与海洋、海岛融合的特色差等，因此，要树立“人无我有，人有我优，人优我特”的理念，加大文化旅游资源的开发与建设的力度，要突出鲜明的海岛、海洋文化特点，挖掘文化内涵，精心设计文化差异，不断满足旅游者对景观地的新、奇、美、险的审美心理和心理需求。从而提高旅游质量，增强吸引力，促进舟山旅游业的可持续发展。

3.文化与自然和谐，打造舟山特色的旅游精品

文化是旅游策划的核心和灵魂，旅游策划必须依据文化要素进行。将文化赋予旅游，是一个低投入、高回报的项目，会产生惊人的效果。因此，舟山旅游业发展，既要突出海岛、海洋的自然、原汁原味性景观，展示海岛的自然真实的风貌，又要突出海岛、海洋文化产品、人文及民俗等商品，把某一时期或某一民族或某一区域的历史、人物、传说及民风、民俗等文化，依照一定的方式和风格加以集中反映；既有有形的，又有无形的；既有物化的，又有观念上的；既可以为固化的，又可为活化的旅游产品、旅游商品。从一定意义上讲，舟山文化与自然旅游产品和谐发展就是旅游开发的成功，而文化的品位决定舟山旅游产品的品位，文化特殊性决定旅游产品的个性，而旅游产品的个性或者说特色决定了对游客的吸引力，决定着舟山旅游业的开发前景。海岛文化旅游资源开发，是一项巨大的系统工程，涉及范围广，并具极大的吸引力和爆发力。海岛文化旅游开发是现在乃至将来旅游资源开发的重要项目。笔者认为，海岛文化旅游资源开发，可以重点开发海岛民俗旅游、海岛宗教文化旅游、海港与港市文化旅游及海岛科学文化旅游等。海岛科学文化旅游可开发的项目很多，如：海岛水文、潮汐与潮流、风暴潮、海浪、海岛预报、海岛生物、海岛药物学、海岛环境、知识博物馆、水族馆、海岛科学探险等旅游产品。还可以考虑海岛农、渔业文化旅游，海岛体育竞技文化旅游等

等，同时加大力度营造岛上文化氛围，突出海岛旅游的文化主题，完善各重点旅游景区的配套设施和环境建设，全面提高舟山港口旅游城市的文化品位。

[1] 刘泽坤. 万山旅游文化产业发展的思考[J]. 理论与当代，2006(9).

[2] 颜军论. 梅山文化的旅游开发价值[J]. 电子科技大学学报：社科版，2006(4).

[3] 刘宏明. 海岛文化旅游开发的对策研究[D]. 杭州：浙江大学，2004.

从翻译目的论浅谈舟山旅游景点名称的翻译

任小萌

[摘　要]　本文以德国功能翻译理论学派的翻译目的论为研究的理论基础,结合舟山的文本翻译现状,对舟山旅游景点名称的翻译进行分析。试图将翻译目的论与舟山的旅游景点名称文本翻译实践相互结合,以探讨出一套规范合理的舟山旅游景点名称翻译途径。促进舟山旅游文化的对外交流。旅游文本的功能是为了传达信息和吸引游客,紧扣这一点,才能实现旅游翻译的最终目的。

[关键词]　目的论;旅游翻译;翻译策略

一、舟山旅游宣传资料的外文翻译的重要性和紧迫性

自2013年1月17日国务院批复了《浙江舟山群岛新区发展规划》以来,人们对舟山群岛新区的飞速发展指日可待。依靠舟山的天然优势,港口业、渔业、旅游业将成为舟山发展的支柱产业,而在这其中,旅游业将是展现舟山风景秀丽的自然风光和浓郁深厚的文化底蕴的一个窗口。要想使舟山走向国际化不仅要靠港口业和渔业,旅游产业更是展现舟山这座美丽海岛的名片。

近几年来,舟山旅游业发展迅速。舟山市拥有普陀山、嵊泗列岛两个国家级风景名胜区,岱山岛、桃花岛两个省级风景名胜区,以及全国唯一的海岛历史文化名城定海。目前共有已开发景点达1000多处,截至2011年,全市共有A级景区11处,其中普陀山为国家首批AAAAA级景区,朱家尖、桃花岛为国家AAAA级景区,秀山岛为国家AAA级景区,沈家门渔港为"全国工农业旅游示范点",桃花岛为省级生态旅游示范区。全市累计发展休闲旅游村(点)93处,其中市级以上渔农家乐特色村(点)33处(含省级渔

农家乐特色村点19处)。然而,目前舟山旅游业在对外宣传上仍然存在许多问题,表现在两个方面:一方面舟山既没有一个专门的官方权威的英文版网站介绍舟山的各个旅游景点,也没有任何旅游公司向外推出有效的中外文对照旅游指南,使得国外的游客对进一步了解舟山造成了障碍,无从下手;第二,目前民间所流传的各种舟山景点翻译资料良莠不齐,问题颇多。其中存在一些中式英语,导致外国人看不懂,不能感受到舟山的独特的风土人情,严重阻碍了舟山旅游文化的对外传播,进而会导致失去国外客源,长此下去,将会对舟山的旅游经济造成巨大的损失,不利于舟山的长远发展。所以,舟山旅游宣传资料外文的正确翻译就显得尤为重要和紧迫。本文试图用德国翻译目的论为理论依据,结合舟山的旅游景点的翻译现状,努力探索一条旅游翻译的新途径,促进舟山旅游文化的对外交流。

二、翻译目的论的理论依据

翻译目的论(skopostheorie)起源于20世纪六七十年代,它是功能翻译理论中最重要的理论之一。德国学者汉斯·弗米尔根据行为学的理论首先提出:翻译是一种人类有目的的行为活动。翻译目的论认为,任何形式的翻译活动(包括口译)都是一种行为,而任何一种行为都有一个目的(Vermeer,1997:12)。目的论共有三大法则:目的法则、连贯法则和忠实法则。

1. 目的法则(skopos rule)

目的论认为,所有翻译活动遵循的首要原则是"目的原则",即翻译应能在译入语情境和文化中,按译入语接受者期待的方式发生作用。翻译行为所要达到的目的决定整个翻译行为的过程,即结果决定方法。但翻译活动可以有多个目的,这些目的进一步划分为三类:(1)译者的基本目的(如谋生);(2)译文的交际目的(如启迪读者);(3)使用某种特殊的翻译手段所要达到的目的(如为了说明某种语言中的语法结构的特殊之处采用按其结构直译的方式)。但是,通常情况下,"目的"指的是译文的交际目的,即"译文在译入语社会文化语境中对译入语读者产生的交际功能"(Venuti,1995)。因此,译者应在给定的翻译语境中明确其特定目的,并根据这一目的来决定采用何种翻译方法——直译、意译或介于两者之间。

2. 连贯性法则(coherence rule)

连贯性指译文必须符合语内连贯(intra-textual coherence)的标准,即译文具有可读性和可接受性,能够使接受者理解并在译入语文化及使用译文的交际语境中有意义。

3.忠诚法则(loyalty principle)

这是由诺德提出的。她发现目的论有两大缺陷：首先，由于文化模式的差异，不同文化背景中的人对好的译文有不同的看法；另外，如果目的原则所要求的译文的交际目的与原文作者的意图刚好相反，那么我们就会遵守目的原则而违背忠实性原则。因此，诺德就提出了忠诚原则来解决文化差异及翻译行为的参与者之间的关系。诺德认为，译者对译文接受者负有道义上的责任，必须向他们解释自己所做的一切以及这样做的原因。这是忠诚原则的一方面。该原则的另一方面则是要求译者对原文作者忠诚。译者应尊重原作者，协调译文目的语与作者意图。因此，忠诚原则主要关注翻译过程中译者与原作者、客户、译文接受者等参与者之间的关系。诺德提出译者应该遵循"功能加忠诚"的指导原则，从而完善了该理论。

总而言之，目的法则是翻译的核心法则，是所有翻译实践都需遵循的法则，"只要能达到目的，可以不择手段"，译者可根据译文需要达到的交际目的和功能、语用效果来决定具体翻译策略和手法，而不必拘泥于和原文的对等，直译还是意译都取决于所需达到的效果，简而言之，就是翻译行为所要达到的目的决定整个翻译行为，结果决定方法。另一条，"连贯法则"或"篇内连贯"是译文与译文读者之间实现互动交际功能，译文需符合语内连贯的标准，译文必须能够被目的语文化背景下的读者理解和接纳。最后一条，"忠实法则"或"篇际连贯"是译文与原文之间的关系，原文和译文间需实现语际连贯，即译文忠实于原文，翻译不能置原文于不顾。这里的"忠实"相当于我们传统的忠实译论，所不同的是其在翻译中的地位。"忠实法则"从属"连贯法则"，但无论任何时候，连贯性法则和忠实性法则都必须服从目的法则。

目的论对舟山旅游景点名称翻译的指导意义在于目的论认为翻译所遵循的首要法则是目的法则，目的法则不仅摆脱了"等效法则"对旅游景点名称的指导，更有利于译者在翻译过程中发挥自身的能动性，发挥目的语的优势，使译文达到更理想的效果。

三、研究过程和问题发现

在舟山的民间流传一些旅游景点的英语翻译，包括在舟山政府官网的英文版中，对舟山旅游景点名称的翻译也或多或少地存在一些问题。英汉互译时由于社会、文化的差异，导致英汉文本特征和表达风格的差异，在目的论的指导下，采用合适的策略和方法，增添删减，句式变换，虚实结合，使得旅游文本符合英语的语言习惯和文化标准，更好地发挥旅游文本的传达功能，达到宣传的最佳效果，使外国游客对舟山的旅游文化喜闻乐见。

现有的官方与非官方舟山部分旅游景点翻译列表，如表1所示：

表1　官方与非官方舟山部分旅游景点翻译表

舟山景点名称	音译(官网)	意译	音译结合
定海	Dinghai		
朱家尖	Zhujiajian Island		
桃花岛	Taohua Island		
岱山	Daishan Island		
嵊泗列岛	Shengsi Island		
东极岛	Dongji Island		
临城	Lincheng		
沈家门	Shenjiamen		
千步沙		Thousands of step sand	
佛顶山	Foding Shan		
情人谷	Qingren Vale	Valentine's Island | the vale of lover | the vale of valentine	
南沙	Nansha		
白山	Baishan		
大青山	Mount Daqing		
南洞太阳谷		The South Turnnel,Sun Valley	
鸦片战争遗址公园		Opium War Ruins Park	

无论对于人名、地名还是各种名称的翻译，无外乎音译、意译和音译结合几种方法，更常见的是拼音标注法，直接用汉语拼音代替翻译。但是旅游景点名称的翻译不仅要达到使译语读者明白所表达的内容，更应该向他们传达一种美的感觉、美的享受，这样才能刺激游客的旅游欲望，达到宣传的效果。就如毛荣贵先生所倡导的那样："爱美之心，人皆有之。语言求美，表达趋美，人类语言之共性也。比如汉语形容女孩的脸为'鹅蛋脸'(oval face)，而不说'鸭蛋脸'，为求'联想之美'也；比如汉语曾有'学会数理

化……'之说,而不说'学会化理数……',为求'音韵之美'也;比如,英语称人行横道线为 zebra crossing(斑马线),为求形象之美也;比如,英语戏称从事第二职业者为 moonlight (to work at another job, often at night, in addition to one's full-time job),为求'幽默之美'也。"所以旅游景点的英译要音美,词美,句美还要意美。在目前的旅游翻译中是以拼音法为主,但笔者认为应该根据不同的情境,以向译语读者传达信息为目的,适当调整翻译策略,要把景点翻译出美的感觉。

初春时节,桃花盛开,舟山桃花岛自然成为游客旅游的首选。在舟山政府官网的英文版中对桃花岛的翻译是 Taohua Island,这里使用的是音意结合的方法,"桃花"二字使用的是完全的音译,汉语拼音 Taohua,对于中国人来讲,Taohua 无须解释大家就能体会该词汇的人文信息,不仅代表一种具有美好感情的植物,而且还是金庸小说中的武林圣地。然而对于大多数外国游客不了解中国的语言和历史文化的情况下,他们并不能体会桃花岛的主要特色是桃花,可以给人带来美的享受,或者感受它的武侠气氛,译语读者只知道这是一个 Island,所以这里使用意译会更恰当,选择适当的增添手段,找到英语中桃花的对等词汇,译为 The Peach Blossom Island,将桃花的内涵表现出来,至少让游客知道这个岛屿是关于桃花的,特色在于桃花盛开,处处生机,从而达到吸引游客的目的。对于桃花岛的丰富文化内涵,游客可以在进一步的景点介绍中获得。

为了实现旅游文本的呼唤功能,符合译语读者的文化背景和阅读习惯,在旅游翻译的技巧和手法上往往灵活多变,不拘一格,增添删减,甚至有时候还要把原文进行更改,使译文符合译入语习惯和读者口味,做到内外有别,以便达到信息交流的目的。贾文波先生认为,在内容与形式相冲突时,在不损坏原文基本意义的前提下,可对原文进行大胆的调整甚至改写,句句对应的译文不见得就是好译文。海天佛国普陀山,民间有一种翻译是 Sea Sky and Buddhism Kingdom Putuoshan,在舟山政府官网英文版中的翻译是"Mount Putuo——Buddhist Paradise amidst the Sea and Hevean"。前者完全是逐字逐句翻译的,汉语和译语之间的完全对等,严格按照词汇的顺序,没有考虑到英语的语言习惯和句式表达风格,其中普陀山的翻译是完全音译,这会导致译语读者一头雾水,不知所云,普陀山的信息值很高,所以应该准确传达出含义。这个译文既无美感也没有传达出这个景点的特色所在;后者的翻译较前者规范了许多,其中普陀山的翻译是 Mount Putuo,"普陀"一词为古印度梵语"Potalaka"(普陀珞珈)音译,出自佛经,原指观世音菩萨所居之岛，即普陀山。这里选择音译的 Putuo，是因为名称的翻译应该尽量简短有力，朗朗上口，所以没有必要在名称中把普陀的含义表现出来。虽然普陀的意思表达不出来，但是至少游客知道这是关于山的景点，了解景点的属性。海天佛国的翻译为 Buddhist Paradise amidst the Sea and Hevean，将其内涵表现出来，在水天相接之处有一个佛教圣地——普陀山。这个翻译不仅向译语读者准确传达了信息，也尽量将景点特色表露无遗，充满了梦幻浪漫色彩，这座神圣的佛教殿堂坐落在东方的一座海滨之城——舟山。

舟山非常有特色的情人谷，作为特色景点之一，渐渐地也被游客熟知，其中的景点具有甜蜜美好的特色，如：鸳鸯林、团圆桥、定情石、合抱岩等。这些景点设置在碧蓝色的海边，让广阔的大海见证情人之间的坚定誓言以及真挚的感情，其中有一个景点的名称叫作海枯石烂，意味着到海枯石烂之时，情人之间的感情仍然存在，是一种美好的祝福和愿景。对于爱情，在世界上任何一个国家都是象征着美好与甜蜜，是一个永恒的话题，所以在译文中要尽量传达出这层意思，及游客的向往之情。第一种翻译是最常用的拼音翻译，Qingren Valley 这种翻译肯定是不合适的，译语读者在不了解中国文化背景（语言）的情况下，不明白 Qingren 指代的是什么，没有达到传达信息的目的。情人在名称中的信息值较高，所以为了使游客明白，有必要把情人二字翻译出来，显然第二种译文选择意译更恰当，但是还要注意到用词的准确性。情人的英语对应词汇有 lover 和 valentine，（那么选择那个词汇更合适呢？）lover n. ［C］ 英文解释是 partner （use a man） in a sexual relationship outside marriage 汉语解释为（婚外恋的）伴侣，情人（通常指男性），多指婚外的关系。（因此，Lover's Vale 就不太合适啦。）Valentine 的意思也是（情人节时的）情人，小孩对喜欢的同学，未婚的对象之间，已婚的配偶之间都可以这样称呼。所以 lover 容易引起歧义，相比较使用 valentine 会更合适，综上，情人谷译为 the Vale of Valentine 更合适。既传达出来这是一个适合情人旅游的地方，是一个充满爱的旅游景点，译文也具有音韵之美，以此吸引游客。

四、结论

旅游翻译重在传达信息和感染读者，所以，对原文信息的选择，一定要根据翻译目的译入语读者的需要来决定，当然旅游文本的翻译也有美学标准和文化观念问题，在目的论的指导下，讨论文本功能的特征和翻译策略，考虑形式和内容的关系，探索出一条更加规范的舟山旅游文本翻译之路，而且不仅仅是旅游景点名称的翻译，更要有旅游景点介绍的文本翻译，将舟山旅游景点的译文做到规范有力，从而促进舟山旅游业的发展，带动舟山的经济发展。

［1］朱晓辉．舟山海洋旅游景区发展现状及对策［J］．旅游经济，2012(10)．

［2］张锦兰．目的论与翻译方法［J］．中国科技翻译，2004(1)．

［3］VERMEER H J. Scopos and commission in Translational Action，Reading in Translation Theory，Andrew Chestman（ed）［M］. Heidelberg：universitat，1989.

［4］VENUT I，LAW RENCE. The Translator. sinvisibility［M］. London &New York：Rout ledge，1995.

［5］CHRISTINANE N. tanslating as a purposeful activity［M］. Shanghai：SFLE PRESS，2001.

［6］毛荣贵．翻译美学［M］．上海：上海交通大学出版社，2006．

［7］贾文波．原作意图与翻译策略［J］．中国翻译，2002(4)．

浙江农村中的茶文化研究

许晓阳

[摘　要]　茶文化普遍存在于世界各地，作为茶文化发源地的中国尤为兴盛。浙江自古就是一个茶区，有着历史悠久的茶文化，而在浙江农村，更保留着一些地道的、原生态的、生活化的茶文化。这种农村茶文化主要表现在茶馆、茶具、宗教祭祀以及民间歌谣这四个主要方面，体现着农民更深层次的日常生活、精神追求和文化底蕴。研究农村茶文化能更好地保护非物质文化遗产和进行新农村建设。

[关键词]　浙江农村；茶文化；茶馆；茶具；宗教祭祀；民间歌谣

最早对茶与茶文化有所研究的是唐代的陆羽，陆羽在他的《茶经》中这样描述道："茶者，南方之嘉木也。"这就点出了茶的产地，而《茶经》也成了中国茶文化发展的里程碑。浙江自古以来就是名茶产区，其地平原广布，丘陵纵横，处长江入海口，亚热带季风气候温和湿润，丘陵地带特有的黏土红壤尤其适宜茶树的生长。因而，浙江也成了孕育茶文化的重要发源地之一。

一、茶文化以及浙江农村茶文化的研究现状

浙江茶文化在中国茶文化中占有着重要的一席之地。罗昌智教授在其《浙江文化教程》一书中从茶文化的内涵和浙江优质名茶两方面论述了浙江的茶文化。浙江茶文化有着悠久的历史，其文化源远流长，尤其在近几年，浙江的茶文化在全国都形成了巨大的影响力。李海平在其《浙江茶文化旅游开发对策研究》一文中认为，丰富多样的浙江茶文化旅游资源已成为一种独特、新颖的旅游方式，文中通过分析浙江茶文化旅游资源优势、发展现状及存在的问题，为浙江茶文化旅游资源开发提出了相关对策和建议。童启庆在其《唐宋时期浙江茶文化的发展》一文中从茶区、贡茶院、名茶与名器、

《茶经》以及茶种的传播这几个方面概述了唐宋时期浙江茶文化的发展。周秀蓉在《唐宋浙江茶文化繁荣原因探析》一文中认为，唐宋时代浙江茶文化的繁荣发达，除了浙江优越的自然条件以外，还与当时整个浙江文化在国内所处的重要地位息息相关，作者在文中阐述了浙茶与浙江山水、越瓷、宗教、文学等其他文化层面之间相互影响的紧密关系。方如金和周玲花在《佛教对浙江茶叶和茶文化的影响》一文中指出，浙江的自然条件十分适宜茶树的生长，因而名茶甚多，茶文化也丰富多彩；同时，浙江佛教文化也很发达，作者试图从浙江茶叶备受佛教推崇的原因，佛教通过各种方式推动浙江茶叶的发展，浙江茶叶随佛教向周边国家和地区传播这三个方面简要地分析浙江古代茶叶和佛教的关系，以更好地了解浙江古代茶佛文化互相融合这种现象。

上述研究都旨在探究浙江的茶文化，各位名家学者对浙江茶文化已有了非常细致和深入的研究，但这些文章中都没有提到农村中的茶文化，然而浙江农村中广泛存在着茶文化，与城市中的正统的茶文化有着方方面面的差异，农村中的茶文化体现着农村人们的生活和情感，研究农村中的茶文化对研究农村文化有着重要的意义。本文就试图对浙江农村中的茶文化做简要的介绍，阐发其体现的更深层次的意义。

二、浙江农村茶文化的研究意义

茶文化普遍存在于世界各地，作为茶文化发源地的中国尤为兴盛。浙江自古就是一个茶区，有着历史悠久的茶文化，而在浙江农村，更保留着一些地道的、原生态的、生活化的茶文化，这种农村茶文化是我国非物质文化遗产的一部分，承载着底层普通民众的民族精神与情感，凝聚着劳动人民的智慧与文明。如浙江地区若有小辈言语间或行动上冲犯了尊亲，致使尊亲发怒，于是由第三者从中调解，经尊亲许可，嘱小辈向尊亲敬茶，表示赔礼，以平其气，事态严重的还须跪敬。

中国作为农业大国，农村是中华文化的原生地，至今大量非物质文化遗产以最传统的方式保留在农村，积淀深厚的非物质文化遗产是新农村建设的文化基础。因此，对于农村茶文化的研究有利于农村非物质文化遗产的保护。农村茶文化是农村文化的表现之一，如今在共产党的正确领导下，新农村建设蓬勃发展，农村中的茶文化是新农村文化建设的内容之一，我们应当对其深入研究，以便对新农村文化的传承和保护。

茶文化是一种文化现象，它普遍存在于农村，是农村的文化生活之一，体现了农村的精神面貌。而如今在全面建设小康社会的口号之下，加强农村文化建设是新农村建设的题中应有之义，是全面建设小康社会的内在要求，是落实科学发展观、构建社会主义和谐社会的重要内容，是建设社会主义新农村、满足广大农民群众多层次多方面精神文化需求的有效途径。要想把新农村文化建设好、发展好，必须充分发挥和利用农村中的传统文化习俗，在保护和传承新农村传统文化的目标之下，共同推进推动新农村的文化建设和区域经济发展。茶文化是农村文化的重要组成部分之一，传承和保护农村茶文化是农村文化建设的一个重要内容，因而本文对于新农村文化建设也有着重要的意义。

三、浙江农村茶文化的具体表现

深入浙江农村，笔者发现，浙江的农民生活中处处有着饮茶的习惯以及茶文化的影子。以下就以浙江城镇农村为例，分别从茶馆、茶具、宗教祭祀以及民间歌谣四个主要方面来介绍浙江农村茶文化的具体表现。

1.浙江城镇农村茶馆中的茶文化

在浙江的城镇的菜市场旁和农村中的繁华地带，一般都能见到极其简易的茶馆。茶馆的面积一般为50平方米左右，装修简易。每个茶馆平均有8张八仙桌和一台电视机。一杯茶的价格平均1到5元不等，开水免费供应。来光顾茶馆的城镇农村居民中基本为年龄60岁以上的男性，光顾的时间段主要为上午9点到11点，下午2点到4点，晚上茶馆基本不营业。茶馆休闲的主要目的是喝茶和聊天，也有打麻将、打扑克以及下棋等其他娱乐活动。

2.浙江农村茶壶中的茶文化

浙江农村中饮茶的主要器皿除了日常所用的茶杯，最独具特色的便是茶壶。不同于四川成都喝茶用的盖碗茶杯，在浙江农村中，人们所用的基本是茶壶，一人一壶，喝茶直接叼住壶嘴。茶壶有分陶瓷壶和紫砂壶：陶瓷壶的产地多为江西，一般体积较大，壶体为白色，壶壁印有梅、兰、竹、菊等植物图，或者公鸡、猴子、龙、马等动物图，还有神仙、小儿等人物图，图案均以彩色印染或手绘为主，壶耳较大，易于提放；紫砂壶的样式则受江苏宜兴的影响较大，其中有很多产自宜兴，一般体积较小，颜色有棕色、棕黑色和黑紫色，图案则以雕刻为主，图案以梅、兰、竹、菊为主，复杂点的还有动物图和人物图，壶耳较小。

3. 浙江农村宗教祭祀中的茶文化

浙江农村的宗教比较复杂，民间除信仰正统的佛教、基督教、天主教以及少数的伊斯兰教之外，大部分信仰地方“菩萨”。据了解，有信仰包公、济公、岳飞、地藏王、关羽等等，也有神婆等从事迷信活动。据笔者了解，在浙江农村中的这些大部分宗教以及小部分封建迷信活动中，用于供奉神灵以及神婆施展法术都会用到茶。茶在仙界、冥界的功用相当于世俗间的酒，起着招待神明仙客的作用。笔者通过调研发现，有些神婆在举行某些法式，例如招魂、驱魔等等的时候，需要用茶水洒于当事人的脸部、四肢、身体等。此外，在某些地方的天主教的弥撒中也会用到茶水，来进行驱魔、保佑等等。

4. 浙江农村民间歌谣中的茶文化

浙江农村散落着众多民间歌谣，特别是在浙江的产茶地区，当地农民都会哼一些耳熟能详的或没有记录在案的采茶歌谣。笔者也搜到了一些关于浙江农村采茶歌谣的资料。例如明代浙江富阳的《富阳江谣》、清代陈章的《采茶歌》、《浙江民间歌谣》收录的《伤心歌》、浙江茶乡《采茶舞》、杭州民歌《龙井茶，虎跑水》、浙江衢州的民间歌舞曲《茶灯调》等等，数不胜数，这里就列举一首朱秋枫编的《浙江民间歌谣》中反映茶农疾苦的歌谣——《龙井谣》：

龙井龙井，多少有名。
问问种茶人，多数是客民。
儿子在嘉兴，祖宗在绍兴。
茅屋蹲蹲，番薯啃啃。
你看有名勿有名？

四、浙江农村茶文化所揭示的深层次含义

以上笔者通过茶馆、茶具、宗教祭祀以及民间歌谣四个主要方面介绍了浙江农村茶文化的具体表现，由此我们也可以看到这些茶文化中所揭示的更深层次的含义。

1. 浙江农村的茶文化体现着农民的日常生活

浙江农村的茶文化体现着农民的日常起居和活动，以喝茶作为一种日常消遣、社交活动、宗教祭祀等不可或缺的媒介或者工具。而茶具也成了浙

江农村爱茶人士不可缺少的载体。人们选择茶具有一定的审美标准和功能要求：功能性上的要求主要是茶壶的储水量的大小，这取决于茶壶的造型；在审美标准上，人们更注重茶壶的样式以及图案。

浙江农村的茶文化虽不及广义的中国茶文化那样博大精深。单体现在日常生活中以茶待客、以茶会友、以茶馈礼等民俗，都是与茶分不开的。甚至在重要的人生仪礼中，茶都扮演着一个不可或缺的重要角色。江浙一带，把整个婚姻的礼仪统称为“三茶六礼”：“三茶”就是订婚时的“下茶”、结婚时的“定茶”、同房时的“合茶”。

2.浙江农村的茶文化体现着农民的精神追求

中国传统文化是兼容并蓄、一脉相承的，各个民族、地域的文化在中原大地上碰撞融合，最终形成了以儒、释、道为主体的多元文化。在浙江农村，茶文化在这种儒、释、道杂糅在一起的文化中体现得更为明显。

人们在茶馆中喝茶，看似简单的休闲，实质上体现着他们对道家自然无为的一种追求，追求自然、舒心、怡情。茶馆里的人们宁可捧着茶壶一坐一下午，也不愿参加其他的娱乐活动，必然是因为他们在饮茶、聊天、交友的过程中，充分体会着茶文化带来的乐趣，这也是他们所追求的精神所在。

此外，在旧时绍兴民间有在茶店“吃讲茶”的习俗，这实际上是一种广泛流行于社会，调解民事纠纷的民间自发活动，绍兴人“谦冲谈和”的民风，在某种程度上，是接受了茶文化的“淡泊宁静”思想的熏陶。

3.浙江农村的茶文化体现着农民的文化底蕴

作为物质形态的茶叶，在浙江农村的日常生活中，是有着与社会经济和大众趣味相关的一个符号。浙江农村的茶文化体现着农民们的文化底蕴，农民们通过喝茶这种精神上的享受与寄托，可以反映他们的道德观念、人生理念。浙江农村的农民们除了农民普遍具有的淳朴、勤劳等品质外，还具有豁达的心境和较深厚的文化底蕴，这都是具有一定渊源并经过长期演化、长期积累下来的，也是一个具有独特地域性文化的特征。

农民虽然知识拥有量有限，但其在茶馆谈论的话题上至历史野史，下至党政新闻，在茶友间的相互谈论中，彼此都得到了一种文化和地位上的认可和满足，并且茶友们的谈资也体现着他们的文化底蕴，不识字不读书不等于没有文化和思想，这也是我们新农村文化建设中精神文明建设的一种体现。

提到浙江，人们首先想到的是美丽富饶，在这块土地上，浙江人民特别是浙江的农民们付出了艰辛的劳动和汗水，他们是浙江文化的创造者之一。

而作为农村文化中的茶文化，浙江农民更是具有绝对的发言权。浙江自古就是一个茶区，有着历史悠久的茶文化，而在浙江农村，更保留着一些地道的、原生态的、生活化的茶文化，这种农村茶文化是我国非物质文化遗产的一部分，承载着底层普通民众的民族精神与情感，凝聚着劳动人民的智慧与文明。没有浙江美丽富饶的农村，没有辛勤劳动的浙江农民，也就没有意义深远的浙江农村茶文化。浙江农村中不能没有茶文化，这里的人们自古种茶、喝茶、品茶、爱茶，已经形成了一种独有的文化。农村中人们的精神面貌因为有了茶的点缀，而显得更加富有生气和文化气息，人们因为喝茶而结交了众多朋友、见长了各种知识。茶馆已经日益成为浙江农村人民生活的一部分，这种茶文化作为一种非物质文化遗产和农村文化建设，也应当引起更多公众的关注。

而如今在共产党的正确领导下，新农村建设蓬勃发展，加强农村文化建设更是全面建设小康社会的内在要求，是落实科学发展观、构建社会主义和谐社会的重要内容，是建设社会主义新农村、满足广大农民群众多层次多方面精神文化需求的有效途径。茶文化是农村文化的重要组成部分，传承和保护农村茶文化是农村文化建设的一个重要内容。浙江农村中的茶文化不仅具有一种文化意义，还具有一种政治意义，由此，研究和保护浙江农村中的茶文化更显得重要了。

[1] 李海平. 浙江茶文化旅游开发对策研究[J]. 特区经济，2008(2).

[2] 罗昌智. 浙江文化教程[M]. 杭州：浙江工商大学出版社，2009.

[3] 万建中. 中国民间文化[M]. 北京：北京师范大学出版社，2010.

[4] 童启庆. 唐宋时期浙江茶文化的发展[J]. 农业考古，1997(4).

[5] 周秀蓉. 唐宋浙江茶文化繁荣原因探析[J]. 浙江社会科学，1999(5).